RENÉ DUBREUIL

L'AFFAIRE DREYFUS

DEVANT

LA COUR DE CASSATION

Édition populaire ILLUSTRÉE

PAR

H.-G. IBELS, COUTURIER

ET

LÉON RUFFE

PARIS

P.-V. STOCK, ÉDITEUR

(Ancienne Librairie TRESSE ET STOCK)

8, 9, 10, 11, GALERIE DU THÉATRE-FRANÇAIS

PALAIS-ROYAL

—

1899

L'AFFAIRE DREYFUS

DEVANT

LA COUR DE CASSATION

RENÉ DUBREUIL

'AFFAIRE DREYFUS

DEVANT

LA COUR DE CASSATION

Edition Populaire ILLUSTRÉE

PAR

H.-G. IBELS, COUTURIER

ET

LÉON RUFFE

PARIS

P.-V. STOCK, ÉDITEUR

(Ancienne Librairie TRESSE ET STOCK)

8, 9, 10, 11, GALERIE DU THÉATRE-FRANÇAIS

PALAIS-ROYAL

—

1899

AVANT-PROPOS

Plusieurs raisons ont décidé l'éditeur à publier le dossier de l'Enquête de l'affaire en revision Dreyfus devant la Cour de Cassation.

D'abord, l'Affaire Dreyfus a une portée considérable. Elle réunit à la fois les plus hautes questions d'honneur, de justice, de liberté, de religion et de olitique, et ce, sans distinction de pays, et elle tiendra, plus tard, dans l'His-oire morale de la France, une place énorme que font déjà prévoir les angoisses multiples qu'elle nous impose dès aujourd'hui.

D'autre part, si quelques journaux épris de justice et de vérité ont publié in extenso les dépositions recueillies par la Cour ; d'autres, en revanche, dans un esprit de mensonge et de haine, les ont systématiquement tronquées et truquées selon les avides besoins de leur mauvaise cause.

Nous n'avons point, dans cet ouvrage, la prétention de publier, dans leur intégralité, les documents de l'enquête. Outre que notre modeste format ne nous le permettrait pas, l'intérêt qu'ils présentent n'est pas toujours soutenu.

Cependant, notre impartialité se reconnaîtra en ceci : que nos lecteurs trouveront dans ces pages, en même temps que les dépositions qui défendent, les dépositions qui accusent.

Nous avons écarté les discussions techniques qui demandent trop de com-pétence et les débats fastidieux qui n'ont pas contribué à faire la lumière. Nous en donnons la synthèse, tout simplement.

Le système de classification que nous avons adopté consiste surtout à mettre en parallèle les dépositions concernant un même ordre de faits. Les recherches seront ainsi plus faciles et les déductions à en tirer, plus nettes.

Ceci dit, nous espérons que le lecteur nous saura gré de l'avoir fait pénétrer sans trop de fatigue dans le labyrinthe de cette formidable enquête, et nous serons largement récompensé de nos efforts si l'avenir nous permet d'affirmer que nous avons contribué dans une faible part à la manifestation de la Vérité et à la réparation éclatante d'une effroyable injustice.

15 juillet 1899.

L'AFFAIRE DREYFUS

DEVANT

LA COUR DE CASSATION

AVANT-PROPOS

Dans la première quinzaine du mois de septembre 1894, le service des renseignements au ministère de la guerre reçut, déchirée en petits morceaux et mêlée à d'autres fragments de papier, une « lettre missive » ou « bordereau » où se trouvaient énumérées différentes pièces. D'après le texte du bordereau, ces pièces avaient été envoyées, par un espion anonyme, à un agent d'une puissance étrangère (M. de Schwarzkoppen, attaché militaire à l'ambassade d'Allemagne).

Le ton de la lettre, et la nature des pièces énumérées, qui n'étaient pas d'une importance considérable, auraient dû empêcher les soupçons de se porter sur un officier de l'État-Major. Il ne semble pas non plus qu'on y ait songé tout de suite. Cependant, après quelques recherches qui restèrent sans résultat, le colonel Fabre, qui avait eu le capitaine Dreyfus sous ses ordres au quatrième bureau, et lui avait donné des notes défavorables, crut trouver une similitude entre certains mots du bordereau et l'écriture de cet officier.

Le ministre de la guerre consulta le commandant du Paty de Clam, qui passait pour graphologue. Celui-ci fut aussitôt convaincu que le bordereau était bien de la main de Dreyfus.

Cependant, le ministre avait en même temps demandé une expertise à M. Gobert, expert de la Banque de France. M. Gobert ne crut pas pouvoir affirmer que la même personne eût écrit le bordereau et les pièces de comparaison qui lui avaient été soumises.

Son rapport sommaire avait été déposé le 13 octobre. Le même jour, on s'adressa à M. Bertillon, qui n'était pas expert en

1

écritures, mais chef du service de l'identité judiciaire à la Préfecture de police. *Le soir même*, M. Bertillon déclarait dans son rapport « qu'il appert manifestement que les deux écritures sont de la même main ». Aussitôt l'arrestation du capitaine Dreyfus fut décidée.

Le 14 octobre, le général Mercier, ministre de la guerre, déléguait donc le lieutenant-colonel du Paty de Clam à l'effet de procéder à une instruction contre Alfred Dreyfus, capitaine breveté au 14e régiment d'artillerie, stagiaire à l'Etat-Major de l'armée, inculpé du crime de trahison.

Le 15 octobre, Alfred Dreyfus était arrêté.

Quelques jours plus tard, comme le général Mercier hésitait à engager définitivement les poursuites en raison du peu de consistance des charges relevées, une violente campagne de chantage s'ouvrait dans divers journaux, notamment dans la *Libre Parole*, contre le ministre de la guerre qu'on accusait de « capituler devant les Juifs ».

Le 7 novembre, le général Mercier capitula en effet, mais devant les menaces des antisémites.

Le procès du capitaine Dreyfus eut lieu les 19, 20, 21 et 22 décembre 1894, à huis clos, et ce malheureux officier fut condamné à la déportation perpétuelle dans une enceinte fortifiée. Au lendemain de l'arrêt, l'avocat d'Alfred Dreyfus, Me Demange, lui dit en le serrant contre sa poitrine :

—Mon enfant, vous êtes la plus grande victime du siècle !

Le 4 janvier 1895, Dreyfus subit la peine de la dégradation dans la cour de l'Ecole militaire. Quand il passa devant le front des troupes, il s'écria :

— Je jure sur la tête de mes enfants que je suis innocent !

Condamné à la déportation perpétuelle, Dreyfus aurait dû être envoyé à la Nouvelle-Calédonie. Sa femme aurait dû être autorisée à l'y rejoindre. Mais les Chambres votèrent une loi qui ajoutait les îles du Salut (sur la côte de la Guyane) à la liste des lieux de déportation. Dreyfus fut débarqué, le 12 mars, à l'île du Diable, et soumis à un régime exceptionnel, dont la rigueur alla croissant. On entoura sa case de palissades et d'un mur qui lui enlevait la vue de la mer. On le soumit à la surveillance incessante de six gardiens qui avaient ordre d'être muets pour lui. On le mit, sans raison, aux fers pendant deux mois. A partir du printemps de 1897, sa famille et lui-même ne reçurent plus, au lieu de lettres, que des copies souvent altérées et tronquées ; et cela, à de longs intervalles.

Vers le milieu de l'année 1895, le colonel Picquart avait été appelé à prendre la direction du service des renseignements en remplacement de l'ancien chef, le colonel Sandherr.

Au moment où il venait d'entrer dans ses nouvelles fonctions, le général de Boisdeffre, chef de l'état-major général, lui dit un jour : «Vous devriez vous occuper du dossier Dreyfus. Il n'y a pas grand' chose dedans. » Le colonel Picquart ne comprit pas alors le sens de ces paroles. Il avait assisté aux débats du procès de 1894 en qualité de représentant du ministre de la guerre, et il pensait que le dossier secret qui avait été communiqué aux juges et dont il connaissait l'existence, mais non pas le contenu, avait dû mettre hors de doute la culpabilité de Dreyfus.

Mais un jour arriva entre ses mains, par la même voie qu'avait suivie le bordereau, une carte-télégramme, dite *petit bleu*, qui portait la signature conventionnelle du major de Schwarzkoppen. Ce petit bleu n'avait pas été mis à la poste. Il était adressé à M. le commandant Esterhazy, 27, rue de la Bienfaisance. Le lieutenant-colonel Picquart crut de son devoir de rechercher qui était le commandant Esterhazy. Son enquête fut singulièrement défavorable à cet officier, qui menait une vie déréglée et était littéralement perdu de dettes.

Au cours de son enquête, le colonel Picquart se procura des lettres d'Esterhazy. Il fut aussitôt frappé de la ressemblance de son écriture avec celle du bordereau. M. du Paty de Clam et M. Bertillon, consultés par lui, n'hésitèrent pas un instant à en affirmer l'identité. Esterhazy lui-même a d'ailleurs avoué plus tard que cette ressemblance est « effrayante ».

Très ému de cette découverte, le colonel Picquart se souvint de l'avis que le général de Boisdeffre lui avait donné. Il étudia le dossier Dreyfus, y compris les pièces secrètes. Un examen minutieux et méthodique la convainquit que Dreyfus avait été condamné par erreur : car le bordereau était sûrement d'Esterhazy, et le reste du dossier s'appliquait beaucoup mieux à lui qu'à Dreyfus. Le colonel Picquart avertit M. de Boisdeffre et plus tard le général Gonse, de ses recherches et des résultats qu'il obtenait.

On lui laissa sentir qu'il déplaisait, sans lui interdire formellement de poursuivre ses recherches.

Une conversation que le colonel Picquart eut avec le général Gonse vers le 15 septembre montre bien que la crise était proche.

— Qu'est-ce que cela vous fait que ce juif soit à l'île du Diable ? dit le général. — Mais s'il est innocent ?... — Si vous ne dites rien, personne ne le saura. — Mon général, ce que vous dites est abominable.

Je ne sais pas ce que je ferai ; mais, en tout cas, je n'emporterai pas ce secret dans la tombe.

Cependant, ni le commandant Henry, lié avec Esterhazy, ni M. du Paty de Clam, qui avait été la cheville ouvrière du procès, ne pouvaient laisser se poursuivre une enquête qui allait fatalement aboutir à l'innocence de Dreyfus. Il fallait à tout prix arrêter cette « histoire épouvantable ». Trois mesures importantes furent prises. D'abord Esterhazy, dont la cause était désormais liée à la leur, fut averti des recherches entreprises sur lui par le colonel Picquart. Puis on s'occupa de décider les chefs à éloigner cet officier, « possédé par une idée fixe qui lui faisait négliger son service ». Et enfin, comme en 1894, la presse fut mise en mouvement, pour frapper un grand coup sur l'opinion publique.

Le 14 septembre 1896, l'*Eclair*, dont les relations avec le ministère de la guerre étaient connues, publia sur le procès de Dreyfus un article plein de révélations. Le bordereau, disait cet article, n'avait eu qu'une importance secondaire. La condamnation avait été déterminée par une pièce secrète, que ni l'accusé ni le défenseur n'avaient connue, et qui contenait ces mots : « Cet animal de Dreyfus devient vraiment trop exigeant. » Dreyfus y était écrit *en toutes lettres*.

En réalité, cet article, faisait allusion à la phrase « ce canaille de D... » contenue dans une pièce secrètement communiquée aux juges.

Les révélations de l'*Éclair* produisirent bien sur le gros de l'opinion publique l'impression qu'en attendaient leurs auteurs. Mais, pour obtenir ce résultat, ils avaient dû faire l'aveu public de l'illégalité commise en 1894. Cet aveu était gros de conséquences.

Le 28 octobre 1896 parut la première

brochure de M. Bernard Lazare sur l'affaire Dreyfus. Il y racontait comment M. du Paty de Clam avait fait son enquête, ce qu'avaient été l'instruction et l'acte d'accusation, et il confirmait le récit de l'*Éclair* sur la violation de la loi par laquelle on avait arraché aux juges une condamnation. Mais il rectifiait en même temps ce récit sur un point de la plus haute importance, en révélant que la pièce portait seulement l'initiale D... et non pas le nom de *Dreyfus*.

L'article de l'*Éclair* n'avait donc pas suffi à arrêter les défenseurs de Dreyfus. Au contraire, il avait servi de point de départ à la campagne en faveur de la revision.

Le général Billot, ministre la guerre, très troublé par les découvertes du colonel Picquart, croyait à la culpabilité d'Esterhazy, et peut-être aussi à l'innocence de Dreyfus. La rentrée des Chambres approchait. Une interpellation de M. Castelin, député boulangiste, était annoncée. Madame Dreyfus avait envoyé à la Chambre une pétition demandant la revision du procès de son mari, en se fondant sur l'illégalité révélée par l'*Éclair*.

Pour raffermir la conviction du général Billot, et pour lui permettre de donner à la Chambre une affirmation catégorique, le commandant Henry fabriqua toute une correspondance entre MM. Schwarzkoppen et le colonel Panizzardi, attaché militaire à l'ambassade d'Italie. Dans cette correspondance s'encadrait le billet que voici : « *J'ai lu qu'un député va interpeller sur Dreyfus. Si... je dirai que jamais j'avais des relations avec ce juif. C'est entendu. Si on vous demande dites comme ça, car il faut pas qu'on sache jamais personne ce qui est arrivé avec lui.* »

Ce billet, dont le style invraisemblable a permis de dire qu'il « puait le faux »,

réussit néanmoins à rassurer la conscience du général Billot, comme à corroborer plus tard la conviction de M. Cavaignac.

On en parla au colonel Picquart ; mais, chose singulière, on ne le lui montra pas. *Deux jours avant la discussion de l'interpellation Castelin*, le 16 novembre, Picquart fut brusquement envoyé en mission dans l'Est, puis de là dans le Sud-Est, et enfin en Tunisie. Le 18 novembre, le général Billot et M. Méline, président du Conseil, affirmaient à la Chambre l'autorité de la chose jugée. La Chambre votait un ordre du jour par lequel M. Castelin invitait le gouvernement « à rechercher, s'il y avait lieu, toutes les responsabilités qui se sont révélées à l'occasion de l'affaire Dreyfus ».

Le vote de la Chambre et l'éloignement du colonel Picquart semblaient devoir étouffer l'affaire. Mais, le 10 novembre, un nouvel incident s'était produit. Le *Matin* avait publié un fac-similé photographique du bordereau. Le texte sans doute n'en était pas inconnu. Mais l'écriture n'en avait été vue que d'un très petit nombre de personnes.

Cette publication allait enfin permettre de rechercher et de découvrir le véritable auteur du bordereau.

Vice-président du Sénat, le dernier des députés français de l'Alsace en 1870, M. Scheurer-Kestner, sollicité par des Alsaciens de s'occuper de l'affaire Dreyfus, s'y était d'abord refusé. Il croyait à la culpabilité de Dreyfus. Mais un jour sa conscience fut inquiétée par une allégation mensongère relative à la famille de Dreyfus, allégation dont il put vérifier lui-même la fausseté. Il entreprit alors une enquête qui le conduisit à soupçonner Esterhazy. Il se procura des lettres de ce dernier et constata que l'écriture en était identique à celle du bordereau. Le doute n'était plus possible.

Dès le mois de juillet 1897, le bruit commença donc à se répandre que M. Scheurer-Kestner avait établi la preuve de l'innocence de Dreyfus, et qu'il avait trouvé l'auteur du bordereau. Esterhazy fut aussitôt averti du danger qui le menaçait de nouveau. Une violente campagne recommença, dans la presse anti-

LE CAPITAINE DREYFUS

sémite, pour s'opposer à la revision du procès Dreyfus.

Pendant les vacances parlementaires, M. Scheurer-Kestner avait complété son enquête. Dès son retour à Paris, il fit de nouvelles démarches très pressantes, au-près de M. Méline et du général Billot. Tous deux lui donnèrent des réponses évasives, et demandèrent du temps. M. Scheurer-Kestner consentit à un délai de quinze jours, pendant lesquels le gé-néral Billot procéderait à une enquête secrète. En fait, ces quinze jours furent employés par Esterhazy et ses amis à faire traîner dans la boue par les journaux antisémites M. Scheurer-Kestner et ceux qui avaient répondu à son appel en faveur de la revision.

Des indiscrétions couraient. Déjà des noms étaient prononcés. On essayait de deviner l'auteur du bordereau que M. Scheurer-Kestner n'avait révélé à personne. C'est à ce moment qu'un banquier, M. de Castro, reconnut l'écriture d'Esterhazy dans le fac-similé du *Matin*. Il avertit M. Mathieu Dreyfus. Celui-ci, dans une lettre rendue publique, dénonça aussitôt M. Walsin-Esterhazy au ministre de la guerre, et l'accusa d'être l'auteur du crime pour lequel le capitaine Dreyfus, son frère, avait été condamné.

Une enquête fut ouverte L'opinion publique se montrant avide de renseignements sur Esterhazy, le *Figaro* publia une série de lettres adressées par lui à une de ses cousines, madame de Boulancy. Il y exprimait, dans les termes les plus violents, sa haine contre la France, ainsi que son mépris pour l'armée française et pour ses chefs : le tout entremêlé d'insultes et de menaces.

La situation redevenait grave pour ses amis du service des renseignements.

C'est alors que l'État-Major général qui avait obtenu, en 1895, par la production d'un faux et au moyen d'une flagrante illégalité, la condamnation du capitaine Dreyfus, mit tout en œuvre pour maintenir au bagne l'innocent qu'il y avait envoyé. Quelques hommes ne reculèrent pas même devant le crime pour sauver ce qu'ils appelaient **«** l'honneur de leur bureau. **»**

Les amis et les défenseurs d'Esterhazy, pensant que le « coup » ne pouvait venir que du colonel Picquart, s'occupèrent tout d'abord de déconsidérer celui-ci afin de ruiner par avance son témoignage pour le cas où il serait appelé à déposer. Avant même la dénonciation de M. Mathieu Dreyfus, Esterhazy, madame Pays, sa maîtresse, et M. du Paty de Clam adressèrent au colonel Picquart, à Sousse, des lettres et des dépêches signées de faux noms (*Blanche* et *Speranza*). Elles avaient pour but de le compromettre gravement, en faisant croire qu'il participait à un complot pour perdre Esterhazy. Il y était question d'un « petit bleu fabriqué par Georges » (Georges est le prénom du colonel Picquart.) La signature comme le contenu de ces faux ne pouvaient provenir que des anciens camarades de bureau du colonel Picquart, qui avaient intercepté et ouvert sa correspondance. Celui-ci comprit alors de quels pièges il avait été entouré depuis son départ du ministère de la guerre, et il se décida à déposer une plainte.

Pendant ce temps Esterhazy, prévenu qu'on le sauverait, était tenu au courant de tout ce qui se passait par le colonel du Paty de Clam. Un jour, celui-ci lui remit une pièce, « le document libérateur » qu'il devait rapporter au ministère de la guerre. Esterhazy l'y rapporta en effet, et on lui en accusa réception sans lui demander d'où il la tenait. Il se contenta de dire, en guise d'explication, que cette pièce lui avait été remise par une « dame voilée. » On rechercha, paraît-il, cette dame voilée. Mais les recherches restèrent nécessairement sans résultat.

Cependant une enquête avait été ouverte contre Esterhazy. Elle avait été confiée au général de Pellieux qui la conduisit d'une façon singulière. Le général de Pellieux recueillait en effet soigneusement les griefs et les accusations d'Esterhazy contre le colonel Picquart. Il acceptait sans difficulté ses histoires de dame voilée. Mais il mettait beaucoup moins d'empressement à profiter des indications que lui donnaient MM. Mathieu Dreyfus et Scheurer-Kestner, et qui l'auraient bien vite conduit à découvrir la vérité. Il refusait même de se saisir du bordereau, sous prétexte qu'il n'avait pas le droit de remettre en question la chose jugée. Enfin, quand, de mauvaise grâce, le ministre de la guerre se décida à appeler à Paris le colonel Picquart, le général de Pellieux fit pratiquer par Henry une perquisition dans son appartement, vingt-quatre heures avant son arrivée.

Il fallut bien pourtant ouvrir une instruction contre Esterhazy. Le commandant Ravary, chargé de cette instruction, suivit précisément la même méthode que le général de Pellieux. Le colonel Picquart semblait être l'accusé, et Esterhazy le principal témoin à charge. Trois experts, MM. Belhomme, Varinard et Couard déclarèrent que le bordereau n'était pas d'Esterhazy, mais décalqué en partie sur son écriture.

Le rapport du commandant Ravary, qui était un véritable acte d'accusation contre le colonel Picquart, concluait à un nonlieu en faveur d'Esterhazy. Mais le gouverneur de Paris, pour permettre à cet officier de se disculper tout à fait, signa néanmoins un ordre de mise en jugement. Esterhazy, qui était resté en liberté, se constitua prisonnier la veille de l'ouverture du procès et comparut, le 10 janvier 1898, devant un conseil de guerre présidé par le général de Luxer. Après de courts débats qui se déroulèrent en grande partie à huis clos, Esterhazy fut acquitté le 11 janvier 1898.

M. Émile Zola, scandalisé par cet acquittement, publia le lendemain, dans l'*Aurore*, une lettre de protestation qui était adressée au président de la république et dans laquelle le romancier accusait les acteurs principaux du procès Drey-fus et Esterhazy. L'émotion soulevée par cette lettre fut considérable et, après interpellation du comte de Mun à la chambre (14 janvier), le gouvernement se décida à poursuivre M. Zola. Mais, de toute sa lettre, l'accusation ne retenait qu'une phrase dans laquelle il avait dit qu'Esterhazy avait été acquitté par ordre.

Le président de la cour d'assises, M. Delegorgue, s'efforça de limiter les débats à ce seul point. Il ne put cependant les empêcher de prendre beaucoup d'ampleur. Du 7 au 23 février 1898, de nombreux témoins, cités à la requête de M. Zola, et habilement interrogés par ses défenseurs Me Labori et Me Albert Clemenceau, trouvèrent moyen de jeter beaucoup de lumière sur l'affaire Dreyfus, dont il ne devait pas être question. Il devint peu à peu évident que la condamnation de Dreyfus avait été obtenue par une communication illégale de pièces secrètes ; que le bordereau n'était certainement pas de Dreyfus ; qu'il était certainement d'Esterhazy ; que le colonel Picquart avait été renvoyé du ministère pour avoir voulu la réparation d'une erreur judiciaire ; que l'instruction contre Esterhazy avait été une comédie, etc.

Pour sauver les amis d'Esterhazy, le général de Pellieux produisit devant le jury la fausse correspondance entre Schwarzkoppen et Panizzardi qui avait déjà servi à convaincre le général Billot. Le général de Boisdeffre vint confirmer cette révélation et laissa entendre au jury, intimidé d'ailleurs par les manifestations de la rue, que l'acquittement de Zola serait la démission de la plupart des grands chefs militaires. Zola fut donc condamné à un an de prison et trois mille francs d'amende.

C'était une victoire pour les défenseurs d'Esterhazy ; mais il leur avait fallu se découvrir à nouveau en faisant un usage public de la fausse lettre Schwarzkoppen-Panizzardi.

M. Zola s'était pourvu en cassation. L'arrêt qui l'avait condamné fut cassé, pour vice de forme dans la procédure, le 2 avril 1898. Poursuivi devant la cour d'assises de Versailles, Zola se laissa condamner par défaut le 18 juillet 1898 et, pour ne pas être touché par la signification de l'arrêt qui le condamnait, il s'exila volontairement en Angleterre, afin d'y attendre les événements.

Mᶜ DEMANGE, défenseur de DREYFUS

Cependant, les persécutions contre Picquart continuaient de plus belle, tandis que plusieurs instructions annexes, qui avaient été ouvertes au cours de ces événements, se poursuivaient plus ou moins lentement. La chambre avait, le 14 juin 1898, renversé le cabinet Méline qui, le 22 juin, avait été remplacé par le cabinet Brisson.

M. Cavaignac, qui avait été en quelque sorte imposé comme ministre de la guerre au choix de M. Brisson, pensa clore toutes les polémiques en frappant un grand coup. Le 7 juillet 1898, il prononça à la Chambre des députés, un grand discours dans lequel il affirma sa conviction de la culpabilité de Dreyfus en se fondant sur de prétendus

LE COLONEL PICQUART ET LE GÉNÉRAL GONSE

« — Je n'emporterai pas ce secret dans la tombe... »

aveux qu'aurait faits ce dernier et surtout sur la fameuse fausse lettre Schwarzkoppen-Panizzardi. La chambre vota par acclamations l'affichage de ce discours.

Mais, le 30 août suivant, le lieutenant-colonel Henry finissait par s'avouer l'au-teur de ce faux retentissant. Il était im-médiatement écroué dans une cellule du Mont-Valérien où on le trouvait mort, le lendemain, la gorge tranchée par deux coups de rasoir. Le soir même M. le gé-néral de Boisdeffre donnait sa démission

2

de chef d'État-Major général. Deux jours après, M. Cavaignac le suivait dans sa retraite.

Le 5 septembre, madame Lucie Dreyfus demandait officiellement à nouveau la revision du procès de son mari, en se basant sur l'aveu du colonel Henry. Le 17 septembre, la revision était décidée par le gouvernement qui, le 26 septembre, saisissait régulièrement la Cour de Cassation de la demande en revision du procès Dreyfus.

En dépit de tous les efforts des amis et des défenseurs d'Esterhazy, malgré leurs manœuvres de tous genres, malgré l'appui de toutes les coalitions réactionnaires et cléricales et d'une presse à la dévotion des ennemis de la République, la JUSTICE était enfin saisie de l'affaire.

Après trois audiences publiques tenues les 27, 28, et 29 octobre 1898, la Chambre criminelle de la Cour de Cassation, présidée par M. Lœw, déclarait enfin que la demande en revision était recevable et décidait de procéder elle-même à une nouvelle enquête pour mettre l'affaire en état.

C'est cette enquête de la Cour de Cassation, que nous publions ci-dessous, qui a permis de connaître dans tous ses détails la lutte acharnée entreprise par les artisans de l'Iniquité contre la Vérité et contre la Justice.

I

L'Innocent

Quelques jours après l'arrivée au ministère de la guerre du « Bordereau » accusateur, après une première période de tâtonnements, le général de Boisdeffre, chef d'état-major général, nomma le commandant du Paty de Clam officier de police judiciaire, chargé d'instruire contre le capitaine Dreyfus sur lequel s'étaient portés les soupçons en raison d'une vague similitude d'écriture.

Les dépositions qui ont été recueillies par la Cour de Cassation ont permis de reconstituer par le menu ce que fut cette instruction du commandant du Paty de Clam. Mais tout d'abord il faut faire une constatation. Tout le monde sait au profit de quelle nation a été commis le crime attribué à Dreyfus : les journaux ont cité cent fois l'Allemagne, et cela dès les premiers jours de l'affaire. On sait donc d'où vient le bordereau, où il a été pris. Mais le nom de l'agent qui l'a apporté au ministère de la guerre a toujours été caché.

Le général Mercier.

Le général Mercier, qui était ministre de la guerre au moment du procès Dreyfus, en 1894, a refusé en effet de fournir aucun détail à ce sujet à la Cour de Cassation devant laquelle il a déposé le 8 novembre 1898.

LE PRÉSIDENT. — Pourriez-vous donner à la Cour le nom de la personne qui a apporté au ministère la pièce portant les mots : « Ce canaille de D... », personne qui serait la même que celle dont a parlé M. Cavaignac dans son discours à la Chambre, et qui, plus tard, aurait également apporté le bordereau?

LE GÉNÉRAL MERCIER. — Je ne crois pas devoir donner ce nom. Je craindrais de désorganiser un service important du ministère, qui intéresse la sécurité de l'Etat. Il appartient à M. le ministre de la guerre de le donner, s'il pense pouvoir le faire.

LE PRÉSIDENT. — Pouvez-vous, au moins, nous indiquer quelle est la personne qui a fait connaître au ministère que c'était dans l'état-major, et surtout au 2° bureau, qu'il fallait chercher l'auteur des indiscrétions commises ?

LE GÉNÉRAL MERCIER. — Je ne le puis pas davantage, et pour la même raison.

Ce défaut de précision dans les renseignements donnés a été la caractéristique de toutes les dépositions accusatrices faites par les amis de l'État-Major, par les défenseurs d'Esterhazy.

Cependant la vérité a jailli quand même du simple rapprochement des déclarations faites par les uns et par les autres. C'est ainsi que nous connaissons parfaitement ce qui s'est passé pendant l'instruction du procès Dreyfus. La déposition du lieutenant colonel Picquart, corroborée par plusieurs autres, a permis de reconstituer entièrement cette instruction.

Le lieutenant-colonel Picquart.

Voici comment il s'exprima devant la Cour, le 23 novembre 1898 :

C'est sur la proposition du général Renouard que l'on invita du Paty, qui passait pour avoir des connaissances graphologiques, à examiner l'écriture de Dreyfus.

Or, du Paty était au 3° bureau ; je le voyais toute la journée. Il me fit part de ses impressions dans cette période préliminaire, comme plus tard pendant son enquête.

Je me souviens aussi que le général Gonse, dont je n'étais pas le subordonné à ce moment, m'appela un jour dans son cabinet et me montra l'écriture de Dreyfus et celle du bordereau, en me disant : « Ne trouvez-vous pas que ça se ressemble ? »

A quoi je répondis, comme toujours :

« Ce sont des écritures de la même famille, mais je ne saurais me prononcer. »

Etant donné que du Paty nous racontait tous les jours ce qui se passait, je fus in-

formé à l'avance de tout ce que l'on projetait pour l'arrestation de Dreyfus, et notamment de la scène de la dictée, dont on se promettait beaucoup.

Du Paty disait : « Si je lui dicte le bordereau, il se troublera et sera bien forcé d'avouer. »

Le jour fixé pour l'arrestation, Dreyfus arriva en civil au ministère. Comme je l'ai dit, il était alors dans un régiment d'infanterie, et on l'avait convoqué sous prétexte de lui faire passer l'inspection générale.

On le fit entrer dans mon bureau et presque immédiatement le colonel Bouchez nous dit : « Voilà l'inspection qui commence ! »

Je conduisis Dreyfus jusqu'à la porte du cabinet du général de Boisdeffre, qui était d'ailleurs presque vis-à-vis de mon bureau, et je le laissai entrer.

Dans la journée et le lendemain, nous eûmes des détails sur ce qui s'était passé, et cela par du Paty lui-même, qui d'ailleurs, chaque soir, venait dire au colonel Bouchez et à moi le résultat de la journée.

Mes souvenirs sont un peu effacés à ce sujet : je ne pourrais affirmer si du Paty nous a dit que la dictée avait pleinement réussi ou non.

Mais ce que je puis affirmer absolument, c'est qu'il nous a dit que tout, dans l'attitude de Dreyfus, montrait un coupable.

Néanmoins, au bout de quelques jours, du Paty parut moint triomphant.

Il arrivait le soir, quelquefois très abattu, disant que la lutte avec Dreyfus était pénible.

Je me souviens qu'un jour le colonel Bouchez me dit : « Mais cette affaire ne marche pas. Il y a du tirage. » Ou quelque chose d'approchant.

Du Paty nous racontait d'ailleurs en détail les épreuves d'écriture auxquelles il soumettait le prisonnier.

J'ai été frappé de la variété des attitudes dans lesquelles il le faisait écrire.

Un beau jour le colonel Bouchez me dit qu'au service des renseignements on avait trouvé de nouvelles preuves contre Dreyfus et que maintenant l'affaire était sûre.

Du Paty, dans sa conversation journalière, nous mit au courant des pièces qui avaient été trouvées et qui s'appliquaient à Dreyfus, — pièces qu'il me semble même (sans que je puisse l'affirmer) avoir vues entre ses mains.

Ces pièces sont : le canevas d'une lettre en langue étrangère, et la lettre « ce canaille de D... ».

Je ne me souviens plus à quel moment de l'enquête ou de l'instruction a eu lieu la découverte de ces pièces ; mais je sais que c'est après une période de malaise, pendant laquelle l'affaire ne marchait pas.

M. SCHEURER-KESTNER

Le général Mercier.

L'affaire avait pourtant « bien marché », si l'on en croit le général Mercier (8 novembre 1898) :

Le commandant du Paty de Clam commença ses opérations en dictant à Dreyfus un écrit commençant par des paroles insignifiantes et arrivant peu à peu à reproduire des énonciations du bordereau. A ce moment, il se manifesta chez Dreyfus un trouble évident qui parut au commandant du Paty de Clam et à M. Cochefert suffisamment accusateur pour motiver son arrestation. Avant même de faire conduire Dreyfus à la prison du Cherche-Midi, je vis M. Cochefert qui me déclara que, pour lui, l'attitude de Dreyfus avait été celle d'un coupable.

Dreyfus fut conduit discrètement à la prison. Une perquisition fut opérée à son domicile, avec recommandation à madame

Dreyfus de garder le silence, et, effectivement, ce ne fut qu'au bout de quinze jours
que la presse en parla.

M. Guérin,

Ancien ministre de la Justice.

M. Guérin, qui était garde des sceaux
en 1894 au moment du procès Dreyfus, a
rapporté de quelle façon le général Mercier avait raconté à ses collègues du ministère la scène de la dictée, afin de légitimer
l'arrestation du capitaine Dreyfus. Voici
sa déposition (2 décembre 1898) :

Il (général Mercier) nous raconta les
preuves que la Cour connaît : celle de la dictée de la lettre.

On fit appeler le capitaine Dreyfus dans un
bureau et on lui dicta un écrit dont les premières phrases avaient un caractère insignifiant. Dreyfus écrivit sans manifester d'autres
sentiment qu'une certaine surprise de la dictée qu'on lui faisait faire.

Mais lorsqu'on arriva à l'énumération des
documents contenus au bordereau, son visage
trahit une émotion extrême, sa main se mit
à trembler, et ce tremblement se traduisit
par une différence sensible dans le corps de
l'écriture.

Le général Mercier nous déclara, en conséquence, qu'il se proposait de demander au
conseil des ministres l'autorisation d'ouvrir
une information contre le capitaine Dreyfus.

Or, la publication en *fac simile* de la
fameuse dictée faite par Dreyfus a permis
de constater qu'à aucun moment sa main
n'avait tremblé, que l'écriture était partout normale, régulière et ne laissait
percer aucune trace d'émotion. Dreyfus
n'en fut pas moins arrêté, et les détails
de son arrestation ont été racontés par

Le commandant Forzinetti,

Ancien commandant du Cherche-Midi,

qui a fait devant la Cour l'émouvante
déposition qui suit (24 décembre 1898) :

LE COMMANDANT FORZINETTI. — Le 14 octobre, je recevais un pli du ministre de la
guerre m'informant que le lendemain 15, un
officier supérieur attaché à l'état-major général de l'armée se présenterait pour me
faire une communication confidentielle.

Le 15, au matin, le colonel d'Aboville se
présentait, à sept heures et demie, porteur
d'un pli ; il me demanda préalablement ma
parole d'honneur d'exécuter les ordres du
ministre, tant verbaux qu'écrits, qu'il allait
me communiquer.

Je décachetai le pli et je vis qu'il me serait
conduit dans la matinée le capitaine Dreyfus
comme étant accusé de haute trahison. Il demanda à visiter les locaux et désigna lui-
même la chambre que devait occuper Dreyfus.

Le prisonnier ne devait avoir par devers
lui ni papier, ni encre, ni plumes, ni instru-
ments piquants ou tranchants.

Il ne devait pas se raser ni être rasé. Il devait être au secret le plus absolu.

Il devait vivre également à l'ordinaire des
condamnés ; mais, sur une observation que
je fis au colonel que ce n'était pas réglementaire, parce que le capitaine n'était que prévenu, il rapporta cet ordre, et le capitaine
Dreyfus fut autorisé à faire venir sa nourriture du dehors.

Vers midi, le capitaine Dreyfus fut amené
au Cherche-Midi, en voiture, accompagné du
commandant Henry et d'un personnage en
bourgeois qui, je crois, était M. Cochefert ou
un agent de la Sûreté.

Le commandant Henry me remit un pli qui
était l'ordre d'écrou du capitaine Dreyfus,
signé de la main même du ministre et daté
du 14.

Conformément aux instructions du colonel
d'Aboville qui m'avait enjoint de prendre
toutes mes mesures pour que l'incarcération
du capitaine Dreyfus demeurât secrète, tant
à l'intérieur de la prison qu'à l'extérieur,
j'avais donné des ordres pour que le nom
de Dreyfus seul fût inscrit sur le registre
d'écrou.

Le capitaine Dreyfus fut fouillé totalement.
L'agent principal le conduisit dans la chambre qui lui avait été affectée.

Vers une heure, je montai dans la chambre.

Je trouvai tout bouleversé dans cette
chambre : le capitaine Dreyfus avait l'air
d'un fou, les yeux sanglants ; et, à mes pre-

mières paroles, il ne répondit que par des sons rauques.

Je cherchai à le calmer, non sans peine.

Je le fis asseoir, mais auparavant, je lui enjoignis de se laver la figure et de se laver le front ; l'agent principal alla même chercher du vinaigre et lui en fit respirer.

Je dis à Dreyfus de me raconter l'arrestation.

Il me dit qu'il avait été convoqué pour se présenter, le 15 au matin, dans le cabinet du général Gonse, pour une question d'inspection.

En arrivant dans le cabinet du général, qu'il croyait trouver, il ne vit que le commandant du Paty de Clam et deux autres personnes en bourgeois qui étaient, je crois, M. Cochefert et l'archiviste Gribelin.

Le commandant du Paty dit à Dreyfus : « Le général Gonse n'a pu venir et m'a chargé de le remplacer en attendant. Veuillez écrire sous ma dictée. »

Dreyfus me dit qu'il avait manifesté, à ce moment même, un mouvement d'étonnement ; il prit donc ses dispositions pour écrire sous la dictée du commandant du Paty de Clam.

Ce dernier lui dicta quelques phrases ; au bout de quelques lignes, le commandant du Paty s'écria : « Vous tremblez. Prenez garde, c'est sérieux ! » (1)

Dreyfus répondit : « J'ai, en effet, un peu froid aux doigts. »

Il avait à peine recommencé à écrire, que le commandant du Paty lui cria :

— Au nom de la loi, je vous arrête.

— Mais pourquoi ? lui dit Dreyfus.

— Vous êtes un traître.

M. Cochefert mit fin à la scène et emmena

(1) A ce sujet, le colonel Picquart, le 23 novembre 1898, a déposé ainsi qu'il suit :

Me Demange ayant fait observer à du Paty qu'il n'y avait pas de traces sensibles de trouble dans la dictée faite à Dreyfus, et lui ayant demandé pourquoi il avait interrompu Dreyfus en lui disant : « Qu'avez-vous donc ? Vous tremblez ? » du Paty répondit, me paraissant très troublé lui-même : « Je savais que j'avais affaire à un simulateur ; j'étais certain qu'il s'attendait à quelque chose ; j'en ai fait l'expérience : s'il n'avait pas été averti, il se serait troublé ; il n'a pas bronché, donc il simulait. »

J'ai retenu très exactement, sinon les mots mêmes, du moins l'expression exacte de ce qu'a dit du Paty, parce que cette réponse me paraissait absolument étrange et invraisemblable.

Dreyfus dans une voiture où était déjà le commandant Henry, et Dreyfus fut conduit au Cherche-Midi.

Comme le colonel d'Aboville m'avait enjoint de ne pas rendre compte au gouverneur de l'arrestation du capitaine Dreyfus, je n'étais pas tranquille, et le 18 je me rendis chez le gouverneur et je lui fis connaître que j'avais un prisonnier d'État.

Le gouverneur me dit alors :

— Si vous n'étiez pas mon ami, je vous mettrais deux mois de prison pour avoir reçu un prisonnier sans mon ordre.

Je répondis à cela que j'étais couvert par l'ordre d'écrou du ministre.

Le général Saussier, parlant de l'arrestation de Dreyfus, dit qu'il n'y avait contre lui que de simples présomptions ; qu'il n'aurait jamais dû être arrêté sans preuves probantes ; qu'on aurait dû le faire surveiller par plusieurs agents secrets, et, si sa trahison avait été reconnue, qu'il fallait l'envoyer au Soudan et le faire exécuter dans la brousse, afin de ne pas ameuter le pays.

Il a même ajouté : « Car je connais mon pays. »

Je revins au Cherche-Midi et, le 18 au soir, le commandant du Paty se présenta à l'établissement porteur d'un ordre du ministre de la guerre m'enjoignant de le laisser librement aller près du prisonnier.

Il me demanda de lui faire ouvrir aussi doucement que possible la porte de la chambre qui renfermait Dreyfus ; il me demanda aussi si je n'avais pas des lampes à projections assez fortes, pour pouvoir surprendre Dreyfus et le « démonter ».

Je répondis que les locaux ne se prêtaient pas à la chose ; que, d'autre part, je n'avais pas de lampe, et qu'au surplus, si tout cela était faisable, je ne me prêterais pas à son désir, parce que je n'admettais pas qu'on pût agir ainsi.

Le commandant du Paty lui fit subir, du 18 au 30, plusieurs interrogatoires.

Il le fit écrire en diverses positions, la main gantée ou non gantée, diverses phrases : souvent il lui montrait une ligne d'écriture ou quelques mots, cachant tout le reste, et lui demandait si c'était bien lui qui avait écrit ce qu'on lui montrait.

Le capitaine Dreyfus répondait toujours : « Ce n'est pas de mon écriture, » Je n'assistais pas à ces interrogatoires ou épreuves ; je ne les ai connus que par Dreyfus lui-même, qui me les disait le soir.

J'avais reçu également l'ordre d'assister à tous les repas de Dreyfus ; personne ne pouvait entrer dans sa cellule sans que je fusse là.

L'agent principal seul possédait la clef de cette cellule, et toutes les fois que je voulus voir Dreyfus et assister à ses repas, j'ai été

ÉMILE ZOLA, auteur de la lettre « J'accuse ! . »

obligé d'appeler l'agent principal pour me faire ouvrir la porte. L'agent principal (Pixary) était toujours présent.

Du 15 au 24, le capitaine Dreyfus ne prit aucun aliment solide.

Pendant ces quelques jours, il ne prit que du bouillon ou du vin sucré.

Pendant cette période de temps, on l'entendait, du corridor, pleurer, gémir, protestant à haute voix de son innocence ; il marchait dans sa chambre et se buttait contre le mur, sans en avoir conscience, car à un moment il s'était abîmé le front.

Le 24, son état mental m'ayant paru très inquiétant, j'en rendis compte directement au ministre, en faisant passer ma lettre par le canal du gouverneur, parce que le ministre m'avait rendu personnellement responsable

M. Cavaignac affirmant à la tribune de la Chambre « l'authenticité matérielle
et morale » du faux Henry.

de la personne de Dreyfus ; je voulais dégager ma responsabilité.

Je reçus immédiatement l'ordre de me rendre, à trois heures, dans la journée, dans le cabinet du général de Boisdeffre.

A trois heures, nous nous rendîmes, le général et moi, en traversant les cours du ministère, au cabinet du ministre.

Le ministre ne put pas recevoir aussitôt le général de Boisdeffre ; nous nous assîmes sur un canapé, dans l'antichambre. Le général de Boisdeffre me demanda :

— Forzinetti, vous qui connaissez les hommes, depuis si longtemps que vous êtes à la tête d'un établissement pénitentiaire, que pensez-vous de Dreyfus ?

Je répondis :

— Mon général, si vous ne me demandiez pas mon avis, je me serais bien gardé de le formuler. Je crois que vous faites fausse route. Dreyfus est aussi innocent que moi.

A cet instant, le ministre ouvrit la porte et appela le général de Boisdeffre, que je ne suivis pas.

Au bout de douze à quinze minutes environ, le général de Boisdeffre sortit, me paraissant de fort mauvaise humeur, et me dit : « Le ministre part ce soir pour aller assister au mariage de sa nièce ; il reviendra lundi. Tâchez de me conduire Dreyfus jusque-là ; et, bien que le ministre m'ait donné carte blanche, il se débrouillera, avec son affaire Dreyfus. »

J'ai donc pensé que le général de Boisdeffre avec été opposé ou n'approuvait pas l'arrestation de Dreyfus.

Il m'ordonna également de faire visiter secrètement le capitaine Dreyfus par le médecin de l'établissement. Le lendemain matin, 25, je prévins le docteur Defos du Rau qu'il avait à visiter un malade et je lui demandai sa parole d'honneur (comme on me l'avait demandée à moi-même) de ne parler à personne de la visite qu'il allait faire.

Je conduisis le docteur au capitaine Dreyfus et il le visita. Il ordonna de lui faire prendre des potions calmantes et d'exercer sur lui une surveillance des plus rigoureuses.

Le capitaine Dreyfus se savait accusé de trahison, mais il ne connaissait pas la nature de cette trahison.

Il protestait toujours de son innocence devant moi et dans tous les interrogatoires que lui fit subir le commandant du Paty de Clam.

Je ne me rappelle pas exactement le jour où il a été interrogé par le rapporteur du conseil de guerre, le commandant d'Ormescheville ; mais, à partir de ce moment, l'enquête fut longue et minutieuse.

Le jour où M° Demange put voir le capitaine Dreyfus, il demanda à me parler ; je le reçus dans mon salon, et M° Demange me dit :

« Voici trente-trois ans que je plaide, et c'est le deuxième innocent que je suis appelé à défendre. J'ai là, dans ma serviette, l'innocence du capitaine Dreyfus » (1).

Je répondis à M° Demange que ma conviction était telle ; je le conduisis près du capitaine Dreyfus et le laissai avec lui. M° Demange avait remis au capitaine Dreyfus la copie du dossier qui lui avait été donnée par le greffier Vallecalle.

J'ai parcouru moi-même ce dossier, qui renfermait le rapport d'enquête établi par le commandant du Paty, le rapport du commandant d'Ormescheville et enfin les dépositions des témoins.

J'avoue qu'à la lecture des deux rapports et des témoignages, je fus surpris du manque de preuves de la trahison qu'on attribuait à Dreyfus.

Le rapport, en effet, ne procédait que par des suppositions et des inductions, et la déposition des témoins ne portait que sur la personnalité du capitaine Dreyfus.

Dreyfus passa en conseil de guerre le 19 décembre. Les débats durèrent quatre jours, je crois, et le dernier jour (le 22), Dreyfus avait dit en ma présence :

— Je crois que je vais être libre et qu'aujourd'hui j'embrasserai les miens.

Il n'en fut malheureusement rien. Dreyfus fut condamné.

---

(1) Nos lecteurs seront peut-être curieux de savoir ce qu'entendait M° Demange en parlant ainsi. Le *Cri de Paris* nous renseigne à ce sujet :

« L'un des accusés est Dreyfus. Quel était l'autre ?

» L'autre était le docteur Garrigues, poursuivi en 1876 devant la Cour d'Assises de Périgueux pour empoisonnement sur la personne de son père. L'affaire fit, à l'époque, un bruit énorme. Le docteur Garrigues avait des adversaires forcenés qui réclamaient sa condamnation. M° Demange, lui, avait la certitude que l'accusé était innocent.

» Le jury partagea la conviction de M° Demange et prononça un verdict d'acquittement en faveur du docteur Garrigues contre lequel la peine capitale avait été demandée. »

Conduit dans la salle d'infirmerie, après la lecture du jugement, l'agent principal, M. Ménétrier, eut toutes les peines du monde à l'empêcher de se jeter la tête contre les murs.

Vers onze heures ou minuit, on le fit passer de l'hôtel du conseil de guerre à la prison : je l'attendais dans sa chambre ; j'avais reçu des ordres très précis du général chef d'état-major d'avoir à veiller sur Dreyfus afin qu'il ne se suicidât pas.

A ma vue, il s'écria en entrant dans la chambre :

— Mon seul crime est d'être né juif.

Il demanda à plusieurs reprises son revolver, parce qu'il voulait se détruire.

Je le consolai de mon mieux et je restai avec lui jusqu'à trois heures du matin, heure à laquelle je me fis remplacer par l'agent principal.

Je lui avais, avant de le quitter, fait jurer de ne pas chercher à se détruire, parce que j'aurais dit moi-même, le premier : « Le traître s'est fait justice », et qu'enfin son innocence pouvait être reconnue tôt ou tard.

A partir de ce jour, le capitaine Dreyfus put correspondre avec sa famille ; mais toutes les lettres reçues ou expédiées devaient passer par l'intermédiaire du commissaire du gouvernement, M. le commandant Brisset.

Madame Dreyfus fut autorisée à voir son mari, mais dans les conditions réglementaires, c'est-à-dire à travers les grilles. Madame Dreyfus se trouva presque mal, et je dus la soutenir.

. . . .

La veille de la dégradation, nous fûmes réunis dans le cabinet du général Teysseyre, chef d'état-major du gouvernement militaire de Paris, pour recevoir les instructions pour le lendemain.

Madame Dreyfus vint encore ce jour-là voir son mari ; il parlait toujours de se suicider.

Madame Dreyfus était accompagnée de sa belle-mère.

Il céda aux supplications de sa femme en disant : « Pour toi et nos enfants, je subirai le calvaire de demain. »

J'ai oublié de dire que Me Demange s'est présenté au Cherche-Midi, le lendemain de la condamnation, et, en entrant dans la chambre, prit Dreyfus dans ses bras et lui dit :

« Mon enfant, votre condamnation est la plus grande infamie du siècle. »

Me Demange était tout en larmes et moi-même je fus très ému.

Enfin, le 5 janvier, j'étais déchargé de la responsabilité qui m'incombait, et je remettais Dreyfus entre les mains de deux gendarmes chargés de la levée d'écrou. Je serrai la main au capitaine Dreyfus, en lui disant de prendre courage, qu'il n'y avait que de la tombe que l'on ne sortait pas et que j'avais l'intime conviction que son innocence serait reconnue un jour.

M. Fournier.

(Administration pénitentiaire.)

La déposition de M. Fournier complète et corrobore celle du commandant Forzinetti. M. Fournier, qui est agent comptable dans l'administration pénitentiaire, a causé de Dreyfus avec la plupart de ses gardiens. Le 10 janvier 1899, il déposait ainsi :

J'ai été très frappé de ce fait que cinq fonctionnaires de l'ordre pénitencier qui avaient vu Dreyfus étaient convaincus de son innocence :

1° Le commandant Forzinetti, directeur de la prison du Cherche-Midi, quand Dreyfus y a été interné ;

2° M. Durlin, directeur du Dépôt ;

3° M. Patin, qui a été directeur de la Santé au moment où Dreyfus y a été interné ;

4° M. Pons, qui était contrôleur à la Santé à la même époque ;

5° Le gardien que je vais désigner ci-après :

Me trouvant à Chiavari (Corse), au printemps dernier, M. Renard, qui était directeur du pénitencier agricole, et qui est aujourd'hui directeur de la colonie pénitentiaire d'Aniane (Hérault), m'a déclaré ce qui suit : « Me trouvant à Angoulême, j'ai été frappé de ce fait que le gardien qui avait accompagné ou gardé Dreyfus à Saint-Martin-de-Ré, revenait convaincu de son innocence. »

J'appelle l'attention sur ce fait que cinq personnes appartenant au personnel pénitentiaire, ayant toutes approché Dreyfus, sont restées toutes convaincues de son innocence.

Les fonctionnaires dont a parlé là

M. Fournier s'y connaissent en criminels. Des cris nombreux d'innocence ont retenti bien souvent à leurs oreilles dans les prisons dont ils avaient la garde : de simulés et de véritables. Pour que l'attitude de Dreyfus les ait, à ce point, frappés tous, il faut qu'elle n'ait point été celle d'un simulateur.

M. Patin,
Directeur de la Conciergerie.

M. Patin, directeur de la Conciergerie, que M. Fournier range parmi les fonctionnaires convaincus de l'innocence de Dreyfus, n'a pas été appelé à déposer devant la Cour qui se trouvait sans doute assez éclairée à ce sujet. Mais un rédacteur du *Siècle*, M. Ch. Raffard, a comblé cette lacune et, le 27 avril 1899, il publiait la conversation suivante, qu'il a eue avec M. Patin :

M. Patin, que nous avons eu le plaisir de voir, hier, au Mans, dans la charmante petite maison qu'il y habite sur la route de Laval, est un homme grand, fort, à la moustache blanche coupée court ; l'ancien fonctionnaire se devine chez lui, avec quelque chose de militaire dans la tenue, et, à ce double titre, le ruban rouge discret qui orne sa boutonnière semble le complément naturel du vêtement qu'il porte ; il paraît d'ailleurs si vert qu'on est tout surpris de le voir déjà retraité.

Je suis, — nous dit M. Patin, — absolument convaincu de l'innocence de Dreyfus ; je l'étais dès l'époque dont il est question, et on a bien fait de me ranger parmi les cinq fonctionnaires de l'ordre pénitencier qui, pour des motifs divers et forts de leur expérience des prisonniers, pensent qu'une erreur judiciaire a été commise en 1894.

— Ah ! il est donc réel que vous avez été tout de suite convaincu de l'innocence du condamné ?

— Presque tout de suite. Tout d'abord, naturellement, je n'admettais pas, au point de vue militaire, qu'une erreur pût avoir été commise ; j'étais comme tout le monde, mais très vite des doutes me sont venus. Je ne vous parle pas de ce que je pense maintenant, après tout ce que l'on a appris ; mais les rares et brèves conversations que j'ai eues avec Dreyfus, les détails des visites que lui faisaient les membres de sa famille et auxquelles j'assistais, toutes les circonstances de son internement à la Santé m'ont rapidement convaincu de son innocence.

— Vous causiez avec lui ?

— Peu, le moins possible. Tous les jours, cependant ; car il ne cessait de protester de son innocence. Je ne lui disais pas ce que je vous dis là, certes ; mais je l'écoutais, et son attitude — j'avais quelque expérience pour en pouvoir juger — n'était pas celle d'un coupable.

Comme nous insistons pour obtenir des détails, M. Patin répond :

— Je vous citerai, par exemple, un fait qui est intéressant parce qu'il ressort de l'esprit essentiellement militaire de Dreyfus. Vous savez qu'il avait au suprême degré — tout le monde le disait avant qu'il fût accusé — le sentiment militaire, le sentiment patriotique, le sentiment de l'honneur et le culte de la tenue du soldat ; c'est ce qui explique l'anecdote à laquelle je fais allusion. Malgré ses protestations et son insistance pour me parler de son innocence, j'évitais autant que possible de la laisser causer de ces choses avec moi ; c'était pénible et inutile. Une fois cependant, comme depuis plusieurs jours il ne cessait de me parler de son innocence, par lassitude, par commisération, un peu par curiosité peut-être, je lui dis : « Vous comprenez bien que, pour moi, il ne peut y avoir de vérité que dans le jugement du conseil de guerre... Ce que vos juges ont dit est bien dit... Mais enfin, si vous prétendez être innocent, et si vous pensez que je puisse m'intéresser utilement à vous, il faudrait au moins me donner une preuve de cette innocence dont vous parlez ! » Et Dreyfus, alors, s'écria, avec une véhémence qui me sembla très naturelle : « Une preuve, dites-vous ? Comment voulez-vous que je vous donne une preuve ? Puisque je ne sais même pas de quoi on m'accuse !... Je n'ai pas encore compris !... Le bordereau ? Je ne sais même pas ce que c'est. Je suis condamné, et je ne sais pas encore de quoi il est question ! Comment pourrais-je vous donner une preuve ? » — Puis, se reprenant, il ajouta, avec ce sentiment bien militaire dont je vous parlais : « Il y en a une pourtant, mais c'est une preuve qui n'en est pas une pour tout le monde. Il y en a une... Tenez, monsieur le directeur, je vous affirme que je suis innocent ! Est-ce que j'oserais vous dire cela ainsi, à vous, chevalier de la Légion d'honneur, moi soldat, en

Le Colonel HENRY se coupant la gorge.

vous regardant ainsi en face, les yeux dans les yeux, si cela n'était pas vrai ? » Et cette explosion singulière pour affirmer son innocence ne me parut pas théâtrale, parce qu'elle rentrait bien dans l'esprit militaire de Dreyfus.

Après une seconde de silence, M. Patin, que ses souvenirs ressaisissent, ajoute :

— Il avait à ce degré l'instinct de la tenue, au point de vue militaire, que certaines préoccupations de sa part, qu'on lui a reprochées, ne m'ont nullement étonné. Je ne suis pas du tout surpris qu'il se soit préoccupé de l'attitude qu'il aurait durant le défilé de la parade d'exécution. C'est absolument dans son caractère et cela ne préjuge rien du tout dans le sens de sa culpabilité, comme on a voulu le faire croire. C'est très militaire, cette préoccupation, et elle était à prévoir chez lui.

— Vous assistiez, m'avez-vous dit, tout à l'heure, aux visites de la famille ?

— Toujours ; et je n'ai jamais entendu, vu ni surpris d'aucune façon rien qui pût me faire supposer que Dreyfus fût réellement coupable. Nous avons l'habitude de ces choses-là, et presque toujours il échappe, soit au prisonnier, soit à sa famille, quelque chose qui justifie l'idée préconçue que l'on a de la culpabilité. Dans le cas de Dreyfus, rien, absolument rien ; toujours les mêmes mots, très simples, très clairs : « Je vous en supplie, dépêchez-vous, faites tout ce qu'il faudra, dépensez tout ce qui sera nécessaire, cherchez par tous les moyens le coupable, afin de faire reconnaître le plus tôt possible mon innocence ! » Et je n'ai jamais rien entendu qui sonnât faux dans ses recommandations qui, naturellement, vis-à-vis de la famille, n'étaient même pas des protestations. Et le plus souvent, j'y notais ces mots : « Adressez-vous surtout au général de Boisdeffre ! Il s'emploiera pour moi, et il finira bien par trouver le coupable ! » Car aussi longtemps qu'il a été à la Santé, Dreyfus n'a pas cessé de mettre tout son espoir dans le général de Boisdeffre. Et là encore, conclut M. Patin, il me paraissait qu'on pouvait vo'r une présomption d'innocence.

— Certes ! faisons-nous.

Parmi ceux au contraire qui se sont montrés convaincus de la culpabilité de Dreyfus et qui se sont plu à l'accabler, il faut citer particulièrement un policier nommé Guénée, dit « Le mouchard du grand monde. »

M. Guénée.

Voici les parties essentielles de la déposition qu'il a faite le 13 janvier 1899 :

M. Guénée. — Je m'occupe des renseignements sur l'espionnage pratiqué par les étrangers en France depuis 1870 ; mais, jusqu'au 1er février 1890 ; je ne fournissais des renseignements que de temps à autre.

Le 1er février 1890, le commandant Rollin est venu me chercher sur l'ordre du colonel Sandherr, alors commandant, chef du service des renseignements au ministère de la guerre.

Le colonel Sandherr me demanda si je voulais lui accorder ma collaboration sur certaines affaires d'espionnage, et il fixa mon attention sur les renseignements que je pourrais obtenir auprès de certaines femmes étrangères du demi-monde, que fréquentaient des officiers et des étrangers, et qui attiraient chez elles de jeunes officiers français.

Il me nomma même certains noms.

Je fréquente la haute société, les grands bars, les grands hôtels, les villes d'eaux.

Je connais beaucoup de personnages haut placés et c'est ainsi qu'un jour, en mars 1894, **un très grand seigneur, ayant le titre d'Excellence, lequel aime beaucoup la France,** me rencontrant, me fit monter dans son coupé et me dit :

— Vous avez à l'état-major un homme qui communique soit directement, soit indirectement avec Schwarzkoppen et le renseigne.

Je prévins aussitôt le colonel Sandherr qui me dit simplement : « C'est bien, suivez cela prudemment. »

Jusqu'alors, je n'avais pas entendu parler de Dreyfus et mes soupçons ne s'étaient pas portés sur cet officier que je ne connaissais pas, du reste, lorsqu'un matin j'appris chez moi, en lisant un journal, l'arrestation de Dreyfus.

Lorsque, peu de temps après cette arrestation, je vis le colonel Sandherr, il me dit que je ferais bien de lui faire un rapport relativement aux femmes qu'avait dû fréquenter Dreyfus.

C'est ce que je fis.

Je ne tardai pas à apprendre que Dreyfus avait fréquenté, pendant au moins cinq ans, une femme Bodson, née Anna Fattett.

Cette femme, fille d'un nommé Fattett, qui, dans les derniers moments de l'empire, était établi dentiste rue Saint-Honoré, non loin de la rue Royale, avait épousé un nommé Bodson, juif anglais.

C'est ce Bodson qui s'établit à la Redingote

grise, place du Châtelet. Il a divorcé, depuis un certain nombre d'années, d'avec sa femme, et il n'est pour rien dans les agissements de sa femme.

C'est celle-ci qui m'a fait connaître elle-même qu'elle avait eu des relations pendant cinq ans avec Dreyfus.

Chez la femme Bodson fréquentent de nombreux étrangers, surtout des Allemands, des Anglais, des Autrichiens, des Hongrois.

C'est chez cette femme que, **d'après les déclarations d'autres femmes que je ne puis nommer**, un commandant allemand, dont j'ignore le nom, et qui venait à Paris passer quelques jours tous les trois ou quatre mois, **se serait** rencontré avec Dreyfus à plusieurs reprises.

C'est aussi chez elle qu'une scène éclata un jour entre Dreyfus et le commandant allemand. Celui-ci reprochait à Dreyfus de devenir trop exigeant et de refuser à continuer de lui donner des renseignements.

Le commandant allemand aurait même menacé Dreyfus « de le perdre ».

La femme Bodson s'interposa.

Aussitôt après l'arrestation, cette femme se rendit dans les rédactions de plusieurs journaux, notamment au *Journal*, pour dire que Dreyfus avait été son amant pendant cinq ans. Actuellement, cette femme fait la « navette » entre l'Angleterre et la France.

Je puis encore dire qu'un certain rapport fait à la Cour de cassation a été lu, la veille du jour où lecture en a été donnée à la Cour, chez un certain M. Eguillon, ingénieur, 14, rue Marbeuf (1).

Je ne vous donne ce renseignement que sous toutes réserves, car il ne m'est parvenu que très indirectement.

Mes chefs ont été : le général Gonse et les colonels Sandherr et Henry.

Je n'ai pas connu Dreyfus et je n'ai pas entendu parler de lui avant son arrestation.

Je me suis rendu compte, après son arrestation, que certains renseignements qui m'avaient été fournis se rapportaient à Dreyfus.

J'ai su qu'il fréquentait les tripots tels que le Betting-Club, 2, rue Mogador, aujourd'hui fermé par autorité de Justice, et le cercle

Washington, 4, place de l'Opéra, également fermé ; le New-Club, 3, rue de la Chaussée-d'Antin, le cercle des Capucines, 6, boulevard de ce nom (1).

LE PRÉSIDENT. — Depuis la condamnation de Dreyfus, n'avez-vous pas fait des rapports relatifs à des surveillances ou à des investigations itératives concernant ledit Dreyfus, et à cet effet le lieutenant-colonel Picquart ne vous a-t-il pas fait remettre par le lieutenant-colonel Henry une photographie dudit Dreyfus ?

N'avez-vous pas recherché, d'abord au point de vue du jeu, puis ensuite au point de vue des relations féminines, quel avait été le mobile de la trahison ?

Le lieutenant-colonel Henry a-t-il coopéré soit directement, soit indirectement à ces investigations ?

M. GUÉNÉE. — Il est exact que j'ai reçu une photographie de Dreyfus, après son arrestation, et avant sa comparution devant le conseil de guerre. J'ai reçu cette photographie de l'archiviste Gribelin sur l'ordre du lieutenant-colonel Henry, et non du lieutenant-colonel Picquart.

Je n'ai, du reste, jamais travaillé pour le colonel Picquart.

Au moyen de cette photographie, **j'ai pu me rendre compte que** Dreyfus fréquentait, ainsi que je vous l'ai dit, les tripots, et avait des relations intimes avec plusieurs femmes du demi-monde, entre autres la femme Bodson, sus-désignée.

Le mobile de l'acte de trahison est, **d'après mon avis**, le besoin d'argent.

Dreyfus avait épousé une femme dotale qui faisait d'assez fortes dépenses de toilette ; par suite, Dreyfus n'avait pas en main tout l'argent qu'il aurait désiré.

C'est le lieutenant-colonel Henry qui me donnait directement l'ordre de procéder à ces investigations, au point de vue du jeu et des relations féminines.

LE PRÉSIDENT. — Avez-vous été en rapport avec une personne qui avait des relations dans le monde et qui parfois rapportait au

---

(1) Il résulte d'une enquête faite, que cet ingénieur n'a jamais existé.

(1) Il paraît qu'un nommé Dreyfus fréquentait effectivement ces cercles. Mais on est maintenant certain que ce n'est point du capitaine qu'il s'agit ; c'est d'une personnalité mondaine fort connue dans le monde parisien.

LE COMMANDANT FORZINETTI

lieutenant-colonel Henry, tantôt directement, tantôt indirectement, par votre entremise, ce qu'elle entendait dire par des étrangers.

M. GUÉNÉE. — Il est exact que **j'ai été en rapport avec une personne dont je ne peux dire le nom** — nous la désignerons, si vous le voulez bien, par la lettre B — laquelle avait des relations dans le monde. Je ne sais si cette **personne a été en rapport avec le co-** lonel Henry, mais je peux affirmer que cette personne m'a donné certains renseignements importants que j'ai aussitôt communiqués au lieutenant-colonel Henry, comme cela était mon devoir.

Mais cette personne ne m'a rien dit sur l'affaire Dreyfus, soit avant, soit depuis la condamnation.

Je suis certain que cette personne, qui est

L'ARRESTATION DU CAPITAINE DREYFUS

immensément riche, n'a pas reçu de rému-
nération particulière.

Cette personne qui me connaît depuis plus
de vingt ans, m'a fourni ces renseignements
par sympathie pour la France.

LE PRÉSIDENT. — Que savez-vous au sujet
de relations qui auraient pu exister, à une
époque quelconque, entre Henry et Esterhazy ? Que savez-vous des rapports d'argent
qui auraient pu exister entre eux ?

M. GUÉNÉE. — Je n'ai jamais su s'il avait
existé des relations entre Henry et Esterhazy.

J'ai toujours considéré le lieutenant-colonel Henry comme **un parfait honnête
homme** (1) et comme un officier des plus es-

(1) Le faux Henry était avoué à l'époque où
M. Guénée considérait Henry comme un parfait honnête homme. C'est un gage précieux de la moralité
du témoin.

4

timables, alors qu'Esterhazy doit être considéré comme un misérable. Tous les moyens lui étaient bons pour avoir de l'argent.

Je me rappelle qu'en septembre 1896 le lieutenant-colonel Picquart me dit qu'il avait lu le dossier Dreyfus et qu'il y avait lu un rapport rédigé par moi, relativement à une personne étrangère dont je ne puis dire le nom.

Il me demanda si j'étais convaincu de la culpabilité de Dreyfus.

Je répondis affirmativement, sans toutefois lui donner les motifs de ma conviction.

En effet, je n'ai jamais eu entre les mains des preuves palpables de la trahison de Dreyfus ; mais lorsque j'ai appris sa condamnation, je me suis incliné devant la chose jugée.

Le lieutenant-colonel Picquart me dit alors qu'il n'était nullement convaincu de la culpabilité de Dreyfus.

Quelques jours plus tard, le 17 janvier 1899, appelé à donner quelques renseignements complémentaires, M. Guénée fit la déposition suivante :

M. LE PRÉSIDENT. — Dans votre déposition du 18 janvier, vous avez fait allusion à une scène qui se serait produite, chez une femme entre Dreyfus et un commandant étranger.

Ce commandant étranger aurait reproché à Dreyfus de devenir « trop exigeant » et aurait menacé de le « perdre ».

Pouvez-vous nous faire connaître d'où vient cette information et comment il serait possible de la contrôler ?

Pouvez-vous nous citer des noms de personnes qui pourraient appuyer de leurs déclarations celles que vous avez faites?

M. GUÉNÉE. — **Je ne puis citer aucun nom.**

J'ai été mis au courant de cette scène **par des racontars**, par des dires de personnes, soit françaises, soit étrangères, qui fréquentaient chez cette femme, c'est-à-dire la Bodson. **Je ne saurais vous citer aucune personne** pouvant étayer de sa déposition ma déclaration.

LE PRÉSIDENT. — Vous nous avez déclaré qu'après l'arrestation de Dreyfus vous vous étiez rendu compte que certains renseignements que vous aviez été mis à même de fournir au bureau des renseignements se rapporteraient à Dreyfus.

Quels sont ces renseignements et quelle en était la source ?

M. GUÉNÉE. — **Ces renseignements pouvaient aussi bien se rapporter à Dreyfus qu'à un autre ; mais comme seul Dreyfus était inculpé, tout retombait sur lui. « C'était la tête de Turc. »**

M. LE PRÉSIDENT. — Par quelle voie avez-vous su que Dreyfus fréquentait le Betting-Club, le cercle Washington, le New-Club et le cercle des Capucines ?

M. GUÉNÉE. — **C'était un bruit qui courait** parmi les habitués des tripots, qui fréquentent les cafés des boulevards et les boulevards.

M. LE PRÉSIDENT. — Avez-vous pu vérifier vous-même si Dreyfus fréquentait ces établissements ?

M. GUÉNÉE. — **Non, monsieur,** mais je puis vous dire que le jour de la première audience du conseil de guerre, en 1894, comme je me rendais compte de la physionomie de la foule qui se tenait aux portes, j'ai aperçu le sommelier du Betting-Club, qui était connu sous le nom de Joseph.

Je lui demandai ce qu'il faisait là.

Il me répondit qu'il avait obtenu une carte du commandant Forzinetti pour entrer au conseil de guerre.

Je lui demandai comment il avait pu avoir cette carte. Il me répondit que le commandant Forzinetti était un habitué du Betting-Club et un ami de Dreyfus.

Je demandai alors à Joseph si Dreyfus fréquentait le Betting-Club : **il me répondit d'une façon évasive** et se déroba.

Il y avait encore là d'autres individus, employés dans les différents cercles dont les noms viennent d'être cités, qui étaient porteurs de cartes à eux données par le même Forzinetti.

LE PRÉSIDENT. — Avez-vous su, au cours de vos investigations, si Dreyfus engageait au jeu des sommes importantes et s'il a fait, dans l'un des cercles sus-désignés, une perte notable ?

M. GUÉNÉE. — **Non, monsieur.** Il est très difficile — pour ne pas dire impossible — d'être mis au courant des pertes plus ou moins importantes qu'un des joueurs de ces cercles peut subir, à moins qu'il ne le dise lui-même.

Dans ces établissements, on est muet sur les choses délicates.

LE PRÉSIDENT. — La personne désignée dans la précédente déclaration par la lettre B vous a-t-elle dit que les agents d'une puissance étrangère avaient, dans les bureaux de l'état-major de l'armée, un officier qui les renseignait admirablement?

M. GUÉNÉE. — Cette personne m'a simplement dit : « Cherchez, vous avez quelqu'un, dans les bureaux de l'état-major, qui renseigne les agents d'une puissance étrangère. »

LE PRÉSIDENT. — Cette personne B a-t-elle, à cette époque ou plus tard, complété ce dire par une ou plusieurs indications s'appliquant ou pouvant s'appliquer à Dreyfus?

M. GUÉNÉE. — Après l'arrestation de Dreyfus, je n'ai pas revu la personne que nous désignons par la lettre B.

Elle a quitté la France et est restée absente pendant environ deux ans.

Elle n'a donc pas pu compléter ce premier dire par d'autres indications.

Quand j'ai revu cette personne en 1897, elle ne m'a pas parlé de l'affaire Dreyfus.

LE PRÉSIDENT. — Vous nous avez déclaré, le 18 janvier courant, ne pouvoir vous expliquer :

1º En ce qui touche la publication dans le journal l'*Éclair* d'un article où il était question d'une pièce dans laquelle ledit article substituait à l'initiale D le nom de Dreyfus en toutes lettres ;

2º En ce qui touche la publication d'un fac-similé du bordereau dans le journal le *Matin*.

Pour quel motif ne pouvez-vous vous expliquer à cet égard et quelle raison pouvez-vous donner de refuser de déposer sur ce point?

M. GUÉNÉE. — Je refuse de répondre sur ces points parce que je me considère comme lié par le secret professionnel.

LE PRÉSIDENT. — Vous nous avez dit, le 18 janvier, qu'un rapport fait à la Cour de cassation avait été lu la veille du jour où lecture en a été donnée à la Cour chez un sieur Eguillon, ingénieur, 24, rue Marbeuf.

Quel est ce rapport?

M. GUÉNÉE. — Je veux parler du premier rapport lu à la Cour de cassation, mais je ne saurais dire de qui il est.

Il m'a été dit que M. le conseiller Bard assistait à la lecture de ce rapport.

LE PRÉSIDENT. — Qui vous a dit cela?

M. GUÉNÉE. — Il m'est impossible de nommer cette personne. Je crois devoir me retrancher derrière le secret professionnel.

LE PRÉSIDENT. — Pouvez vous citer les noms des personnes qui se trouvaient présentes à cette lecture?

M. GUÉNÉE. — Je ne puis nommer ces personnes, d'autant plus que certains noms qui m'out été donnés ne me paraissent pas avoir pu être mêlés à un conciliabule de cette nature.

LE PRÉSIDENT. — Qui vous a dit le nom du sieur Eguillon?

M. GUÉNÉE. — Toujours la même personne que je ne puis nommer.

Du reste, je ne crois pas grand'chose à l'histoire de la lecture de ce rapport.

Un pharmacien de la rue Marbeuf, au coin de cette rue et de la rue François-Iᵉʳ, je crois, près du nº 24 de ladite rue Marbeuf, doit savoir quelque chose sur ce qui se passait chez le sieur Eguillon.

Il m'avait été donné le conseil d'aller voir ce pharmacien pour savoir ce qu'il en était, mais je n'en ai rien fait, l'affaire ne me paraissant pas sérieuse.

LE PRÉSIDENT. — Avez-vous quelques déclarations complémentaires à formuler pour la manifestation de la vérité?

M. GUÉNÉE. — Non, monsieur. J'ai dit tout ce que je savais et que je pensais pouvoir vous dire.

Nous avons reproduit ci-dessus, presque *in extenso*, la déposition du policier Guénée. C'est une preuve de notre impartialité. A peine avons-nous signalé au passage **les incertitudes** décelées par cette déposition.

Toutefois, pour montrer ce que valent les allégations de ce témoin, il nous paraît utile de publier le démenti suivant qui a été publié par l'*Agence Nationale*. C'est une interview de :

Madame Bodson.

Comme bien vous pensez, a-t-elle dit, j'ai eu connaissance des articles où l'on me met-

tait en avant. Les allégations qu'ils conte-
naient sont pour la plupart erronées, au
moins sur les points intéressant le capitaine
Dreyfus. Ce sont ces seuls passages qui m'ont
touchée et je regrette un peu de les avoir
traités tous de la même façon dédaigneuse
avec laquelle j'ai accueilli les calomnies qui
ne m'ont pas épargnée.

Pour ces dernières, je n'ai pas à m'en
occuper ; les personnes qui me connaissent
savent que je suis rentière, propriétaire, et
que, divorcée, je puis jouir entièrement de
ma liberté...

J'ai connu le capitaine Alfred Dreyfus alors
qu'il était à l'École de guerre, et comme tous
ceux qui l'approchaient, je le savais travail-
leur, passionné pour son métier, et, de plus,
chauvin.

A cette époque, j'habitais avec mon mari
un hôtel particulier, 17, avenue du Bois-de-
Boulogne, et j'avais un salon où fréquentaient des personnalités mondaines.

Le capitaine Dreyfus était reçu chez moi,
ainsi que divers membres de sa famille.

On ne jouait jamais à mes soirées, qui
n'étaient que masculines.

Je démens absolument que le capitaine
Dreyfus se soit rencontré dans mon salon
avec un officier allemand.

Ce racontar est faux, et s'il a été de quelque
poids dans la conscience des juges qui ont
condamné le capitaine, je ne puis que dé-
plorer la légèreté avec laquelle on a accueilli
un bruit de ce genre sans en contrôler la
véracité.

Cette lettre montre le crédit qu'il faut
accorder aux dires de M. Guénée.

Du reste M. Lépine, qui était préfet de
police au moment du procès Dreyfus, déclara à la Cour de cassation, toutes Chambres réunies, qu'il avait fourni en 1894 un
rapport de police absolument favorable à
Dreyfus et contredisant, sur presque tous
les points, les précédentes allégations de
M. Guénée.

Ce rapport ne fut pas communiqué aux
juges de 1894 et ne figura pas au dossier
du procès Dreyfus.

Le colonel Henry, auquel M. Lépine
l'avait remis, l'avait simplement détruit,
et avait substitué à ce rapport du préfet
de police le rapport Guénée.

C'est donc sur les dires exclusifs de
Guénée que M. Bexon d'Ormescheville
bâtit son acte d'accusation contre Dreyfus,
dans lequel il s'exprimait ainsi :

Bien que le capitaine Dreyfus nous ait déclaré n'avoir jamais eu le goût du jeu, il
appert cependant des renseignements que
nous avons recueillis à ce sujet qu'il aurait
fréquenté plusieurs cercles de Paris où l'on
joue beaucoup. Au cours de son interrogatoire, il nous a bien déclaré être allé au
Cercle de la Presse, mais comme invité, pour
y dîner ; il a affirmé n'y avoir pas joué. Les
cercles-tripots de Paris, tels que le Was-
hington-Club, le Betting-Club, les cercles de
l'Escrime et de la Presse n'ayant pas d'annuaire et leur clientèle étant en général peu
recommandable, les témoins que nous aurions
pu trouver auraient été très suspects : nous
nous sommes par suite dispensé d'en entendre.

Ce n'est là, on le voit, que les ragots de
Joseph le sommelier, transcrits et adap-
tés par Guénée.

Un autre témoin à charge est :

M. le capitaine Junck,

camarade d'École et de promotion d'Alfred Dreyfus, qui, le 11 février 1899, a
fait, pour accabler le condamné, la déposition suivante :

LE CAPITAINE JUNCK. — J'ai été le camarade
de promotion de Dreyfus ; nous avons été
ensemble à l'École de guerre et nous avons
traversé ensemble les mêmes bureaux de
l'état-major.

Je ne pourrais rien vous dire en ce qui
concerne la réception du bordereau par le
bureau de statistique.

LE PRÉSIDENT. — Pouvez-vous nous donner
quelques renseignements sur le compte personnel de Dreyfus ? Son attitude, ses allures,
sa manière d'être laissaient-elles pressentir
le crime à raison duquel il a été condamné ?

LE CAPITAINE JUNCK. — J'ai connu Dreyfus

Du Paty demandant au commandant Forzinetti de lui laisser surprendre Dreyfus
pendant son sommeil.

surtout à l'occasion du service, ne le fréquentant pas en dehors du bureau.

Quelquefois, en sortant du bureau, je l'ai accompagné, mais je n'avais pas de relations suivies avec lui.

Je ne puis donc rien dire en ce qui concerne sa vie, en dehors du service, sauf peut-être quelques incidents auxquels j'ai assisté : je veux parler d'un incident qui s'est passé un jour au concours hippique.

J'avais accompagné Dreyfus depuis le bureau, et, en arrivant au concours hippique, nous avons croisé trois demi-mondaines qui nous saluèrent.

Dreyfus leur répondit en soulevant son chapeau ; je lui fis tout naturellement cette remarque : « Eh bien ! pour un père de famille, vous avez de jolies connaissances ! »

Il me répondit que c'étaient des anciennes amies et, en me désignant celle qui était de notre côté, ajouta qu'elle se nommait « la Valtesse », qu'elle possédait un hôtel aux Champs-Elysées, dans lequel elle donnait de jolies fêtes, où l'on rencontrait de très jolies femmes et où l'on jouait.

D'une manière générale, Dreyfus faisait étalage de sa fortune, prenant plaisir à nous raconter son installation, ses voyages.

Mais un autre officier, le commandant Ducros, chef d'escadron d'artillerie, a, le 19 janvier 1899, donné à la Cour de forts précis renseignements sur la valeur intellectuelle et militaire du capitaine Dreyfus : officier studieux, s'occupant exclusivement de parfaire son éducation militaire, etc...

Et l'on se demande vraiment quels auraient pu être les mobiles de la trahison d'un excellent officier comme Dreyfus, qui était bien noté de ses chefs et avait devant lui un brillant avenir.

C'est la remarque qu'a faite de son côté :

M. Barthou,

Ancien ministre de l'Intérieur.

qui, le 28 décembre 1898, s'est exprimé ainsi :

En 1894, j'ai appris l'arrestation de Dreyfus par les journaux. M. le général Mercier, ministre de la guerre, n'a communiqué au conseil que le bordereau comme présomption de la culpabilité de Dreyfus, en ajoutant que les éléments du bordereau n'avaient pu être connus que d'un officier de l'état-major. Quant au mobile du crime, M. le général Mercier l'attribuait aux déceptions éprouvées par Dreyfus dans sa carrière militaire.

Et, en effet, les états de service si remarquablement brillants de Dreyfus permettent d'affirmer l'erreur du général Mercier, et de tous les officiers qui ont voulu attribuer quand même la trahison à ce capitaine.

Parmi ces officiers,

M. le Général Roget.

a fait, le 28 janvier 1899, la déposition suivante dont la plupart des points ont été depuis reconnus inexacts :

LE PRÉSIDENT. — Vous avez bien voulu nous dire que vous nous parleriez des mobiles qui ont pu déterminer Dreyfus à commettre le crime à raison duquel il a été condamné.

Veuillez vous expliquer à cet égard.

LE GÉNÉRAL ROGET. — J'ai à signaler un premier point à ce sujet.

Dreyfus s'attendait à sortir de l'Ecole de guerre tout à fait dans les premiers. Il en sortit neuvième parce qu'un des présidents de commission d'examen lui avait donné une note très basse comme note d'aptitude générale au service d'état-major.

Dreyfus eut connaissance de cette note et il alla réclamer auprès du général Lebelin de Dionne, qui commandait l'Ecole supérieure de guerre.

Le général reconnut que la note donnée à Dreyfus était un peu sévère et insista auprès de l'examinateur pour qu'elle fût relevée, sans pouvoir l'obtenir.

Dreyfus arriva ainsi à l'état-major de l'armée déjà ulcéré par ce qu'il considérait comme un déni de justice, dû à sa qualité d'israélite. Dans ce nouveau milieu, il se fit détester, comme ailleurs, par son caractère arrogant et vaniteux.

Il était, de cette façon, dans des dispositions d'esprit excellentes pour trahir. Extrêmement ambitieux, il a pu aussi chercher à nouer des relations avec des agents étrangers dans un but d'amorçage. Il serait allé ensuite plus loin qu'il n'aurait voulu d'abord.

Enfin, rien ne m'empêche de croire qu'il n'ait trahi pour de l'argent ; il avait de la fortune, dit-on ; il pouvait, en effet, avoir de vingt-cinq à trente mille francs de rente. Qu'importe, s'il dépensait beaucoup plus ? Il est certain qu'il dépensait beaucoup d'argent avec les femmes et au jeu. Indépendamment des femmes citées au procès (quatre, je crois), il y en a eu d'autres, des femmes de la haute galanterie, chez lesquelles on joue et avec lesquelles on dépense beaucoup d'argent. Les camarades de Dreyfus à l'état-major de l'armée, le capitaine Junck notamment, peuvent donner des renseignements à ce sujet (1).

Le capitaine Duchâtelet, en ce moment au 131e, je crois, peut aussi dire à la Cour un fait significatif.

Ce fait s'est passé après le voyage d'état-major 1894 ; ce voyage s'était terminé à Charmes. Les capitaines Duchâtelet et Dreyfus avaient été désignés par le chef d'état-major pour ramener tous les chevaux à Paris. Ils descendaient les Champs-Elysées avec la colonne des chevaux, vers sept heures un quart du matin. En passant devant une maison des Champs-Elysées, Dreyfus dit à Duchâtelet :

— Si nous montions chez une telle ? Nous la prendrions à son réveil et elle nous offrirait une tasse d'excellent chocolat.

Et comme Duchâtelet lui faisait remarquer qu'il ne pouvait abandonner la colonne, Dreyfus dit :

— Oh ! du reste, je ne tiens pas beaucoup à y aller. J'y ai perdu la forte somme, il y a quelques jours.

Il indiqua comme somme perdue 6,000 ou 15,000 francs.

J'ai recueilli quelques témoignages de cette nature ; on n'a qu'à interroger les intéressés.

_____

(1) Nos lecteurs ont pu lire plus haut la déposition de M. Junck, à cet égard.

Il a été établi au moment du procès, ou peu après, que M. Hadamard aurait eu à payer des dettes pour son gendre, ce dont il était très peu satisfait. Il aurait même tenu à ce propos à M. Painlevé un propos significatif.

Toutes les personnes citées ainsi par le général Roget ont par la suite démenti tour à tour ses propos.

Il est juste de dire (à la décharge de M. Roget !!!) qu'il ignorait la publicité qui devait être donnée à sa déposition.

M. Roget s'est fait le plus grand accusateur de Dreyfus, durant ces derniers temps. S'il n'a pas apporté beaucoup de preuves à l'appui de sa thèse, il y a apporté beaucoup de passion.

D'autres, tout aussi bien placés que lui, sont moins affirmatifs. Le 14 janvier 1899,

M. Gabriel Monod

s'exprimait ainsi :

A la fin de décembre 1894, comme je déjeunais chez M. Hanotaux avec son secrétaire, je lui posai brusquement la question :

— Etes-vous certain de la culpabilité de Dreyfus ?

Il me répondit :

— Ce n'est pas moi qui l'ai jugé ; je n'ai rien à vous dire.

Je sortis avec son secrétaire (M. Winnox) qui, arrivé dans la rue, me saisit vivement le bras et me dit :

— Vous savez ! nous croyons que le général Mercier a commis une épouvantable gaffe !

La pensée que celui des ministres qui devait être, avec le général Mercier, le mieux renseigné sur l'affaire Dreyfus avait des doutes sur la culpabilité, me troubla profondément.

D'un autre côté,

M. Laroche,
Ancien Résident général à Madagascar,

a, le 16 janvier 1899, fait les révélations suivantes :

LE PRÉSIDENT. — N'avez-vous pas eu avec l'amiral Duperré une conversation relative à l'affaire Dreyfus ?

M. LAROCHE. — Le 31 août dernier, jour où les journaux du matin annoncèrent la découverte du faux du colonel Henry et son arrestation, je quittai Paris pour aller faire une visite dans le département de l'Orne, et je rencontrai en chemin de fer l'amiral Duperré. Je suis ancien lieutenant de vaisseau et j'ai eu l'honneur de connaître l'amiral Duperré et d'être en relation avec lui, soit dans la marine, soit depuis que je l'ai quittée. Nous nous entretînmes longue-

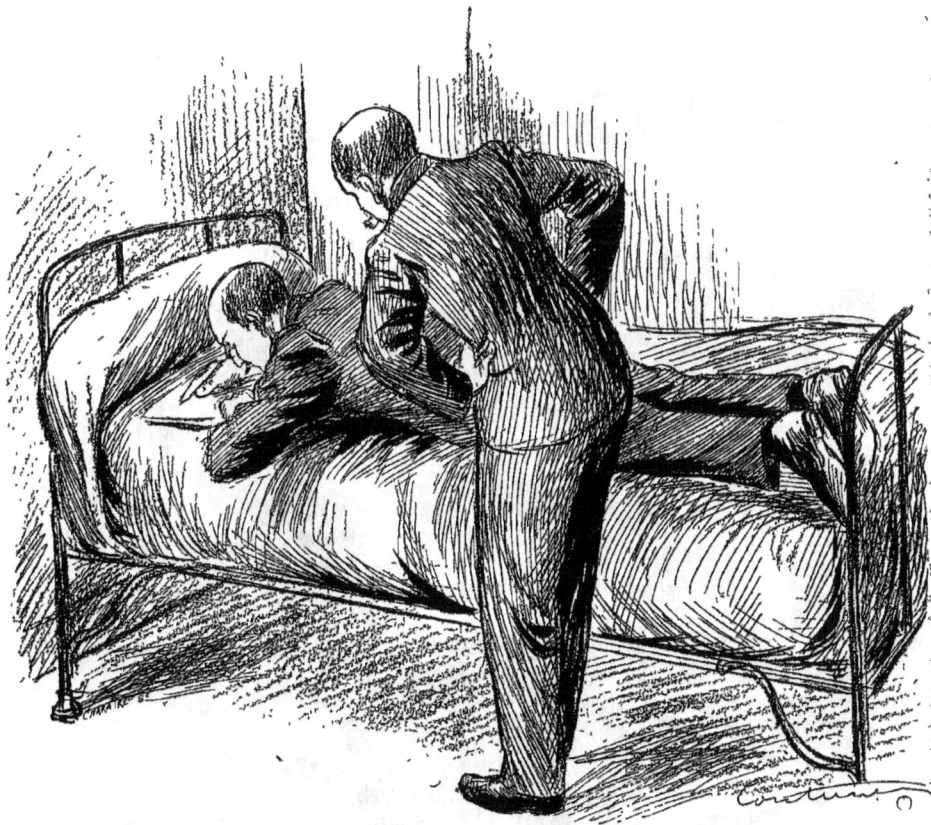

Le colonel DU PATY fit écrire DREYFUS dans toutes les positions...

ment en chemin de fer et, naturellement, nous nous entretînmes de la nouvelle sensationnelle du jour. L'amiral me rapporta qu'il avait eu, quelque temps auparavant, au sujet de l'affaire Dreyfus, une conversation avec l'archiduc Victor, frère de l'empereur d'Autriche, chez qui il est intimement reçu. L'archiduc lui avait déclaré être certain et lui avait donné sa parole d'honneur que le gouvernement allemand n'avait jamais eu aucune relation avec le capitaine Dreyfus. L'amiral ajouta qu'il ne pouvait pas mettre en doute la sûreté des informations, non plus que la sincérité de l'archiduc, qui lui avait parlé spontanément, et dont il connaissait la loyauté.

Si quelqu'un doit être bien informé et bien convaincu, par suite, de l'innocence de Dreyfus, ce doit être évidemment le

Le capitaine DREYFUS devant le Conseil de Guerre.

monde diplomatique qui a été renseigné par les ambassades intéressées d'Allemagne et d'Italie.

Cette opinion du monde diplomatique a été révélée par :

M. L. Trarieux,

Ancien ministre de la justice,

qui, le 16 janvier 1899, a fait connaître les énergiques et précises déclarations faites à ce sujet par M. Tornielli, ambassadeur d'Italie à Paris (1).

Je désirais savoir, si, en effet, il pouvait exister des preuves secrètes qu'aurait ignorées, au moment de son procès, le condamné, et dont pourraient avoir à se préoccuper ses défenseurs. Il y avait une catégorie de témoins qu'on n'avait pas consultés encore, auprès desquels des renseignements sûrs et formels pouvaient être pris, s'ils croyaient pouvoir parler, et méritaient d'être crus.

Ceux-là savaient, d'une manière certaine, si Dreyfus était innocent ou coupable ; ils me paraissaient être, ce qu'on appelle dans la langue du droit, des témoins nécessaires, et c'est à cette source que je me décidai à puiser le complément d'informations qui pouvait

---

(1) M. Tornielli avait communiqué à M. Hanotaux l'extrait du rapport suivant au sujet de l'arrestation du capitaine Dreyfus.

Extrait d'un rapport du colonel Panizzardi au commandant en second du corps d'état-major, à Rome, 1er novembre 1894 :

L'arrestation du capitaine Dreyfus a produit, ainsi qu'il était facile de le supposer, une grande émotion.

Je m'empresse de vous assurer que cet individu n'a jamais rien eu affaire avec moi.

Les journaux d'aujourd'hui disent en général que Dreyfus avait des rapports avec l'Italie ; trois seulement disent d'autre part qu'il était aux gages de l'Allemagne. Aucun journal ne fait allusion aux attachés militaires. Mon collègue allemand n'en sait rien, de même que moi. J'ignore si Dreyfus avait des relations avec le commandement de l'état-major.

Le général Marselli, commandant en second l'état-major, a répondu par télégraphe au colonel Panizzardi que l'état-major se trouvait dans les mêmes conditions, ce corps et tous les services qui en relèvent n'ayant jamais eu de rapports directs ou indirects avec Dreyfus.

le mieux régler ma ligne de conduite dans l'avenir.

J'avais eu, au cours de l'année 1895, comme ministre de la justice, à suivre les discussions d'une affaire délicate d'extradition, l'affaire Santoro, avec M. le comte Tornielli, ambassadeur d'Italie ; il s'était établi entre nous, à cette occasion, des relations d'une certaine intimité. Je crus pouvoir m'adresser à lui en toute confiance. Je me rendis chez M. le comte Tornielli dans le courant du mois de mars dernier (1898) et je lui posai nettement la question qui me préoccupait ; je lui demandai si je m'étais trompé et de bien vouloir m'éclairer de tout ce qu'il avait pu apprendre et connaître et s'il ne lui était pas possible de parler, je n'aurais qu'à m'incliner devant sa réserve et à comprendre son silence.

M. le comte de Tornielli accueillit ma démarche avec une gravité et une émotion qui me frappèrent, et son premier mot de réponse fut de me dire que je ne m'étais pas trompé.

Et pour donner plus de poids encore à cette déclaration, M. Trarieux ajoutait :

Avant de venir à cette audience, j'ai voulu, toutefois, y être autorisé par M. le comte Tornielli, dont je ne me serais pas cru autrement le droit de trahir les confidences. J'ai revu M. le comte Tornielli, ces temps derniers, à deux reprises différentes, le 4 et le 13 de ce mois. Je lui ai rappelé notre entretien du mois de mars et je lui ai demandé s'il me serait permis de le rapporter à la Cour. Il m'a autorisé à m'expliquer comme je l'entendrais. Je dépose donc ici dans le plein accomplissement de mon devoir de témoin.

Cependant, dans sa déposition, le général Roget avait fait allusion aux notes données à Dreyfus par le général Lebelin de Dionne.

Les notes sur Dreyfus.

Le général Lebelin de Dionne a en effet une singulière façon de donner des notes à ses officiers.

En 1892, voici la note réglementaire qu'il fournit comme commandant de l'École supérieure de guerre, quand le capitaine Dreyfus sortit de cette école :

1891-1892. — Note de l'École supérieure de guerre.

Physique, assez bien. — Santé assez bonne ; myope.

Caractère facile : éducation bonne. — Intelligence très ouverte.

Conduite très bonne. — Tenue très bonne. — Instruction générale très étendue. — Instruction militaire théorique très bonne ; pratique très bonne ; connaît très bien l'allemand ; monte très bien à cheval ; sert bien. Admis à l'École n° 67 sur 81 ; sorti n° 9 sur 81 ; a obtenu le brevet d'État-Major avec la mention : très bien.

Très bon officier, esprit vif, saisissant rapidement les questions, ayant le travail facile et l'habitude du travail.

Très apte au service de l'Etat-Major.

Le général de division commandant l'École,

De Dionne.

Mais depuis, en 1898, voici le rapport que ce même général Lebelin de Dionne a fourni le 1er juin 1898, sur le passage de Dreyfus à l'École de guerre :

Le sieur Dreyfus, ex-capitaine d'artillerie, était sous mes ordres pendant les deux années passées par lui à l'École de guerre. Il était un officier intelligent, laborieux et doué d'une prodigieuse mémoire, et quoique entré à l'école dans un très mauvais rang, il ne tarda pas à arriver en tête de sa promotion.

Sa manière d'être haineuse et cassante et ses propos inconsidérés (il disait notamment devant ses camarades que les Alsaciens étaient plus heureux sous la domination allemande que sous la domination française) lui avaient attiré l'antipathie de ses professeurs et de ses camarades.

Sa conduite privée n'était pas bonne, car, jeune marié, il ne craignait pas de se montrer avec des filles. *J'ai eu des reproches à lui faire à ce sujet.* J'ai vu beaucoup d'officiers israélites à l'École de guerre ; j'affirme qu'aucun d'eux n'a été l'objet de l'animosité ni de ses chefs, ni de ses camarades, et s'il n'en a pas été de même pour le nommé Dreyfus, cela tenait à son détestable caractère, à l'intempérance de son langage et à une vie privée sans dignité, et nullement à sa religion.

P.-S. — J'ajoute qu'au moment de ses examens de sortie de l'École de guerre, Dreyfus est venu me demander de relever sa cote d'aptitude, prétendant que, pour son examen d'artillerie, il avait été victime d'une injustice. J'ai refusé d'accéder à ce désir pour des raisons indiquées ci-dessous.

1er juin 1898.

De Dionne.

C'est là ce qui s'appelle évidemment avoir de la suite dans les idées.

Mais est-ce vraiment la peine de faire remarquer pareilles contradictions ?

Il nous resterait, avant de clore ce chapitre, à publier le récit émouvant des tortures que fit subir au capitaine Dreyfus un ministre de la République : M. Lebon.

Cela nous entraînerait trop loin et c'est du reste connu de tout le monde.

Nous avions chargé M. Lebon de garder Dreyfus et non pas de déshonorer la France.

L'Histoire, d'ailleurs, le jugera.

II.

Le Bordereau

La pièce accusatrice. — Les dates du bordereau changent selon les besoins de la cause de l'État-Major. — Texte du bordereau. — La mentalité de Cavaignac. — Le capitaine Cuignet fait peu de cas du bordereau. — Les artilleurs à la rescousse. — Les véritables artilleurs : le commandant Hartmann, le général Sebert, le capitaine Moch. — L'opinion de Picquart. — Je pars en manœuvres. — La circulaire du 17 mai 1894. — Dreyfus savait qu'il ne partait pas aux manœuvres. — Les experts en écriture : Bertillon le fou dangereux. — La moralité de l'expert Teyssonnières. — M. Charavay et M. Monod. — MM. Pelletier, Gobert, Giry, Paul Meyer, Molinier. — Les 30,000 francs des trois grotesques.

C'est le « bordereau » qui constitue à lui seul la base légale du procès Dreyfus. Tous les avis sont unanimes là-dessus, et toutes les dépositions et déclarations qui ont été faites à ce sujet ont été, sur ce point, absolument concordantes, il convient de les rappeler, ainsi que l'a fait M. Joseph Reinach dans son étude sur les *Faits nouveaux* :

« La base de l'accusation portée contre le capitaine Dreyfus est une lettre missive établissant que des documents militaires confidentiels ont été livrés à une puissance étrangère. » (*Rapport de du Paty de Clam au général Mercier : 30 octobre 1894.*) — La base de l'accusation portée contre le capitaine Dreyfus est une lettre-missive écrite sur du papier pelure, non signée et non datée. » (*Acte d'accusation de d'Ormescheville.*) — « J'abandonne tous les faits de l'accusation ; mais ceci reste : le bordereau ». (*Réplique du commandant Brisset à la plaidoirie de M⁰ Demange.*) — Le général Mercier ne nous a montré aucune autre pièce que le bordereau, ni indiqué aucune autre preuve. (*Dé-*

position de M. Poincaré.) — Le général Mercier communiqua le bordereau ; il n'a été question d'aucune pièce secrète ni diplomatique. » (*Déposition de M. Charles Dupuy.*) — « Le bordereau est le point de départ et la base de l'accusation dirigée contre Dreyfus. » (*Déposition du général Zurlinden*). — Jusqu'à l'arrivée du bordereau, « aucun soupçon n'avait été élevé contre Dreyfus. » (*Lettre du général Zurlinden, ministre de la guerre, au garde des sceaux, 16 septembre 1898.*)

Or, il s'est passé au sujet de cette pièce accusatrice, seule base légale de la condamnation, un fait vraiment inouï.

L'État-Major en a modifié la date probable, selon les pressants besoins de sa mauvaise cause :

Dans l'ouvrage que nous venons de citer, M. Joseph Reinach a montré avec évidence quels avaient été ces changements de dates et quelles causes les avaient amenés :

Au procès de 1894, tout le rapport de d'Ormescheville repose sur cette affirmation qu'il tient de l'État-Major, par du Paty et par Henry : que le bordereau serait du printemps de 1894.

D'Ormescheville prend, l'un après l'autre, tous les documents énumérés au bordereau.

Il affirme, atteste que Dreyfus, seul, a pu les connaître pendant les mois qui ont précédé la trahison, avril ou mai.

C'est à cette allégation que Dreyfus répond, avec une énergie qui ne se dément point, à

M. L. Trarieux, ancien Ministre de la Justice.

l'instruction, devant le conseil de guerre. C'est cette prétention que Mᵉ Demange combat dans sa plaidoirie.

Dreyfus est condamné sur cette affirmation qui, venant de l'État-Major, alors insoupçonné, appuyée par le délégué du bureau des renseignements, Henry, qui parle à la fois au nom de Sandherr, de Boisdeffre et du

ministre, est acceptée par les juges, décide de leur verdict.

La défense elle-même tient la date assignée pour bonne et sincère.

Et cette date est maintenue jusqu'au 17 février 1898, pendant près de quatre ans.

C'est cette date, avril-mai 1894, qui est donnée au successeur du colonel Sandherr, au colonel Picquart : « Il l'a toujours entendu dire au bureau. » (*Procès Zola, t. II, p. 112.*)

C'est cette date qui est invoquée, par Esterhazy, à son procès (10 janvier 1898). Il se fonde sur elle pour déclarer qu'au printemps de 1894 il ne pouvait connaître aucun des documents énumérés au bordereau. Cette date d'avril n'est, alors encore, contestée ni par le général de Luxer, qui préside le conseil de guerre, ni par aucun de ses collègues, ni par le général de Pellieux qui les dirige dans l'ombre, ni par le rapporteur Ravary, ni par aucun des témoins militaires qui sont, outre Picquart, le général Gonse, Henry, du Paty, Lauth, Junck, Valdant, Gribelin.

Puis, tout à coup, au procès Zola, le 17 février 1898, lorsqu'Esterhazy s'est sauvé par la fausse date d'avril-mai 1894, Gonse et Pellieux, — Gonse, qui a été témoin au procès Dreyfus comme au procès Esterhazy, Pellieux, qui a été présent à tout le procès Esterhazy, — sortent la date de septembre (*Procès Zola, t. II, p. 111*). Et cette date, que confirme Zurlinden dans sa lettre au garde des sceaux, est exacte.

Mais pourquoi n'a-t-elle pas été produite antérieurement, au procès Esterhazy, au procès Dreyfus ?

Cette substitution, en 1894, d'une fausse date à la date vraie, c'avait été le chef-d'œuvre d'Henry, créant ainsi par avance à Esterhazy l'*alibi* qui, le cas échéant, lui assurerait le salut. Or, ce faux impudent, les grands chefs le connaissaient, au procès Esterhazy comme au procès Dreyfus. Ce n'est pas moi, d'ailleurs, qui les accuse de cette complicité : c'est M. le général Zurlinden : « *Le bordereau*, a-t-il dit dans sa déposition, *est arrivé au ministère de la guerre du 20 au 25 septembre ; il était accompagné de documents datés du commencement d'août, de la fin d'août et du 2 septembre.* Il est donc de la période qui s'est écoulée entre ces deux dates extrêmes ». Ce que Zurlinden savait, Mercier le savait aussi, et Boisdeffre, et Billot. Ils laissèrent cependant affirmer, devant deux conseils de guerre, une première fois pour perdre un innocent, plus tard pour sauver un traître, que le bordereau était d'avril.

Maintenant, ces deux crimes ayant été accomplis, tout l'argument de Roget pour attribuer le bordereau à Dreyfus découle de cette date nouvelle de septembre. Et son raisonne-ment est misérable, aussi misérable que celui de d'Ormescheville qui déduisait le sien de la fausse date. Il se retourne, au surplus, contre Esterhazy qui, lui-même, a avoué qu'il eût pu connaître sans peine, en l'été de 1894, les documents qui sont énumérés au bordereau. Le commandant Hartmann a démontré que le Uhlan n'avait eu à les copier que dans les journaux militaires (*France militaire* des 11 et 18 août 1894, *Mémorial de l'artillerie de marine* de juin 1894, etc.). Il n'y a donc plus d'excuse, plus même de prétexte à l'acquittement d'Esterhazy. Mais, surtout, la base de la condamnation prononcée contre Dreyfus s'effondre.

Ainsi, un premier faux a été commis, dès le premier jour, en 1894. Une fausse date a été attribuée au bordereau, devant le premier conseil de guerre. Cette fausse date a été attestée par le rapporteur, par le ministère public, par les témoins. Elle a été acceptée par les juges, qui ont été, ainsi, trompés, indignement trompés. De ce fait seul, fait nouveau, au sens juridique comme à tous les sens, fait révélé et proclamé par les nouveaux accusateurs de Dreyfus, la condamnation est viciée, radicalement viciée. Elle tombe en morceaux.

Comme on le voit, l'État-Major s'est livré, au sujet de la date du bordereau, à des manœuvres injustifiables.

Au sujet des termes contenus dans le bordereau, les variations des accusateurs ont été tout aussi remarquables.

Mais, pour bien comprendre ces variations, il faut tout d'abord rappeler quel était le texte du bordereau accusateur. Le voici :

« Sans nouvelles m'indiquant que vous désirez me voir, je vous adresse cependant, monsieur, quelques renseignements intéressants :

» 1° Une note sur le frein hydraulique du 120 et la manière dont s'est conduite cette pièce.

» 2° Une note sur les troupes de couverture (quelques modifications seront apportées par le nouveau plan).

» 3° Une note sur une modification aux formations de l'artillerie.

» 4° Une note relative à Madagascar.

» 5° Le projet de manuel de tir de l'artillerie de campagne, 14 mars 1894.

» Ce dernier document est extrêmement difficile à se procurer et je ne puis l'avoir à ma disposition que très peu de jours. Le ministère de la guerre en a envoyé un nombre fixe dans les corps et ces corps en sont responsables. Chaque officier détenteur doit remettre le sien après les manœuvres.

» Si donc vous voulez y prendre ce qui vous intéresse et le tenir à ma disposition après, je le prendrai. A moins que vous ne vouliez que je le fasse copier in-extenso et ne vous en adresse la copie.

» Je vais partir en manœuvres. »

Les dépositions qui ont été faites à ce sujet par les défenseurs d'Esterhazy ont toutes tendu à démontrer, d'après ce bordereau, que, seul, Dreyfus avait pu l'écrire parce que, seul, il avait été à même de connaître les renseignements énumérés là.

Voici les parties essentielles de ces dépositions :

DÉPOSITIONS DE L'ÉTAT-MAJOR

M. Cavaignac.

La caractéristique de la déposition de M. Cavaignac, c'est qu'il déclare d'avance ses arguments irréfutables. Il prétend prouver par A + B que le bordereau n'a pu être matériellement l'œuvre d'Esterhazy et qu'il est celle de Dreyfus.

M. Cavaignac ajoute même — ce qui donne la mesure exacte de sa mentalité — que, s'il lui était démontré que le bordereau est matériellement d'Esterhazy, il croirait quand même à la culpabilité de Dreyfus.

Pourquoi ? Comment ? Mystère !

Il est fort difficile de suivre M. Cavaignac dans ses démonstrations ; mais comme il prend soin de déclarer qu'il se comprend très bien, nous pensons qu'il estime que son avis doit suffire.

Suivant M. Cavaignac, le bordereau ne peut pas être d'Esterhazy :

« 1° Parce qu'il aurait fallu que cet officier demandât des renseignements à un officier d'artillerie sur le frein hydraulique du 120 court.

» 2° Parce que les notes sur les troupes de couverture sont trop secrètes pour qu'Esterhazy ait pu les connaître.

» 3° Parce qu'il faudrait admettre que si un officier d'État-Major avait entretenu un officier d'infanterie sur les modifications des formations de l'artillerie, il eût manqué à son devoir.

» 4° Parce qu'au sujet de la note de Madagascar il aurait fallu qu'une indiscrétion fût commise qui permit à Esterhazy de se renseigner.

» 5° Parce que le manuel de tir n'a jamais été prêté à Esterhazy par le capitaine Boone qui le détenait à Rouen (! ! !) »

Voilà, n'est-il pas vrai ? tout un faisceau de raisons bien convaincantes.

En revanche, M. Cavaignac déclare que le bordereau est rédigé d'une façon tellement claire et précise, et renferme une telle variété de connaissances techniques, qu'il est évidemment l'œuvre du stagiaire Dreyfus :

1° Dreyfus a été à Bourges : donc il a connu le frein hydraulique du 120.

2° Dreyfus a connu les renseignements sur *la couverture* parce qu'il les a portés à l'imprimerie du service géographique.

3° En ce qui concerne la note sur les formations de l'artillerie, Dreyfus a pu les livrer puisqu'il « s'en entretenait avec des officiers de l'armée ».

4° En ce qui concerne Madagascar, déclare M. Cavaignac, « Dreyfus a pu connaître ces renseignements : je ne dirais rien de plus !

5° Quant au manuel de tir qui est, dit l'au-

DREYFUS ET DU PATY

LA LECTURE DE LA SENTENCE

teur du bordereau « extrêmement difficile à se procurer », il implique bien la situation de Dreyfus ; car la phrase en question « se rapproche des circonstances où se trouvaient les stagiaires ».

La déposition de M. Cavaignac a duré trois jours. Le 9 novembre 1898, il est arrivé aux absurdes conclusions énumérées ci-dessus.

Le général Roget.

Le chef de cabinet de M. Cavaignac est venu, le 21 novembre 1898, confirmer et appuyer les énergiques déclarations de son ministre.

Il a commencé par déclarer qu'il n'a été mêlé en rien à l'affaire Dreyfus, mais qu' « ayant des loisirs » il les a employés « à faire une enquête personnelle pour éclairer sa propre conscience ».

Voici le résultat de l'enquête en question :

Le frein hydraulique. — Dreyfus est un des rares officiers qui pouvaient donner des renseignements sur ce frein.

Les troupes de couverture. — Je me demande (moi qui, arrivant lieutenant-colonel, savais tout juste ce qu'était la couverture au point de vue théorique) comment quelqu'un qui n'était pas de la maison aurait pu parler du nouveau plan avant la fin de juin, attendu que la première communication relative au nouveau plan qui ait été faite aux commandants du corps d'armée l'a été par lettre du 20 juin.

Je passe rapidement sur la *Note sur les modifications aux formations de l'artillerie* dont je ne dirai que ce simple mot : que le mot *formation*, employé dans l'acception qu'il a dans le bordereau, ne s'emploie qu'à l'état-major de l'armée.

Je ne parlerai pas davantage de la note sur *Madagascar*, et j'arrive tout de suite au *Projet de Manuel de tir.*

L'auteur du bordereau affirme que le document était extrêmement difficile à se procurer. Il est exact, pour lui, non pas que le docu-

ment fût extrêmement difficile à se procurer, mais qu'il avait eu de la peine à se le procurer.

Ces arguments n'ayant pas réussi à convaincre ni même seulement à éclairer la Chambre criminelle, le 23 novembre, l président posait au témoin la question suivante :

LE PRÉSIDENT. — Dans l'hypothèse où l'attribution du bordereau à Dreyfus viendrait à être contredite, et où, par un ensemble de circonstances que je ne puis apprécier, Esterhazy serait reconnu l'auteur de ce document, quelles conséquences cette certitude pourrait-elle avoir, au point de vue de la culpabilité de Dreyfus ?

Le général Roget répondit :

LE GÉNÉRAL ROGET. — Si on me prouvait qu'Esterhazy a écrit matériellement le bordereau, je ne pourrais évidemment pas le contester ; mais si Esterhazy me donnait lui-même cette affirmation, je ne le croirais pas.

Le capitaine Cuignet.
5 janvier 1899.

Le capitaine d'état-major Cuignet, attaché au cabinet de M. Cavaignac, a nécessairement corroboré les dires de ses chefs.

Il attribue le bordereau à Dreyfus, non sans pourtant donner de-ci, de-là, quelques démentis aux dépositions qu'il essayait de renforcer.

C'est ainsi qu'au sujet du *Manuel de tir*, il a formellement contredit MM. Cavaignac, Roget, etc.

Le *Manuel de tir* a été largement distribué et ce fait me permet d'affirmer que bien d'autres que Dreyfus ont pu le posséder, et qu'il n'avait pas l'importance qu'on lui attribue au point de vue de la défense nationale.

Quant à la note sur les *troupes de couverture*, son énoncé ne permet pas d'en évaluer l'importance.

On voit que, contrairement à ses chefs, le capitaine Cuignet glisse beaucoup sur le bordereau.

C'est très sage !

Sa conviction s'appuie sur le *dossier* dit *secret*. Nous aurons occasion d'en reparler.

Le général Gonse.

A bien peu de chose près, les arguments mis en avant par le général Gonse, d'abord sous-chef, puis chef d'État-Major général, pour attribuer le bordereau à Dreyfus, ont été les mêmes que ceux déjà fournis par MM. Cavaignac et Roget.

A son avis, Dreyfus seul pouvait connaître les renseignements confidentiels énumérés au bordereau.

Cependant, dans sa déposition du 12 décembre 1848, le général Gonse est pressé de questions auxquelles il répond évasivement.

LE PRÉSIDENT. — Savez-vous si une enquête a été faite à la direction d'artillerie ou au comité technique pour apprendre si Dreyfus y a demandé des renseignements sur le frein hydraulique, ou bien s'il a pu y prendre communication de notes relatives à ce frein?

LE GÉNÉRAL GONSE. — Je l'ignore.

LE PRÉSIDENT. — Pensez-vous que les renseignements donnés sur le frein hydraulique et le canon de 120 s'appliquent au fonctionnement extérieur de ceux qui l'avaient vu tirer, ou bien à l'organisme intime et à la construction du frein ?

LE GÉNÉRAL GONSE. — Il m'est bien difficile de répondre d'une façon précise et complète à la question.

LE PRÉSIDENT. — Tous les officiers qui ont été à Bourges, à l'école de pyrotechnie, comme l'a été Dreyfus, n'ont-ils pas pu avoir connaissance des études qui se faisaient alors à la fonderie sur le canon du 120 et sur le frein hydraulique?

LE GÉNÉRAL GONSE. — Tous les officiers d'artillerie des établissements pouvaient en avoir connaissance, notamment en causant avec leurs camarades.

LE PRÉSIDENT. — Savez-vous si, à l'époque de la découverte du bordereau, ou depuis, il y a eu à l'état-major général des recherches faites pour savoir si d'autres officiers que Dreyfus n'avaient pas passé par les établissements de Bourges?

LE GÉNÉRAL GONSE. — Je crois qu'on a dû faire des recherches à ce moment, mais je ne pourrais pas l'affirmer.

En ce qui concerne le *Manuel de tir*, je ne suis pas assez fixé sur la distribution de ce document, soit dans les corps d'armée, soit dans les différents services, pour renseigner la Cour sur ce point.

Le général Deloye.

Le général Deloye, directeur de l'artillerie, sollicité par l'état-major dont les explications relatives au bordereau n'avaient pas paru convaincantes, envoya le 12 février à la Cour un long mémoire technique pour faire ressortir que les documents énoncés au bordereau étaient de la plus haute gravité et du plus grand secret, et que seul un officier d'artillerie et d'état-major pouvait en avoir connaissance.

Mais, tous les artilleurs ne sont pas de l'avis du général Deloye, ainsi qu'il est facile de s'en convaincre :

AUTRES TÉMOIGNAGES
MILITAIRES

En tête de ces témoignages qui ont remis les choses au point et ont montré le peu d'importance des documents énumérés au bordereau ainsi que la facilité avec laquelle ils pouvaient être connus de tous, il faut citer la déposition de :

M. Le général Sébert,

qui, le 16 janvier 1899, s'est exprimé ainsi :

Ma première impression, à la lecture du bordereau, a été qu'il n'émanait pas d'un officier d'artillerie, par suite des termes employés, notamment pour la désignation du canon *de 120* qu'un officier d'artillerie devrait forcément appeler *le 120 court de campagne*, et des mots employés : « la façon dont cette pièce s'est conduite » ; un artilleur emploiera toujours l'expression : « la façon dont » la pièce (ou double frein) s'est comportée ».

Quant au frein, il n'aurait pas employé l'expression *frein hydraulique*, qui ne s'applique pas au matériel de campagne et qui était connue depuis longtemps, mais celle de *frein hydropneumatique,* qui, seul, pouvait présenter de l'intérêt à cette époque.

Il me paraissait d'autre part que les renseignements énumérés dans le bordereau ne pouvaient pas présenter un réel intérêt pour un gouvernement étranger, tout ce matériel, qui avait déjà subi des essais prolongés dans les écoles d'artillerie, devant être connu des gouvernements intéressés.

Les essais du frein hydropneumatique remontent au moins, d'après mes souvenirs personnels, à l'année 1888, et les essais du matériel complet avaient eu lieu avant l'année 1890, époque à laquelle on avait proposé l'adoption réglementaire de ce matériel.

Pour expliquer ma pensée, je dirai que le secret sur la construction d'un matériel ne peut être conservé que pendant la période de création et que, dès que ce matériel a été réalisé, les détails en arrivent bien vite à la connaissance des intéressés.

En ce qui concerne la note sur les formations de l'artillerie, j'ai compris que cela voulait dire : une note relative à la nouvelle organisation des troupes d'artillerie, par suite du passage du service des pontonniers au corps du génie ; mais cette réorganisation, qui avait déjà fait, à plusieurs reprises, l'objet de débats parlementaires, me paraissait devoir être connue, par cela même, des gouvernements étrangers.

Quant à la note relative à Madagascar, il

m'a paru qu'elle ne pouvait pas avoir grand intérêt pour un gouvernement étranger autre peut-être que l'Angleterre.

Quant au projet de Manuel de tir de l'artillerie de campagne, j'ai remarqué tout d'abord l'incorrection de ce titre, qui ne doit pas être « Manuel de tir de l'artillerie de campagne », mais « Manuel de tir d'artillerie » ou « Manuel de tir de campagne ».

LE PRÉSIDENT. — Nous vous lisons les termes mêmes du bordereau :

Ce dernier document, dit le bordereau, est extrêmement difficile à se procurer, et je ne puis l'avoir à ma disposition que très peu de jours. Le ministre de la guerre en a envoyé un nombre fixe dans les corps, et ces corps en sont responsables ; chaque officier détenteur doit remettre le sien après les manœuvres.

LE GÉNÉRAL SÉBERT. — Cette rédaction m'a paru indiquer clairement qu'elle n'émanait pas d'un officier d'artillerie, attendu que les officiers de ce corps peuvent toujours obtenir, sur leur demande, les Manuels de tir dont ils ont à régler l'application, et qu'ils en restent détenteurs ; ce n'est que dans un corps de troupe qu'il a pu être envoyé des Manuels en nombre déterminé, avec obligation de les rendre après l'exécution des écoles, auxquelles devaient assister les officiers temporairement détenteurs du Manuel.

D'autre part, un officier d'artillerie, détenteur d'un Manuel de tir, n'aurait pas parlé de son *corps*, mais de son *régiment*, et n'aurait pas, non plus, parlé de la fin des *manœuvres*, mais de la fin des *écoles à feu*, du moment qu'il s'agissait d'essais de tir.

Cette expression : *après les manœuvres*, ne peut d'ailleurs pas s'appliquer ici aux *grandes manœuvres*, dans lesquelles il n'est pas fait d'exercices réels de tir.

Le commandant Hartmann.

19 janvier 1899.

La savante déposition du chef d'escadron d'artillerie Hartmann détruit de fond en comble, au point de vue technique, le galimatias prétentieux de M. Cavaignac et la fausse science des généraux Gonse et Roget.

M. Hartmann commence par expliquer

qu'un tas de prétendus secrets relatifs à l'artillerie sont connus de l'étranger qui les obtint du traître Boutonnet, condamné en 1890, à Bourges, où il était employé

LE CALVAIRE DE L'INNOCENT

civil aux archives du comité technique d'artillerie.

Au sujet du fameux 120 court, que lors du procès Zola le général de Pellieux déclarait ne pas même connaître en raison de son caractère confidentiel, le commandant Hartmann s'exprime ainsi :

Définitivement adoptée après certaines hésitations, *la pièce de 120 court modèle 1890* **entre en fabrication dès 1892 et l'on n'en fait point mystère.**

Le commandant Hartmann l'établit ainsi que suit :

Bien des indications ont pu être recueillies

de 1890 à 1894 sur le canon de 120 court et son frein hydro-pneumatique. Je citerai, en première ligne, les *cours des Ecoles militaires* auxquels on songe, tout d'abord, quand on a besoin d'un renseignement sur le matériel, qui **sont à la disposition de tous les officiers et que les attachés militaires peuvent aisément se procurer. Le cours fait à l'Ecole d'application de l'artillerie et du génie en 1892-93 sur l'organisation des affûts entre dans les plus grands détails sur l'objet du matériel de 120 court et son organisation.**

On y trouve en particulier : page 122, la description d'ensemble du canon de 120 court avec son frein ; pages 130 et 134, la description d'ensemble de l'affût ; page 77, le principe du frein hydro-pneumatique et de ses soupapes chargées ; page 121, le principe du récupérateur ; page 95, le détail du système de pointage. *Le texte est accompagné de trois dessins d'une grande précision,* avec légende explicative.

Dans sa déposition, le général Roget s'était étendu complaisamment sur la difficulté pour un officier de troupes comme Esterhazy de se procurer le *projet de manuel de tir de l'artillerie de campagne.*

Le commandant Hartmann remet les choses au point :

En fait, ce manuel a été autographié à la section technique de l'artillerie ; *il ne porte sur sa couverture,* par exemple, *aucune mention indiquant qu'il ne doit pas être divulgué.* Les exemplaires destinés aux régiments leur ont été remis par les brigades, qui les ont reçus avec bordereau d'envoi.

La responsabilité des chefs de corps ne s'est donc pas trouvée engagée, et, comme la Cour peut s'en assurer, par les deux exemplaires que je mets ses mains, les projets de manuel n'ont pas été numérotés. Ils ne portent pas même de timbre du régiment, contrairement à l'habitude en pareil cas.

La distribution aux batteries s'est faite sans précautions particulières et, par exemple, dans la forme suivante : « Messieurs les commandants de batteries feront toucher aujourd'hui, au bureau de l'habillement,

deux projets de manuel de tir d'artillerie de campagne. » *Les officiers n'ont pas eu à donner un reçu de leur exemplaire et on ne les leur a pas redemandés,* lors de la distribution d'un autre projet de manuel (édition de 1895).

Dans quelques régiments, le nombre des exemplaires remis aux batteries ayant paru insuffisant, on en a tiré des copies à la presse régimentaire, et ces copies ont été distribuées à qui désirait en avoir.

Quant aux troupes de couverture, le commandant Hartmann estime qu'il est assez facile d'avoir des renseignements sur ce sujet. Il cite un article de mai 1894 du *Spectateur militaire* intitulé : *le sixième corps et les troupes de couverture,* où l'auteur donne les renseignements les plus détaillés.

Une autre source d'informations, ajoute-t-il, ce sont les conversations avec les officiers des régions frontières, et, à ce point de vue, le camp de Châlons est l'endroit où l'on peut le mieux se renseigner sur la destination des troupes stationnées dans la sixième région.

Pour le passage du bordereau relatif à la note sur Madagascar, M. Hartmann fait observer que le *Gaulois* du 14 juillet 1894 disait savoir de source sûre qu'on étudiait en haut lieu l'organisation d'une expédition à Madagascar. Le journal la *France Militaire* avait vers la même époque publié une série d'articles sur la question.

Et ceci répond parfaitement aux allégations de l'état-major qui, pour sauver Esterhazy, prétendait qu'il était impossible qu'un officier d'infanterie pût savoir, le 15 août 1894, que l'on préparât une expédition (1).

_____

(1) Le commandant Esterhazy, à Rouen, était dans l'impossibilité de savoir qu'une expédition à laquelle prendrait part une fraction de l'armée était en préparation. (Déposition de Pellieux, *Procès Zola, tome II, page 12.*)

Le capitaine Moch.

19 janvier 1899.

La déposition de M. G. Moch, ancien capitaine d'artillerie, est venue corroborer de tous points les déclarations si précises du commandant Hartmann :

M. LE CAPITAINE MOCH. — Comme adjoint à la section technique de l'artillerie, j'étais attaché, de 1890 à 1894 (date de ma démission), au service de la *Revue d'artillerie*.

Les officiers chargés de ce service ont à dépouiller toutes les publications françaises et étrangères relatives à l'artillerie, et il arrive fréquemment qu'on leur soumet des documents confidentiels venus de l'étranger et concernant l'artillerie, documents qu'ils ont à apprécier au point de vue de l'intérêt technique.

La première impression que m'a produite le bordereau, lorsque j'en ai eu connaissance par les journaux, est celle de l'impropriété des termes ; il ne me paraît pas possible qu'un artilleur confonde le canon de *120* avec le canon de *120 court*, et le frein *hydraulique* avec le frein *hydropneumatique*. Cela d'autant plus qu'il avait tout intérêt à faire valoir l'importance, toute relative, du renseignement fourni.

Point à point, M. le capitaine Moch étudie tous les paragraphes du bordereau. Il signale de véritables hérésies qui démontrent l'inexpérience absolue chez son auteur des choses de l'artillerie.

M. G. Moch ajoute que « dès que les journaux publièrent le texte du bordereau, son opinion fut faite sur ce point particulier de l'affaire : ce document a été *composé* par un agent très subalterne ou par un officier étranger à l'arme ».

La conclusion que donne M. le capitaine Moch, de sa déposition, est très nette :

Conclusion : Le bordereau a été *rédigé* par un officier supérieur, étranger à l'artillerie, et ayant été désigné pour assister aux tirs de cette arme.

Or, il a été reconnu depuis qu'Esterhrzy avait assisté, à plusieurs reprises et la plupart du temps sur sa demande, à des manœuvres d'artillerie.

M. Bruyerre.

Un sous-lieutenant de réserve du 20e régiment d'artillerie, M. Bruyerre, déposa également le 25 janvier 1899 devant la Cour de Cassation.

Il raconta que, durant sa période, on l'instruisit sur le fameux 120 court en présence de quatorze officiers d'infanterie.

C'est la preuve évidente qu'il n'y avait point en France que le capitaine Dreyfus qui connût ces « secrets ».

Quant au manuel de tir mentionné sur le bordereau, comme extrêmement difficile à se procurer, M. Bruyerre en parle ainsi :

Au mois de mai, le directeur d'artillerie venait d'envoyer dans les corps un petit nombre d'exemplaires, comme je l'ai dit plus haut. Comme les officiers de troupe avaient besoin de prendre connaissance de ce Manuel et de l'étudier, ils n'auraient probablement pas consenti à s'en dessaisir pendant un laps de temps assez long.

Mais je ne pense pas qu'aucun d'eux aurait pu en refuser communication à un officier.

Ce n'est qu'en 1895 que, sur les exemplaires qui ont été envoyés aux officiers d'artillerie, on a mis la mention « confidentiel » avec l'obligation de représenter le Manuel à toute réquisition et de le restituer dans des circonstances données.

L'exemplaire du Manuel que je vous dépose est un de ceux qui ont été tirés à la presse régimentaire en mai 1894.

Le lieutenant-colonel Picquart.

1er décembre 1898.

Voici enfin quelles ont été, sur ce même

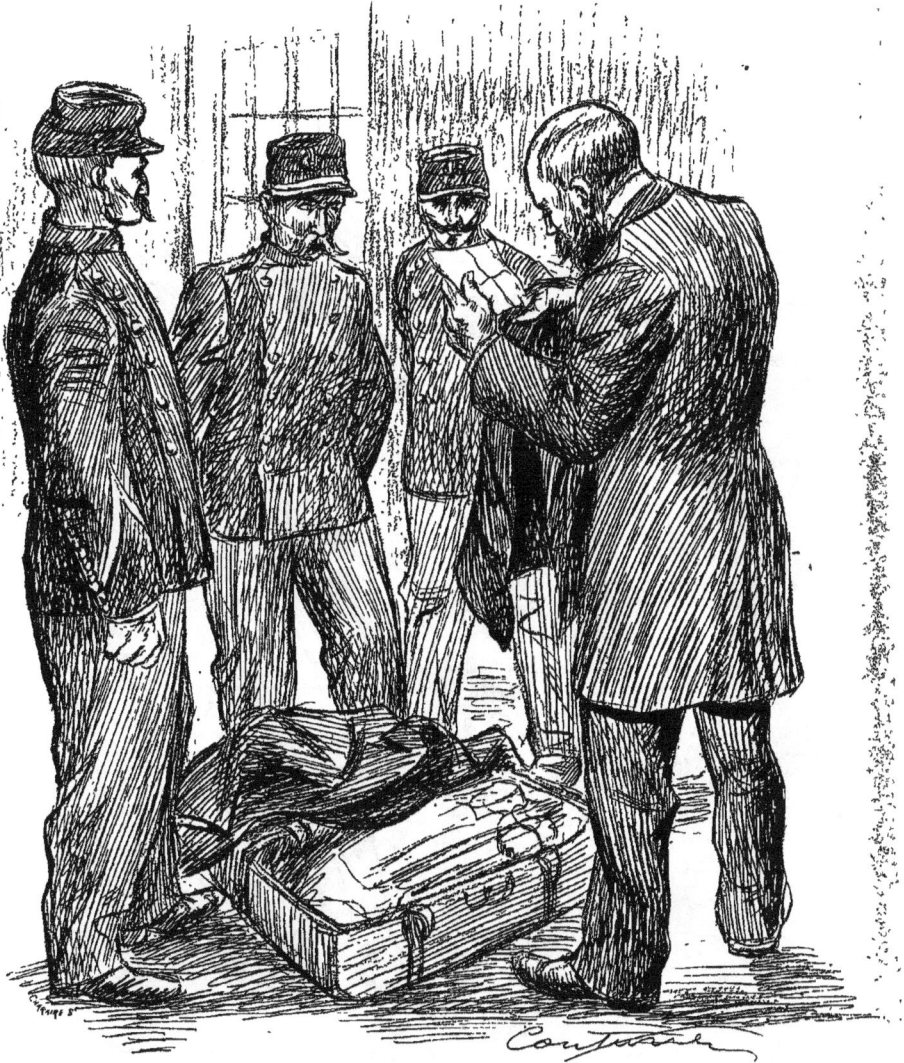

A L'ILE DE RÉ. — La fouille des effets du Condamné.

sujet, les explications fournies à la Cour par le lieutenant-colonel Picquart :

Sur le frein hydraulique : La note en question ne me paraît pas avoir un caractère secret.

Sur les troupes de couverture : — L'expres-sion du bordereau est vague et semble démontrer que l'informateur n'est pas au courant de la question, ce qui est le cas d'Esterhazy et non celui de Dreyfus.

Sur les formations de l'artillerie : — Rien dans l'énoncé de la note ne permet de déduire que les renseignements donnés ont été ceux

L'aveu du faux. — HENRY ET CAVAIGNAC

qu'on ne peut avoir qu'au 1er bureau ou bien des renseignements tirés de conversations avec des officiers ou même de documents parlementaires.

La note sur Madagascar. — Le journal le *Yacht* a publié en 1894 des renseignements précis sur l'expédition de Madagascar. Cet exemple prouve que d'autres que Dreyfus en ont pu connaître.

Le manuel de tir. — Il semble difficile qu'un officier du ministère dise que ce document est « extrêmement difficile à se procurer ».

7

En somme, comme le fait remarquer le colonel Picquart, l'espion est loin de désigner clairement sa marchandise et pourtant il aurait eu intérêt à la faire valoir en donnant des indications précises, de dates, par exemple. Cela provient sans doute de ce que l'auteur du bordereau n'était peut-être pas bien fixé lui même sur la valeur des documents qu'il envoyait.

Pour ce qui est de la dernière phrase du bordereau : « je vais partir en manœuvres », les accusateurs de Dreyfus ont vu en elle la preuve de sa culpabilité.

Le général Zurlinden.

En ce qui concerne la phrase finale du bordereau : « Je vais partir en manœuvres », il y a lieu de remarquer que, d'habitude, les officiers stagiaires assistaient aux manœuvres d'automne, mais qu'exceptionnellement, le 27 août 1894, on lui annonça que, cette année, ils n'iraient pas à ces manœuvres. L'auteur du bordereau, dans l'ignorance où il était encore de cette circonstance, a pu croire qu'il participerait aux manœuvres et l'écrire. Cela révèle encore que ce document peut émaner d'un stagiaire.

Je regarde cette démonstration sur l'auteur du bordereau comme étant une des plus importantes pour en faire découvrir la personnalité. Je n'ai fait que l'ébaucher, elle pourrait au besoin être complétée par le général Roget.

Le général Roget.

Esterhazy, qui était major d'un régiment d'infanterie, n'a jamais dû, à aucun moment, aller aux grandes manœuvres, et il n'y est pas allé, effectivement.

Dreyfus, au contraire, a dû y aller et a cru, jusqu'à la fin d'août, qu'il irait.

Mais il n'y est pas allé, non plus que les autres stagiaires de son groupe, précisément à cause des travaux du plan, qui se faisaient à ce moment, et pour lesquels on a utilisé leurs services.

Si donc la phrase : *Je vais partir en manœuvres*, s'applique effectivement aux grandes manœuvres, comme ce n'est guère possible de penser autrement, elle désigne Dreyfus et ne peut en aucun cas désigner Esterhazy.

Le capitaine Cuignet.

Ces manœuvres ont lieu fin août, commencement de septembre. C'est donc, suivant moi, à cette époque de l'année qu'il faut placer la date du bordereau.

En fait, Dreyfus n'a pas assisté aux manœuvres en 1894; mais, jusqu'au dernier moment, il a cru devoir y assister.

Je crois me rappeler que c'est le 28 août 1894 que les stagiaires de deuxième année, appartenant à l'état-major, ont été avisés que, pour la première fois, cette année, ils n'assisteraient pas aux manœuvres.

Je crois devoir, à ce sujet, donner à la Cour quelques explications, si elles ne lui ont pas été fournies précédemment.

Antérieurement à 1894, les stagiaires de l'état-major de l'armée n'accomplissaient pas dans le corps de troupe d'une arme différente de la leur le stage régimentaire. Seuls de tous les stagiaires il leur était fait application de cette exception, et le stage régimentaire de trois mois était remplacé pour eux par un court passage dans un corps de troupe d'une arme différente à la leur, à l'occasion et pendant la durée des manœuvres d'automne.

Dans le courant de l'année 1894, en mai, je crois, on se préoccupa de faire rentrer les stagiaires de l'état-major de l'armée dans la loi commune; mais la question n'aboutit pas immédiatement, ce ne fut qu'à l'époque que j'ai indiquée (le 28 août, je crois) que les stagiaires furent informés d'une décision les astreignant au stage réglementaire de trois mois, fixant la date du commencement de ce stage au 1er octobre de l'année courante et les informant qu'ils n'assisteraient pas aux manœuvres.

Il n'y a qu'un malheur à tout cela.

C'est qu'on a versé à la Cour de cassation une circulaire — précisément la *circulaire dont parle le capitaine Cuignet*.

Or, cette circulaire porte la date du 17 mai 1894.

Elle prescrit que, désormais, les stagiaires d'État-Major, au lieu d'aller aux manœuvres d'automne, feront un stage de trois mois dans les corps de troupe. « Les périodes affectées à ces stages, dit-elle, seront fixées, pour les stagiaires de deuxième année, d'octobre à janvier. »

Des prescriptions contenues dans cette circulaire, qui est signée du général de Boisdeffre, il résulte manifestement la conclusion que Dreyfus n'a pu écrire au mois d'août, date reconnue vraie du bordereau : « Je vais partir en manœuvres, » et cela pour deux raisons :

1° Parce qu'il avait eu connaissance, bien avant le mois d'août 1894, de la circulaire du 17 mai précédent.

2° Parce qu'il avait vu partir en juillet, pour leur stage dans les corps de troupe, ses camarades, les stagiaires de première année...

Il n'y a évidemment pas besoin d'être bien intelligent pour constater l'inanité des dépositions de l'État-Major dans le commentaire de cette phrase : « Je vais partir en manœuvres. »

LES EXPERTS EN ÉCRITURE

Les experts en écriture ont joué un grand rôle dans l'affaire Dreyfus.

Parmi eux, il en est un surtout que d'opinion courante on tient comme fou, et il se trouve que c'est le plus acharné à vouloir prouver que l'écriture du bordereau est celle du capitaine Dreyfus.

Cet expert est M. Alphonse Bertillon, qui d'ailleurs n'était pas du tout expret en écriture, mais simplement le directeur du service d'anthropométrie à la préfecture de police.

Sa déposition du 18 janvier devant la Cour de cassation a été stupéfiante.

Elle débutait ainsi :

Le bordereau n'est pas une création fortuite, accidentelle des seules forces de la nature. Il a été écrit par quelqu'un ; il s'agit de savoir par qui et dans quel but.

Puis, rapidement, sans se préoccuper de la déposition du général Zurlinden qui, quelques jours auparavant, avait dit :

L'examen que j'ai fait moi-même des différentes pièces du dossier judiciaire renfermant l'écriture de Dreyfus m'a démontré que le bordereau avait été écrit par cet officier et que C'ÉTAIT BIEN SON ÉCRITURE COURANTE ET RAPIDE,

M. Bertillon déclare froidement que le bordereau est de Dreyfus...

parce qu'il est écrit au moyen d'une écriture de sûreté qui, bien qu'ayant été tracée relativement rapidement, présente l'apparence, lorsqu'on l'examine, d'être UN DOCUMENT FORGÉ AU MOYEN DE MOTS DÉCALQUÉS ET MIS BOUT A BOUT...

Il y a des travaux qui défient l'analyse.

La déposition de M. Alphonse Bertillon qui, selon le mot de M. Yves Guyot, « déshonore le nom qu'il porte », est celle d'un inconscient.

En lisant les quelques lignes qui suivent (18 janvier 1899) et qui font allusion à la déposition du témoin au procès de 1894, on aura l'impression d'une chose épouvantablement triste : un innocent accusé par un fou :

Au début de ma déposition (1894) je remarquai que l'accusé Dreyfus était très maître de lui. Ayant fait allusion à l'angoisse qui peut étreindre le cœur d'un honnête homme qui se rend complice d'une erreur judiciaire, l'accusé me regarda narquoisement et me dit :

— Ces angoisses, monsieur, vous n'y échapperez pas, soyez-en sûr.

Quelques instants après, j'annonçai, conformément au rapport écrit de la première heure, et insuffisamment justifié, que le bordereau était forgé, « et, ajoutai-je, la preuve de cette confection artificielle, je vais vous la donner : elle m'a été révélée par le petit instrument dont je me sers journellement ». En disant ces mots, je sortis de ma poche le décimètre et montrai comment il m'avait conduit à griller le bordereau par demi-centimètres, sur lesquels tous les mots redoublés se repéraient semblablement.

Au mot de *grille*, la figure de l'accusé se contracta ; il se renversa en arrière, saisissant la table de ses mains, et murmura, d'une voix distincte pourtant, qui fut entendue par d'autres que par moi : « Oh ! le misérable ! »

Cette exclamation, prononcée à l'occasion d'une remarque (la forgerie du bordereau) qui aurait dû le remplir d'espoir s'il avait été innocent, me frappa énormément ; elle frappa mes voisins, et le mot fut répété, d'une source étrangère, plus de deux ans après. On y ajouta même ce détail : « Oh ! misérable ! tu m'as donc vu écrire ! » En réalité, cette dernière phrase se réfère à la question que l'accusé pria le président de m'adresser à la fin de sa déposition : « Que le témoin, dit-il, veuille bien jurer qu'il m'a vu écrire le bordereau. » Cette demande ne me fut pas transmise, mais me frappa d'autant plus que j'avais, d'avance, annoncé au commis qui me servait d'auxiliaire dans mes recherches que j'amènerais Dreyfus à me faire cette question. J'étais tellement sûr d'avoir reconstitué, en grande partie, la façon dont il s'y prenait pour composer son document, qu'il me semblait qu'il pourrait laisser échapper cette demande.

J'ai remarqué également, durant tout le cours de ma déposition, qu'après son exclamation : « Oh ! le misérable ! » il ne chercha pas une seule fois à contrôler, à s'assurer ou même à comprendre les observations que je présentais. Quand je signalai, par exemple, la présence d'une petite encoche sur le bord droit du papier comme indice de confection artificielle, tandis que les juges, le défenseur, le ministère public se penchaient sur le bordereau pour en constater la présence (qui avait échappé aux experts qui m'avaient précédé). Dreyfus restait figé dans son immobilité, qu'il semblait s'être imposée depuis sa première exclamation.

Pourtant l'angoisse qu'il éprouva lorsque je superposai, sous les yeux du conseil, différents mots du bordereau sur le mot *intérêt*, était manifeste. Je l'ai constatée, et d'autres témoins m'en ont également parlé.

Ah ! comme elle est compréhensible, l'angoisse du malheureux innocent devant l'implacable folie de ce maniaque accusateur !

Voici, à titre de document, quelques expressions tirées de la déposition de M. Bertillon...

Grille virtuelle.

Réticules centrimétriques.

Repérage réticulé.

Auto-forgerie.

Surmontage avec recul sans toutefois d'intervalle réticulaire ni même de matrice.

Le transfert.

Carbonate de plomb.

000,002 ^{mm} de recul sans gabarit.

Un crayon de deux sous produisant un glissement de mots hachurés.

Flèches superposées au gabarit.

Autocalque et hétérotocalque.

Lettre négative.

Imbrication.

Réseau réticulaire.

Quart de kutsch.

Et, comme disait Sganarelle, « voilà pourquoi votre fille est muette ! »

M. Teyssonnières.

18 janvier 1899.

Encore un expert qui conclut à la culpabilité de Dreyfus. S'il n'a pas la folie de Bertillon, il ne présente pas quand même le degré voulu de moralité pour que l'on se puisse incliner devant son avis.

M. Teyssonnières a été, en effet, rayé du tableau des experts pour de graves incorrections relevées dans l'exercice de ses fonctions.

Il se contente, dans sa déposition, d'affirmer que les similitudes entre l'écriture du bordereau et celle de Dreyfus lui paraissent une preuve suffisante de culpabilité.

M. Charavay.

18 janvier 1899.

M. Charavay est cet expert qui honnêtement a déclaré que jamais il ne condamnerait un homme sur une simple expertise d'écriture.

LA MORT D'HENRY LE FAUSSAIRE

En 1894, il trouva des analogies entre l'écriture de Dreyfus et celle du bordereau.

Depuis qu'il connaît l'écriture d'Esterhazy, il remarque que cette écriture se rapproche bien davantage de cette pièce incriminée.

La preuve en est dans la correspondance suivante :

LETTRE DE M. GABRIEL MONOD A M. MAZEAU,
PREMIER PRÉSIDENT DE LA COUR DE CASSATION

Versailles, 23 avril.

Monsieur le premier président,

J'ai l'honneur de déposer entre vos mains, pour être communiquée à la Cour de cassation, la lettre authographe que M. Étienne Charavay m'a adressée le dimanche 23 avril, et dans laquelle il précise et complète la déposition qu'il a faite à la chambre criminelle au sujet de son expertise de 1894. L'importance de ses déclarations ne vous échappera pas et vous jugerez s'il y a lieu de faire revenir M. Charavay devant la Cour pour les confirmer, ou si la Cour peut se contenter de prendre acte de cette lettre en la déposant au dossier.

Je vous prie d'agréer, monsieur le premier président, l'expression de mes sentiments les plus respectueux.

GABRIEL MONOD,
Membre de l'Institut.

LETTRE DE M. E. CHARAVAY A M. GABRIEL MONOD

Paris, 23 avril 1899.

Mon cher maître et ami,

J'ai reçu votre lettre du 20 avril. Vous vous étonnez que dans ma déposition devant la chambre criminelle de la Cour de cassation, je n'aie pas affirmé plus nettement l'identité de l'écriture du bordereau avec celle de l'ex-commandant Esterhazy. Je tiens à vous donner les explications nécessaires pour dissiper toute équivoque.

J'ai été convoqué en même temps que les sept autres experts des affaires Dreyfus et Esterhazy. Le président de la chambre criminelle nous a remis l'original du bordereau et des pièces de comparaison émanées de Dreyfus et d'Esterhazy, et il nous a dit de les examiner afin de répondre à la question suivante : « Maintenez-vous les conclusions de votre rapport ? »

Je n'ai eu ni le temps ni les moyens maté-riels de faire une expertise qui exige, par suite des circonstances, une attention particulière. J'ai seulement constaté que le bordereau reproduisait l'écriture d'Esterhazy avec beaucoup plus d'exactitude que celle de Dreyfus, et que le papier pelure dudit bordereau était de même nature que celui employé en 1894 par Esterhazy.

J'ai donc considéré que le nouvel élément de comparaison, qui ne m'avait pas été fourni en 1894, ne me permettait pas de maintenir mes conclusions, et annulait mon expertise. C'est ce que j'ai dit. Je n'ai pas été plus affirmatif sur l'attribution de l'écriture, parce que je n'étais pas alors à même d'examiner l'hypothèse d'un faux par imitation, qui avait été produite, et de contrôler les arguments des conclusions négatives de l'expertise de 1897.

Cette prudence, que vous jugerez peut-être excessive, n'était-elle pas naturelle à un homme abusé une première fois par les apparences et justement soucieux d'éviter une nouvelle erreur ?

Quoi qu'il en soit, j'ai répondu négativement à la demande posée par la chambre criminelle : « Maintenez-vous vos conclusions de 1894 ! »

Ensuite j'ai cru devoir, pour l'acquit de ma conscience, vérifier l'impression produite sur mon esprit par la confrontation de l'écriture du bordereau avec celle des deux éléments de comparaison. Je me suis procuré deux lettres de l'ex-commandant Esterhazy et j'ai fait le travail de comparaison à l'aide d'une photographie du bordereau qui m'avait été donnée officiellement en 1894. De cette vérification il résulte :

1° Que le bordereau reproduit exactement le graphisme d'Esterhazy ;

2° Que les parties du bordereau qui, en 1894, avaient attiré les soupçons de l'autorité militaire sur Dreyfus et avaient impressionné les experts ressemblent tout autant à l'écriture naturelle d'Esterhazy qu'à celle de Dreyfus ;

3° Que les dissemblances constatées dans mon rapport entre l'écriture de Dreyfus et celle du bordereau sont précisément les analogies caractéristiques des écritures du bordereau et d'Esterhazy.

Dans ces conditions, j'estime que la confection graphique du bordereau ne peut plus être attribuée à l'ex-capitaine Alfred Dreyfus, mais doit être attribuée à l'ex-commandant Esterhazy.

Cette déclaration complète et confirme ma déposition. J'éprouve d'autant moins d'embarras à la faire que j'ai conscience d'avoir toujours agi de bonne foi et que les circonstances exceptionnelles de l'expertise de 1894 expliquent suffisamment les raisons de ma conclusion première. Je n'ai, vous le savez, nulle prétention à l'infaillibilité et je me suis toujours fait un devoir (mon rapport de 1894 en est la meilleure preuve) d'exposer les arguments pour et contre, afin de permettre aux juges de se prononcer en connaissance de cause. Est-il besoin de répéter qu'en aucun cas l'expertise en écriture ne saurait constituer l'unique élément d'une condamnation et qu'en droit comme en fait elle n'a jamais été et ne sera jamais qu'un témoignage ?

La clôture de l'enquête et la publication des dépositions concernant la partie graphique de l'affaire me dégageant du silence qu'à tort ou à raison je m'étais imposé en présence du déchaînement des passions contraires, je saisis cette occasion de libérer ma conscience et d'obéir, en vous faisant connaître mon opinion, aux sentiments de loyauté et d'impartialité qui ont été et seront toujours ma règle de conduite.

Je vous prie de faire de ma déclaration l'usage que je vous jugerez utile à la cause de la justice et de la vérité, et d'agréer, etc.

Étienne CHARAVAY.

Pour ce qui est de la similitude constatée entre l'écriture d'Esterhazy et celle du bordereau, il suffit de citer les conclusions des différents experts qui ont été entendus par la Cour de cassation.

M. Pelletier.

18 janvier 1899.

LE PRÉSIDENT. — Vous avez été expert dans l'affaire Dreyfus, en 1894, et vous avez conclu à la non-similitude de l'écriture du bordereau et de celle de l'inculpé. Persistez-vous

dans les conclusions de votre rapport du 25 octobre 1894 ?

M. PELLETIER. — Je maintiens mes conclusions d'octobre 1894, et à la suite du nouvel examen de comparaison émanant du commandant Esterhazy et du capitaine Dreyfus, je crois devoir être plus affirmatif, c'est-à-dire déclarer que certainement le bordereau ne peut pas être attribué à Dreyfus.

Sur l'examen superficiel que je viens de faire, j'estime qu'il est l'œuvre du commandant Esterhazy.

M. Gobert,

Expert de la Banque de France.

18 janvier 1899.

Je tiens pour certain que l'écriture du bordereau n'est pas de Dreyfus, et les éléments de comparaison émanant d'Esterhazy me conduisent à dire que c'est réellement lui qui est l'auteur dudit bordereau.

M. Giry,

Professeur à l'École des Chartes.

2 février 1899.

Ce que je puis affirmer à la Cour, c'est que l'examen auquel je me suis livré confirme, de tout point, les conclusions que j'avais tirées de l'étude du fac-similé du bordereau et d'autres pièces de comparaison : l'écriture du bordereau est une écriture naturelle et courante. Ce n'est pas l'écriture de Dreyfus, mais au contraire, c'est tout à fait l'écriture d'Esterhazy.

M. Paul Meyer,

Directeur de l'École des Chartes.

2 février 1899.

L'examen de l'original du bordereau a confirmé l'opinion que je m'étais formée d'après l'examen du fac-similé.

Cette opinion, c'est que le document en question est de l'écriture du commandant Esterhazy.

M. Molinier,

Professeur à l'École des Chartes.

2 février 1899.

L'examen que j'ai pu, aujourd'hui, faire de l'original du bordereau m'a permis de conclure que les fac-similés utilisés par moi étaient, en somme, absolument exacts.

Tous les traits essentiels que j'y avais observés se retrouvent, et je puis aujourd'hui, sans aucune restriction, affirmer qu'en mon âme et conscience le bordereau est de la main d'Esterhazy.

Toutes ces dépositions sont concluantes. En dépit de tous les raisonnements, elles ne sont nullement entamées par les dépositions des trois experts clairvoyants qui ont conclu à la falsification des fameuses lettres à madame de Boulancy, lesquelles ont par la suite été reconnues parfaitement authentiques.

MM. Couard, Varinard et Belhomme qui réclamèrent à Zola 30,000 francs de dommages et intérêts et firent vendre à l'encan le mobilier du romancier, avaient été les trois experts choisis par l'État-Major pour affirmer, lors du procès Esterhazy, que le bordereau n'était point de la main de cet officier.

Le 18 et le 28 janvier 1899, ces trois experts crurent devoir, sans explications, confirmer leur rapport de 1897.

Il aurait peut-être fallu, dans le cas contraire, rendre les 30,000 francs de Zola... C'eût été trop douloureux.

NOTA. — Si l'on compare le bordereau et la lettre d'Esterhazy, il faut remarquer, en dehors de la ressemblance typique des caractères, que la distance entre les lignes est exactement la même. (Les trois spécimens sont réduits dans les mêmes proportions.)

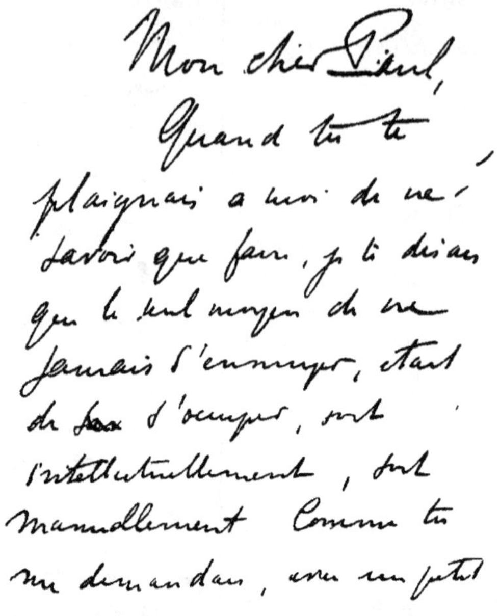

ÉCRITURE D'ALFRED DREYFUS

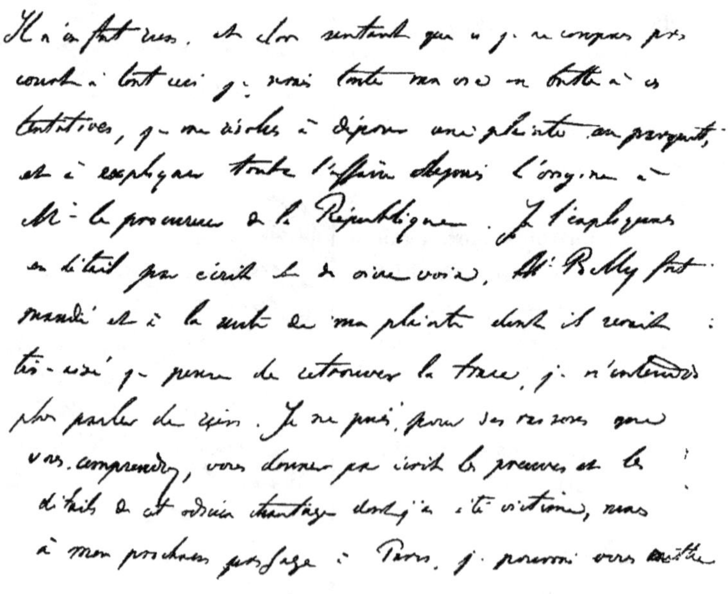

ÉCRITURE D'ESTERHAZY

L'Illégalité — Les Pièces secrètes

On a communiqué des pièces secrètes aux juges du Conseil de guerre de 1894. — Les militaires sont gênés. — Billot « ignore ». — Zurlinden « n'a rien pu savoir ». — Gonse « n'est pas en mesure de répondre ». — Mercier déclare que « la Cour n'a pas à s'occuper de ça ». — Cavaignac « n'a pas dirigé son enquête de ce côté ». — Boisdeffre « demande à ne pas répondre ». — Du Paty et son commentaire. — Les témoignages politiques. — M. Casimir Perier. — M. Charles Dupuy a entendu parler de quelque chose. — M. Hanotaux ne se compromet pas. — MM. Guérin et Poincaré. — Le colonel Cordier a eu vent de l'illégalité commise. — Le colonel Picquart. — Son récit. — Le dossier diplomatique ou la farce du dossier secret. — Quelques faux. — La dépêche du 2 novembre 1894 ou les tours de passe-passe de l'Etat-major. — M. Paléologue remet les choses au point. — La lettre Schvarzkoppen du 16 avril 1894. — Les lettres de l'empereur d'Allemagne. — La lettre Weyler. — Le faux Henry.

Des pièces secrètes ont été communiquées aux juges du Conseil de guerre de 1894, sans que l'accusé et son défenseur en aient eu connaissance.

Cela est aujourd'hui absolument reconnu en dépit de toutes les réticences, de toutes les réponses embarrassées des intéressés. Ceux-ci ont dû se rendre compte des terribles responsabilites qui ne manqueraient pas de peser sur eux s'ils avouaient catégoriquement une pareille forfaiture.

Mais si les demi-aveux de quelques-uns, si les « aveux par le silence » de quelques autres ne laissent aucun doute à ce sujet, il est manifeste que les pièces secrètes en question ont eu : les unes, une origine douteuse; les autres, une origine certaine et avouée : le faux.

Voici d'ailleurs les déclarations qui ont été reçues à ce sujet par la Cour de cassation.

M. le général Billot.

8 novembre 1898.

LE PRÉSIDENT. — Les documents dont vous nous parlez (pièces secrètes) ont-ils été, en tout ou en partie, soumis au conseil de guerre ?

LE GÉNÉRAL BILLOT. — Je l'ignore. Je n'ai pas pu faire d'enquête à ce sujet.

M. le général Zurlinden.

14 novembre 1898.

Quant aux documents qui auraient été remis au conseil de guerre appelé à juger Dreyfus sans avoir été communiqués à la défense, je n'ai pu absolument rien apprendre malgré mes recherches au ministère de la guerre. J'ignore si ce bruit est fondé ou, au contraire, si c'est une simple légende, résultant de ce qu'au bureau des renseignements on aurait peut-être songé, au moment des débats, à préparer des documents qui pourraient être communiqués aux juges sans que l'on eût donné suite à ce projet. Je le répète, je n'ai pu recueillir à cet égard aucune espèce de renseignements dans les bureaux du ministère.

M. le général Gonse.

12 décembre 1898.

LE PRÉSIDENT. — Savez-vous ou n'avez-vous pas entendu dire qu'un dossier secret ait été produit aux juges du conseil de guerre ?

LE GÉNÉRAL GONSE. — Je ne suis pas en mesure de répondre à cette question. Le ministre de la guerre de l'époque pourrait seul vous répondre à ce sujet.

Ce ministre était le général Mercier, dont voici la déposition :

M. le général Mercier.

8 novembre 1898.

LE PRÉSIDENT. — N'y a-t-il pas d'autres faits ou documents, étrangers à la procédure judiciaire, qui auraient été soumis au conseil de guerre avant la condamnation et en dehors de l'accusé ?

LE GÉNÉRAL MERCIER. — Je ne crois pas avoir à m'expliquer sur ce point ; la demande en revision est limitée aux moyens tirés de faux commis par Henry et de la contradiction des expertises, et c'est sciemment que M. le garde des sceaux n'a point relevé la communication qui aurait été faite de pièces secrètes, malgré la demande que lui en avait adressée madame Dreyfus.

LE PRÉSIDENT. — La Cour de cassation a mission d'arriver à la manifestation complète de la vérité. Si elle admettait les moyens de revision, elle ferait disparaître certains éléments de culpabilité ; mais il pourrait en exister d'autres de nature à la déterminer à rejeter la demande, et c'est sur ces autres éléments qu'elle doit être éclairée et savoir s'ils ont été soumis au conseil de guerre ?

LE GÉNÉRAL MERCIER. — Je persiste dans ma déclaration. Je ne crois pas que la Cour de cassation ait à s'occuper de cette question.

Ce que le général Mercier ne dit pas, c'est qu'il voudrait bien que la Cour de cassation ne s'occupât point de cette question-là.

Mais la déposition ambiguë du général Mercier est suffisamment éloquente pour que le doute ne subsiste pas.

M. Godefroy Cavaignac, qui sait tout, et dont la perspicacité ne se trouva jamais en défaut — c'est lui qui prend soin de nous le dire — a également éludé la question.

M. Cavaignac.

9 novembre 1898.

LE PRÉSIDENT. — Pensez-vous que ces documents, ou tout autre, étrangers à la procédure judiciaire, aient été soumis au conseil de guerre qui a jugé Dreyfus ?

M. CAVAIGNAC. — Je n'ai, à aucun moment, dirigé mon enquête de ce côté, ainsi que cela s'explique naturellement par les déclarations faites par moi à la Chambre des députés au nom du gouvernement.

Je crois utile de donner ici une indication à la Cour.

On a dit que les deux documents qui ont fait suite au faux Henry et auxquels j'ai fait allusion dans mon discours du 7 juillet étaient également des faux. Si ces documents n'ont pas été communiqués à la Cour, je me bornerai à dire que cette affirmation ne saurait être exacte.

Quant au général de Boisdeffre, il aurait bien voulu que la Cour lui parlât d'autre chose :

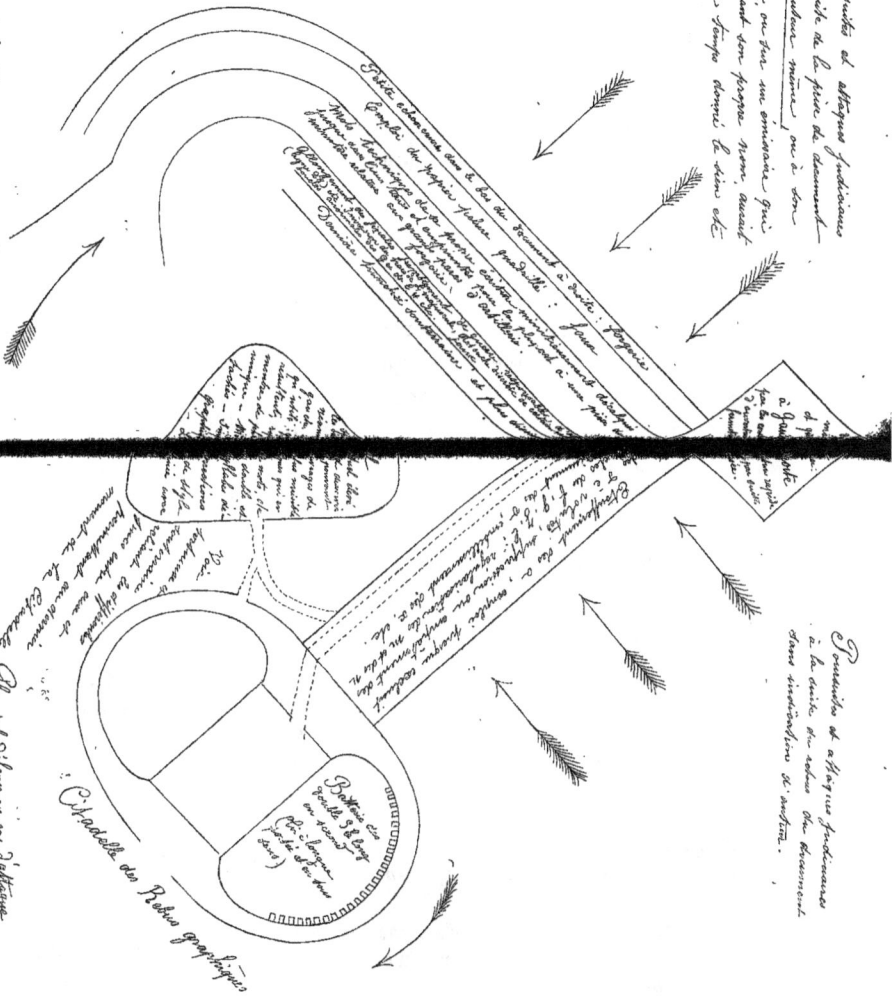

M. le général de Boisdeffre.

13 décembre 1898.

LE PRÉSIDENT. — Savez-vous si un dossier secret a été communiqué au conseil de guerre?

LE GÉNÉRAL DE BOISDEFFRE. — Je vous demanderai de ne pas répondre à cette question qui n'est pas soumise, en ce moment, au jugement de la Cour.

On s'imagine aisément l'effet que dut produire cette demi-douzaine de témoignages intéressés, sur les magistrats de la Cour de Cassation.

Les explications de M. du Paty de Clam, « l'ouvrier diabolique de l'erreur judiciaire, » selon le mot de Zola, ont été pour le moins aussi embarrassées relativement à une note explicative qu'il avait rédigée pour commenter les pièces secrètes communiquées aux juges du Conseil de guerre de 1894.

M. le lieutenant-colonel du Paty de Clam.

DEMANDE POSÉE PAR UN CONSEILLER. — Indépendamment du dossier comprenant les pièces de votre enquête et la procédure instruite par M. d'Ormescheville, le service des renseignements a établi un dossier secret. Voudriez vous nous faire connaître les circonstances dans lesquelles vous avez été amené à faire un commentaire des pièces composant ce dossier secret?

LE LIEUTENANT-COLONEL DU PATY. — Il est exact que le colonel Sandherr m'a prié d'écrire une note sous ses yeux, et avec sa collaboration, en vue d'établir la concordance entre certaines pièces qu'il m'a montrées. Le colonel Sandherr m'a pris cette note; j'ignore ce qu'il en a fait.

Ce fait a dû se passer au commencement de décembre 1894.

DEMANDE POSÉE PAR UN CONSEILLER. — Quel est le sens exact que le témoin attache à ce mot de concordance auquel il a réduit tout à l'heure l'intérêt de la note dont il était question? Est-ce seulement la concordance de pièces entre elles, destinée à établir l'authenticité par une communauté d'origine? Ou bien est-ce la concordance de ces pièces destinées à démontrer plus ou moins la culpabilité de Dreyfus?

LE LIEUTENANT-COLONEL DU PATY. — C'était pour établir la concordance entre ces pièces en vue d'établir qu'il y avait une trahison à l'état-major de l'armée.

LE PRÉSIDENT. — Pourriez-vous nous dire quelles étaient les pièces qui figuraient dans ce dossier et qui étaient l'objet de la note?

LE LIEUTENANT-COLONEL DU PATY. — Je n'ai pas vu le dossier; j'ai vu un certain nombre de pièces tirées d'un dossier et qui ont été mises successivement sous mes yeux. Les pièces énumérées par le colonel Picquart faisaient partie de celles qui ont passé sous mes yeux; je ne m'en souviens pas assez pour pouvoir les énumérer moi-même, le nom de Dreyfus n'a pas été écrit par moi dans cette note, autant que je puis m'en souvenir.

A en croire les explications de M. du Paty de Clam, le nom de Dreyfus n'aurait pas été prononcé dans son commentaire; il aurait même ignoré quelles étaient les pièces qu'il aurait été chargé d'expliquer aux juges.

Mais voici, d'autre part, quelques témoignages politiques qui prouvent clairement que les accusateurs de Dreyfus ont commis l'illégalité reprochée, et cela avec la conscience de leur forfait.

Le général Mercier s'est bien gardé d'informer les membres du gouvernement de cette communication de pièces secrètes aux juges du Conseil de Guerre.

Les témoins suivants en font foi.

M. Casimir-Perier,

Ancien président de la République.

28 décembre 1898.

LE PRÉSIDENT. — Le général Mercier ne vous

aurait-il pas parlé, postérieurement au jugement, de pièces secrètes qui auraient été communiquées au conseil de guerre, qui auraient
été décisives comme preuves de la culpabilité
de Dreyfus?

M. Casimir Perier. — Je n'ai entendu parler
que d'une seule pièce, celle souvent citée :
« Ce canaille de D... devient réellement trop
exigeant. »

Je n'ai pas eu connaissance d'autres pièces
secrètes. Le général Mercier m'a dit que cette
pièce avait été mise sous les yeux du conseil
de guerre.

Le président. — A quelle date à peu près
et à quelle occasion le général Mercier aurait-
il tenu ce propos?

M. Casimir-Perier. — C'est, je crois, avant
la condamnation; mais je n'avais pas compris
que cette communication dût être limitée aux
juges eux-mêmes.

M. Charles Dupuy.

26 décembre 1898.

Le président. — Quand avez-vous entendu
parler pour la première fois de pièces secrètes
établissant la culpabilité de Dreyfus?

M. Dupuy. — J'en ai entendu parler seulement par les publications faites par les journaux, en 1896.

Le président. — N'avez-vous pas été informé, depuis, de l'existence, au ministère de
la guerre, d'un dossier secret duquel ressortirait cette culpabilité?

M. Dupuy. — J'en ai entendu parler, comme
tout le monde, par les divers ministres de la
guerre, mais je n'en ai eu connaissance personnellement que tout récemment, à l'occasion de la demande de communication faite
par la Chambre criminelle de la Cour de cassation.

Le président. — Le général Mercier ne
vous a-t-il jamais parlé d'un dossier secret
qui aurait été communiqué au conseil de
guerre?

M. Dupuy. — J'en ai entendu parler, mais
pas par le général Mercier, et d'une manière
indirecte seulement.

L'illégalité absolue ressort de la modération même de ce témoignage. Et si cette
modération étonne, il est bon de rappeler
ici que M. Charles Dupuy était, à l'époque
du procès Dreyfus, président du Conseil
des ministres.

Les autres ministres du cabinet Dupuy,
en 1894, ont fait des déclarations analogues, toutes concluantes :

M. Hanotaux,

Ancien ministre.

31 janvier 1898.

Le président. — Avez-vous connaissance
qu'un dossier secret, étranger à la défense,
aurait été communiqué au conseil de guerre
en 1894, pendant la délibération?

M. Hanotaux. — Je n'ai eu connaissance
que de ce qui a été allégué dans les journaux.

M. Guérin n'en sait guère plus.

M. Guérin,

Ancien ministre.

2 décembre 1898.

Le président. — Le général Mercier ne vous
a-t-il pas parlé également de pièces secrètes
sur lesquelles reposerait sa conviction, et ne
vous a-t-il pas déclaré, soit alors, soit plus
tard, qu'il existerait un dossier composé de
pièces de cette nature?

M. Guérin. — Je n'ai jamais entendu parler
à cette époque de pièces secrètes.

Il ne nous a jamais été communiqué et nous
n'avons jamais connu que le bordereau.

Je n'ai connu l'existence de ces prétendues
pièces secrètes qu'il y a un an, à l'époque du
procès Zola.

La déposition la plus caractéristique a
été celle de M. Poincaré, ancien ministre,
qui a fait part à la Cour de ses angoisses
et des démarches qu'il fit vainement dans
le seul but de les dissiper.

M. Poincaré.

28 décembre 1898.

LE PRÉSIDENT. — Lorsque le général Mercier vous a fait connaître les soupçons qui pesaient sur le capitaine Dreyfus et vous a montré bordereau, vous a-t-il dit qu'il existât ministère de la guerre d'autres docume qui fussent de nature à établir la culpabi de cet officier?

M. POINCARÉ. — Il ne nous a été parlé d'

L'USINE DES FAUX

cun autre document; comme je le disais tout à l'heure, il m'a depuis lors parlé de preuves postérieures.

J'ai demandé un jour, devant un certain nombre de mes collègues, à M. Cavaignac, si le dossier secret était antérieur ou postérieur à la condamnation. Il ne m'a pas répondu.

J'ai également, sous le ministère Méline et à plusieurs reprises, dit aux membres de ce gouvernement, que mes amis et moi, en 18 nous n'avions pas connu d'autres charges le bordereau et que, maintenant qu'il se blait douteux que le bordereau eût été é par Dreyfus, il nous était impossible de pas avoir la conscience très troublée.

Une autre déposition faite par l'anc sous-chef de bureau des renseigneme

Trois jours avant la lecture du faux à la tribune, Du Paty de Clam émit des doutes sur l'authenticité de la pièce... Cavaignac pria son cousin Du Paty, de vouloir bien se mêler de ses propres affaires.

lors du procès Dreyfus a donné sur ce point une indication précieuse.

La voici :

M. le lieutenant-colonel Cordier

27 décembre 1898.

LE PRÉSIDENT. — Avez-vous entendu dire, à cette époque, que des pièces secrètes, qui n'auraient pas figuré à l'instruction, avaient été communiquées au conseil de guerre ?

LE COLONEL CORDIER. — Ce bruit a couru aussitôt après le procès.

LE PRÉSIDENT. — Mais des pièces de cette nature, qui auraient dû être nécessairement extraites de votre service, pouvaient-elles en sortir à votre insu ?

LE COLONEL CORDIER. — En principe, non. Cependant, en fait, on a très bien pu ne pas me les montrer.

Comme on le voit, le colonel Cordier n'est pas éloigné de croire que certains officiers faisaient disparaître des pièces quand ils estimaient qu'elles pouvaient tomber sous des yeux trop perspicaces...

D'autre part, la déposition du colonel Picquart a éclairé complètement la religion de la Cour sur cet incident :

M. le lieutenant-colonel Picquart.

23 novembre 1898.

Le résumé des impressions que j'ai communiqué aux différentes autorités militaires, durant le procès de 1894, était que la condamnation n'était pas certaine.

J'ai dit plusieurs fois au général de Boisdeffre et au général Mercier que s'il n'y avait pas le dossier secret, je ne serais pas tranquille.

Je n'ai jamais connu, jusqu'en 1896, le contenu exact de ce dossier. Je n'en connaissais alors que les deux pièces dont je vous ai déjà parlé, mais la légende qui courait était

qu'il y en avait d'autres, et que c'était formidable.

J'ai notamment parlé de cette question du dossier secret au général Mercier, auqu[el] j'avais été rendre compte pendant que l[es] juges délibéraient.

Faut-il que je dise ce qui a trait à la communication des pièces secrètes ?

LE PRÉSIDENT. — Oui, vous devez à la Cou[r] toute la vérité.

LE LIEUTENANT-COLONEL PICQUART. — Il m'e[st] absolument impossible de me souvenir [si] c'est moi qui ai apporté le dossier secret, [ou] c'est du Paty ou quelque autre personne.

J'ai apporté plusieurs plis au colonel Maure[l] et je ne sais plus si l'un d'eux pouvait con[te]nir ce dossier, lequel, ainsi que j'ai p[u] m'en assurer plus tard, est de très petite di[men]sion.

Ce qui peut faire croire que ç'a pu êtr[e] moi, c'est que, quand j'ai déposé devan[t] M. Ravary, en décembre dernier, le greffie[r] Vallecalle m'a dit :

« Est-ce que ce n'est pas vous qui ave[z] apporté le dossier secret ? »

Ou :

« C'est bien vous qui avez apporté l[e] dossier secret ? »

Mais on parlait de cette question au minis[t]ère librement, et la communication ne fai[t] aucun doute.

J'en ai parlé avec le général Mercier, [à] l'époque du procès, avec le général Boisdeffr[e] à l'époque du procès, et depuis (et je le lui a[i] montré à la fin d'août 1896, lorsque j'ai dé[c]ouvert que le bordereau était d'Esterhazy).

J'avais commencé à en parler au généra[l] Billot à la suite d'une conversation avec l[e] général de Boisdeffre, dans laquelle j'avai[s] dit à ce dernier :

« Je vois tous les jours le ministre, je n[e] puis lui cacher la situation. M'autorisez-vou[s] à lui dire tout ? »

Le général m'avait répondu :

« Oui, tout. »

Et c'est à la suite de cette autorisation que j'avais expliqué au général Billot la pièce d[u] dossier secret en langue étrangère qui, à mo[n] avis, peut s'appliquer à Esterhazy.

Le lendemain, je crois, le général de Bois[]deffre me reprocha vivement d'avoir parlé a[u] général Billot de cette partie de la question et se rendit chez le ministre, d'où il ressorti[t] quelque temps après en me disant une phrase dont je ne me souviens plus textuellement, mais qui signifiait à peu près :

« Je lui ai expliqué l'affaire. »

J'ai parlé de ce dossier avec le général Gonse, qui a prétendu depuis, lorsqu'on m'a poursuivi pour soi-disant indiscrétion relative à ce dossier, que je n'avais le droit d'ouvrir ce dossier qu'en sa présence et celle d'Henry.

Henry a témoigné formellement dans ce sens dans l'une des enquêtes ou instructions, au moins, en ajoutant que je pouvais, d'ailleurs, ne pas connaître cette consigne, ce qui est la stricte vérité.

J'ai parlé de ce dossier avec le colonel Sandherr qui, en me passant le service, m'a dit à peu près ce qui suit :

— S'il élève des doutes sur l'affaire Dreyfus, vous n'avez qu'à demander le dossier qui a été communiqué aux juges, au conseil de guerre, et qui se trouve dans l'armoire du commandant Henry.

Enfin, sur les pièces secrètes et sur le commentaire de du Paty qui les accompagnait, le général Gonse lui-même a fourni les indications précises qui suivent :

M. le général Gonse.

27 janvier 1899.

QUESTION POSÉE PAR UN CONSEILLER. — Le colonel du Paty nous a déclaré qu'au moment du jugement de Dreyfus il avait établi, de concert avec le colonel Sandherr, une note sur diverses pièces secrètes paraissant se rapporter à l'affaire Dreyfus.

Avez-vous connu l'existence de cette note et pourriez-vous nous faire connaître la raison pour laquelle la Cour ne l'a pas trouvée parmi les pièces du dossier secret qui a été constitué sous votre direction ?

LE GÉNÉRAL GONSE. — Cette note (ou commentaire) avait été rédigée, au mois de novembre ou décembre 1894, par ordre du ministre de la guerre (général Mercier) et pour lui seul.

Le ministre de la guerre avait donné l'ordre au colonel Sandherr de détruire cette pièce. Le colonel Sandherr n'avait exécuté qu'en partie l'ordre du ministre, puisque l'original en avait été détruit et qu'il en avait gardé une copie.

C'est cette copie — qui était la propriété de M. le général Mercier — qui lui a été remise par moi sur l'ordre du chef d'état-major général, fin 1897.

Ce commentaire s'appliquait, autant qu'il m'en souvienne, au mémento de l'agent A, qui commence par les mots : « Doute — Preuve » ; à la lettre de B à A, où il est question de « Ce canaille de D... », et enfin à une autre lettre de B à A, lettre où il est question du colonel Davignon (alors chef du 2e bureau).

Dans les différents rapports faits, successivement, sur le dossier secret, il a été tenu compte des indications de la note de du Paty de Clam, et les pièces visées sont au dossier.

La communication faite secrètement aux juges d'un dossier accusateur que n'ont connu ni Dreyfus ni son défenseur est donc maintenant un fait avéré.

Ouvrons maintenant le dossier secret qu'il a bien fallu communiquer à la Cour, avec d'infinies précautions, par l'entremise du capitaine Cuignet.

Nous y trouvons :

1° DÉPÊCHE DU COLONEL PANIZZARDI AU CHEF D'ÉTAT-MAJOR ITALIEN (2 NOVEMBRE 1894).

L'histoire de ce faux — car cette pièce est un faux ou, plutôt, a subi une falsification (il y a une nuance), — nous a été contée en détails par M. Paléologue, dans sa déposition du 29 mars 1899, devant les Chambres réunies.

Le capitaine Cuignet, envoyé par le ministre de la guerre pour ouvrir discrètement le dossier secret devant les membres de la Cour de cassation, s'était permis d'attribuer au ministère des affaires étrangères les falsifications qui ont rendu célèbre le colonel Henry.

M. Paléologue remet les choses au point :

M. Paléologue.

La Cour n'ignore pas que, le 5 janvier dernier, le capitaine Cuignet, délégué du ministère de la guerre, déposant devant la Chambre criminelle, a déclaré que la bonne foi du département des affaires étrangères était, à ses yeux, compromise dans l'affaire Dreyfus.

Cette inculpation, si grave qu'elle fût déjà par elle-même, l'est devenue plus encore du fait de la publicité qu'elle a reçue peu de temps après.

Le ministre des affaires étrangères ayant fait inviter officiellement M. Cuignet à expliquer ses allégations, celui-ci a persisté à incriminer l'administration du quai d'Orsay d'avoir, en novembre 1894, altéré sciemment le texte d'un télégramme dont une première version — exacte, selon lui — avait été communiquée quelques jours auparavant au ministère de la guerre.

M. Delcassé n'a point admis que le département à la tête duquel il se trouve placé, et qui représente la France au dehors, puisse rester sous le coup d'une pareille accusation.

Il m'a donc chargé d'établir, aux yeux de la Cour, la loyauté parfaite avec laquelle le ministère des affaires étrangères a agi dans cette circonstance.

Le 2 novembre 1894 (lendemain du jour où l'arrestation du capitaine Dreyfus fut divulguée par les journaux), l'attaché militaire B (1) adresse à son État-Major un télégramme chiffré dont voici la traduction :

Si le capitaine Dreyfus n'a pas eu de relations avec vous, il conviendrait de charger l'ambassadeur de publier un démenti officiel, afin d'éviter les commentaires de la presse.

Dans le travail cryptographique auquel ce télégramme fut soumis au quai d'Orsay, il se produisit une certaine indécision, surtout quant aux derniers mots.

C'était la première fois, en effet, que l'attaché militaire B se servait du chiffre employé pour ce document.

Il ne s'agissait donc pas seulement de *traduire* le texte chiffré ; il fallait, au préalable,

découvrir la clef même du chiffre, c'est-à-d[ire] reconnaître la loi du système appliqué, [e]constituer le vocabulaire et fixer toutes [les] combinaisons.

C'est là une opération extrêmement dé[li]cate, qui comporte un grand nombre d'[ré]ductions, d'essais et d'approximations.

Au bout de peu de jours, le télégramme [de] l'attaché militaire B put être hypothéti[que]ment déchiffré dans la forme suivante :

Si le capitaine Dreyfus n'a pas eu de re[la]tions avec vous, il conviendrait de char[ger] l'ambassadeur de publier un démenti of[fi]ciel (?) ; notre émissaire est prévenu (?).

Le colonel Sandherr, qui entretenait [de] relations fréquentes et intimes avec le [mi]nistère des affaires étrangères, avait, d[ès] l'origine, été instruit des progrès opér[és] dans le déchiffrement du télégramme.

L'ébauche que je viens de lire à la Co[ur] lui fut donc confiée à titre tout personn[el] mais l'on prit soin, comme le constate[nt] encore les points d'interrogation tracés s[ur] l'original, d'appeler son attention sur [le] caractère conjectural des derniers mots.

Bientôt après (aux environs du 11 n[o]vembre), le sens du télégramme fut déter[i]miné avec une certitude absolue et le te[xte] définitif en fut aussitôt *communiqué*, com[me] *authentique*, au service des renseignemen[ts]

Ce texte, je l'ai vu entre les mains [du] colonel Sandherr, avec qui j'ai eu l'occas[ion] de m'en entretenir plusieurs fois ; c'est [le] texte dont la Cour a pris connaissance tou[t à] l'heure.

Si certaine que fût la version précitée, u[ne] circonstance singulière permit bientôt de [la] vérifier.

Au moment où l'on s'appliquait à déch[if]frer le télégramme du 2 novembre, le colo[nel] Sandherr eut l'idée, tant pour faciliter q[ue] pour contrôler ce travail, d'amener l'attac[hé] militaire B à expédier à X une dépêche do[nt] le sens général et les termes principa[ux] fussent préalablement connus du service d[es] renseignements.

Dans ce dessein, il prescrivit à un age[nt] nommé Z, espion aux gages de l'attaché m[i]litaire B, mais en connivence secrète avec [le] ministère de la guerre français, de faire ten[ir] à l'attaché militaire B la fausse informati[on] ci-après :

« Un certain Y, qui se trouve à X, va par[tir]

(1) Panizzardi.

LE FAUX HENRY AFFICHÉ DANS LES 36,000 COMMUNES DE FRANCE

sous peu de jours pour Paris ; il est porteur de documents relatifs à la mobilisation de l'armée... qu'il s'est procurés dans les bureaux de l'État-Major ; cet individu demeure rue...»

Cette information, aussitôt que parvenue à l'attaché militaire B, fut transmise par lui au chef de l'État-Major.

Le télégramme qui la consignait (13 novembre 1894), fut intégralement déchiffré au ministère des affaires étrangères et porté au colonel Sandherr *avant* que celui-ci eût fourni aux cryptographes du quai d'Orsay aucune indication sur le contenu dudit télégramme.

En recevant la traduction de ce document, le colonel Sandherr se plut à reconnaître la sûreté de la méthode employée et l'exactitude des résultats obtenus.

Si la Cour n'était pas suffisamment édifiée par ce qui précède, les seize documents authentiques originaux et concordants que j'ai l'honneur de placer sous vos yeux, achèveraient, je pense, de lui prouver que la version définitive attribuée au télégramme du 2 novembre 1894 est rigoureusement exacte et exclusive de toute autre.

Pour répondre enfin aux préoccupations que j'ai constatées chez quelques membres de la chambre criminelle, relativement à l'authenticité du texte *chiffré* du télégramme du 2 novembre 1894, je crois devoir exhiber devant la Cour une copie authentique de ce document, tel qu'il est conservé aux archives de l'administration télégraphique.

Le général Gonse a déclaré devant la chambre criminelle (comme il me l'avait déclaré à moi-même le 24 décembre dernier), qu'il s'était vainement adressé au sous-secrétaire d'Etat des postes et télégraphes pour obtenir le télégramme en question, lorsqu'au mois de mai 1898 le colonel Henry lui a dissimulé le résultat de la démarche dont il venait de s'acquitter auprès de moi ; M. Delpeuch aurait, à cette époque, répondu au général Gonse que l'administration télégraphique ne gardait pas aussi longtemps les originaux qui lui étaient confiés.

La bonne foi du général Gonse ne pouvant être aucunement suspectée, je ne parviens pas à m'expliquer la réponse qu'il affirme lui avoir été faite.

L'administration télégraphique conserve,

en effet, indéfiniment les télégrammes officiels.

Pour obtenir une copie du télégramme du 2 novembre 1894, le ministère des affaires étrangères n'a eu qu'à s'adresser, dans les formes régulières, au sous-secrétariat des postes et des télégraphes,

La pièce a été retrouvée et envoyée le jour même où elle a été demandée, le 24 février 1899.

La voici : elle est identique à celle qui a été déchiffrée, en 1894, au quai d'Orsay.

Au faisceau de preuves qui vient d'être produit devant la Cour, qu'oppose le capitaine Cuignet pour fonder son inculpation ?

Un seul document, celui qui figure au dossier secret du ministère de la guerre sous le numéro 44 et qui m'a été lu devant la chambre criminelle dans les termes suivants : « *Le capitaine Dreyfus est arrêté. Le ministre de la guerre a la preuve de ses relations avec l'Allemagne. Toutes mes précautions sont prises.* »

Pour infirmer ce texte, il pourrait suffire de constater :

1° Que la pièce originale dont il est censé reproduction a disparu depuis longtemps des archives de la guerre ;

2° Qu'il n'a été reconstitué qu'au mois de mai 1898, c'est-à-dire à trois ans et demi de date et par simple réminiscence.

Ma conscience et mes instructions m'obligent à aller plus loin et à dire qu'aucune erreur de mémoire ne saurait justifier les différences qui existent entre le texte en question et le texte conservé au ministère des affaires étrangères.

LA PIÈCE N° 44 N'EST PAS SEULEMENT ERRONÉE, ELLE EST FAUSSE.

Il semble, en effet, que l'auteur de la version consignée sur cette pièce ait choisi parmi tous les mots inscrits à titre conjectural sur l'ébauche prêtée en 1894 au colonel Sandherr, ceux qui, groupés d'une certaine façon, pouvaient attribuer à la dépêche de l'attaché militaire B un sens prédéterminé, un sens préconçu.

Voici, par exemple, le groupe chiffre XXXX :

Se fondant sur plusieurs indices, les cryptographes du ministère des affaires étrangères avaient assigné à ce nombre deux interprétations hypothétiques, celle de *preuves* et celle de *relations*.

Mais s'il était loisible d'admettre que le

nombre XXXX représentait l'un *ou* l'autre de ces deux mots, il ne pouvait évidemment les représenter *tous les deux à la fois.*

Or, les deux mots sont insérés dans la pièce n° 44 et c'est ainsi qu'a pu être forgée la phrase :

« *Le ministre de la guerre a la preuve de ses relations avec l'Allemagne.* »

Jamais cette phrase n'a été connue des cryptographes qui ont coopéré au déchiffrement du télégramme du 2 novembre 1894 ; ils protestent ne l'avoir jamais ni écrite, ni suggérée, ni même imaginée.

Et ce qui démontre qu'elle n'existait ni dans la version première ni dans la version seconde, remises au colonel Sandherr, c'est que le général Mercier a paru l'ignorer lorsqu'il a récité, devant la chambre criminelle, et moi présent, le texte dont il a gardé le souvenir.

Faut-il, d'ailleurs, rappeler dans quelles conditions étranges la pièce n° 44 a été établie au mois de mai 1898, d'après les indications du colonel du Paty et de concert avec le colonel Henry, à qui la veille même j'avais dicté la version exacte ?

La Cour est maintenant en mesure d'apprécier à sa juste valeur l'accusation que le capitaine Cuignet a portée contre le ministre des affaires étrangères.

Cette déposition sensationnelle a donné lieu à une confrontation devant toutes les Chambres réunies de la Cour de cassation entre M. Paléologue et le capitaine Cuignet.

M. le capitaine Cuignet a dû publiquement reconnaître que la traduction indiquée par le ministère des affaires étrangères était bien exacte et seule conforme à la dépêche du colonel Panizzardi.

Au lieu d'une dépêche innocentant Dreyfus, c'est donc un texte falsifié pour accabler ce malheureux qui avait été communiqué secrètement aux juges de 1894.

2° LETTRE DU COLONEL DE SCHVARZKOPPEN AU COLONEL PANIZZARDI (16 AVRIL 1894.)

C'est la lettre où figure la fameuse phrase : « *Ci-joint 12 plans directeurs*

de... que ce canaille de D... m'a donnés pour vous (1). »

Un des accusateurs les plus acharnés de Dreyfus, le capitaine Cuignet a déclaré lui-même n'avoir pas confiance dans cette pièce.

Dans cette déposition du 5 janvier, voici en effet ce qu'il a dit :

Le Capitaine Cuignet.

Quant à la pièce « *Ce canaille de D...*, » rien ne prouve qu'elle désigne Dreyfus, et je serais plutôt de l'avis de Picquart qui estime qu'elle ne peut s'appliquer à lui, étant donné le sans-gêne avec lequel l'auteur de la lettre traite ce D...

Au sujet de cette même pièce, voici les explications qui ont été fournies par

Le lieutenant-colonel Picquart.

LE PRÉSIDENT. — A quelle date cette pièce : « ce canaille de D... » est-elle arrivée au bureau ?

LE LIEUTENANT-COLONEL PICQUART. — D'après ce qu'on m'a dit, ce devait être en 1893 ou 1894. (Je ne suis arrivé à la tête du service des renseignements que le 1er juillet 1895.)

LE PRÉSIDENT. — Quand avez-vous eu connaissance de cette pièce ?

LE LIEUTENANT-COLONEL PICQUART. — On m'en a parlé au moment de l'affaire Dreyfus, avant le procès, et je ne me souviens plus si on me l'a montrée ou non à ce moment.

Je l'ai vue, je puis dire, pour la première fois en ouvrant le dossier secret, à la fin d'août 1896.

LE PRÉSIDENT. — Quelle interprétation avez-vous donnée à ce moment à ces mots : « Ce canaille de D... »? Les avez-vous appliqués à Dreyfus ?

_____

(1) C'est cette pièce que l'*Eclair* reproduisit en la falsifiant, c'est à dire en mettant le nom de Dreyfus à la place de l'initiale D.

AU MONT-VALÉRIEN
30 août 1898.

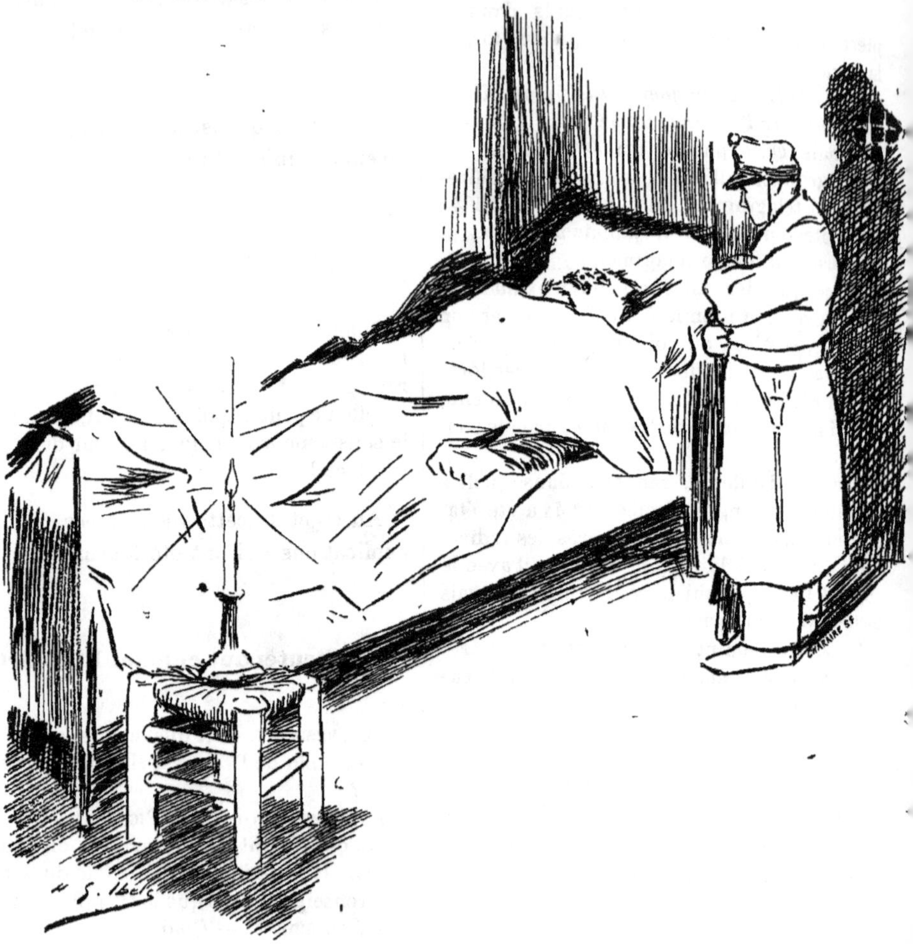

LA QUESTION A ÉTÉ POSÉE !

Le lieutenant-colonel Picquart. — En aucune façon, pour les raisons suivantes :

D'abord à cause des documents fournis et de l'explication invraisemblable donnée par le commentateur au sujet de la manière dont ils auraient été pris.

Ensuite Dreyfus, s'il avait fait de l'espionnage, aurait été une personne tellement précieuse pour un gouvernement étranger qu'il est inadmissible qu'on l'ait traité aussi légèrement.

3° LETTRES DE L'EMPEREUR D'ALLEMAG AU COMTE DE MUNSTER AU SUJET DREYFUS ET DE DREYFUS A L'EMPERE D'ALLEMAGNE.

Il est absolument probable que ces pièc que l'on ne retrouve plus aujourd'hui da le dossier secret, y aient pourtant mises. L'État-Major avait fait grand fo

CEUX QUI ONT DÉCLARÉ QUE LE BORDEREAU N'ÉTAIT PAS DE L'ÉCRITURE D'ESTERHAZY

sur ces faux ineptes pour frapper l'opinion publique, puisque le commandant Pauffin de Saint-Morel alla en certifier l'authenticité à M. Henri Rochefort qui en révéla l'existence dans plusieurs articles successifs de l'*Intransigeant*.

Quoiqu il en soit, M. Hanotaux, ancien ministre des Affaires étrangères, a déclaré que ces lettres n'avaient jamais existé.

Remarquons simplement qu'un ancien ministre des affaires étrangères ne pouvait pas tenir un autre langage.

4° LETTRE WEYLER (JUILLET 1896).

Cette lettre, qui fait partie du dossier secret, est un faux cynique.

Le colonel Picquart signalait déjà ce faux dans un rapport daté du 14 septembre 1898.

Voici ce qu'a dit au sujet de cette lettre

10

Le capitaine Cuignet.

Presque en même temps que la production du faux Henry est arrivé au ministère de la guerre une lettre à l'adresse de Dreyfus ; cette lettre était écrite en caractères bizarrement contournés, et était signée d'un sieur Weyler qui annonçait à Dreyfus le mariage de sa fille ; dans les interlignes, on avait écrit à l'encre sympathique, mais en caractères néanmoins assez apparents pour attirer l'attention, cette phrase accusatrice :

Impossible comprendre dernière communication. Nécessaire revenir à l'ancien système. Faites connaître le mot des armoires et où se trouvaient les documents enlevés. Acteur prêt à agir aussitôt.

Il me paraît certain que cette lettre signée Weyler a été faite pour augmenter les charges contre Dreyfus. Elle procède du même état d'esprit qui a poussé à confectionner le faux d'Henry.

J'ai dit que cette lettre était écrite en caractères bizarrement contournés ; or, cette même écriture extraordinaire, et qu'il ne semble pas possible d'attribuer à deux personnes distinctes, se retrouve absolument identique dans certaines lettres émanant de la *femme voilée* de l'affaire Esterhazy.

On est donc en droit d'admettre que la dame voilée et l'auteur de la lettre Weyler sont une seule et même personne. Comme la femme voilée n'est autre que du Paty, c'est donc lui qui, en septembre 1896, écrivait aussi la lettre signée Veyler et destinée à augmenter les charges contre Dreyfus.

Je crois avoir suffisamment indiqué que du Paty s'est livré à des manœuvres tortueuses et répréhensibles, contemporaines de la production du faux Henry.

5° LETTRE DU COLONEL PANIZZARDI AU COLONEL DE SCHWARZKOPPEN (1er NOVEMBRE 1896.)

Cette lettre, dont on menaça les révisionnistes, est le faux Henry.

C'est ce faux qui a donné lieu indirectement à la souscription de la *Libre Parole.*

C'est pour glorifier en effet la mémoire de l'auteur de ce faux qu'une centaine de familles de vieille noblesse française se sont déshonorées. C'est ce faux dont « l'authenticité matérielle et morale » a été solennellement affirmée à la Chambre par M. Godefroy Cavaignac.

Voici comment la découverte de ce faux qui amena l'arrestation et la mort du lieutenant-colonel Henry, a été rapportée à la Cour par

Le capitaine Cuignet.

le 30 décembre 1898.

Il était dix heures du soir lorsque je fus amené à m'occuper de cette pièce.

C'était un document que je connaissais déjà par des copies qui en avaient été faites et par la description qu'en avait donné M. Wattine dans son rapport. Elle était écrite au crayon bleu, sur papier quadrillé, et était adressée par un agent étranger à un de ses camarades.

En plaçant cette pièce sous la lumière de la lampe, je fus immédiatement frappé d'une particularité bizarre qu'elle présentait : les fragments de l'en-tête portant les mots « Mon cher ami, » et les fragments du bas portant comme signature un nom de convention étaient sur papier quadrillé en gris bleuté, alors que tous les autres fragments formant le corps de la pièce étaient quadrillés en rouge lie de vin. Il me parut manifeste que ces fragments de l'en-tête et de la signature ne devaient pas appartenir à la pièce avant qu'elle eût été déchirée.

Je me reportai immédiatement à une autre pièce arrivée au service des renseignements en 1894, c'est-à-dire deux ans avant la première. Cette pièce de 1894 était intégralement écrite au crayon bleu sur papier identique à celui de la pièce de 1896 ; elle émanait du même agent étranger que cette dernière. La pièce de 1894 pouvait servir de terme de comparaison pour authentiquer la pièce de 1896.

Or, en examinant cette pièce arrivée

en 1894, je constatai précisément des anomalies du même ordre que celles déjà relevées sur la pièce de 1895 ; les fragments de l'en-tête et de la signature étaient quadrillés rouge lie de vin, alors que ceux du corps de la pièce étaient quadrillés gris bleuté.

Il me parut évident qu'il y avait, entre les pièces de 1894 et 1896, échange de fragments de l'en-tête et de la signature ; pour cela il fallait donc que les pièces eussent été reconstituées en même temps.

J'arrivais à une conclusion en contradiction formelle avec les affirmations du chef de service des renseignements disant que l'une des pièces était arrivée et avait été reconstituée deux ans avant la seconde. Je conclus que les deux pièces étaient des faux.

Le lendemain matin, je fis part de mes constatations à mon chef-directeur, le général Roget.

Celui-ci ne se rendit pas compte immédiatement des différences de coloration que je lui signalais dans le quadrillage. Il voulut se mettre dans les mêmes conditions de lumière où je m'étais trouvé la veille.

On fit la nuit dans son bureau ; on apporta des lampes, et dès que le général Roget eut de nouveau jeté les yeux sur les pièces, il se rendit compte de l'exactitude des constatations que j'avais faites.

Nous montâmes tous deux chez M. Cavaignac, à qui le général Roget fit part de mes constatations.

M. Cavaignac éprouva d'abord les mêmes difficultés que le général Roget à se rendre compte de l'exactitude des faits qui lui étaient signalés ; leur évidence ne se manifesta pour lui que lorsqu'il eut examiné les pièces à la lumière des lampes.

Cette difficulté à reconnaître les particularités de teinte du quadrillage à la lumière du jour me paraît expliquer pourquoi on fut si longtemps à reconnaître la matérialité du faux.

Cette matérialité ne m'eût peut-être pas sauté aux yeux si je n'avais été amené, par hasard, à examiner les pièces à la lumière des lampes.

Tout ceci se passait le 14 août.

M. Cavaignac, bien que convaincu de l'existence du faux, ne voulut pas mettre le lieutenant-colonel Henry en demeure de s'expliquer immédiatement ; il voulut auparavant

que je procédasse à un examen plus minutieux des pièces, de manière à relever les anomalies qu'elles pourraient encore présenter, et afin de mettre, par la multiplicité des preuves matérielles, l'auteur du faux dans l'impossibilité de nier.

Je relevai ainsi, au cours des jours suivants, certaines particularités qui venaient confirmer le faux.

Toutes ces constatations exigèrent un certain temps ; dans l'intervalle, M. Cavaignac avait dû quitter Paris pour se rendre aux séances du conseil général du Mans. A son retour, je lui remis mon rapport et le ministre décida de demander des explications au lieutenant-colonel Henry.

La Cour sait que cet officier supérieur a avoué, pendant son interrogatoire, avoir fabriqué la pièce de 1896.

Je me suis demandé, par la suite, quel mobile avait pu guider Henry dans la confection de son faux.

Cette question, tout le monde se l'est posée comme le capitaine Cuignet.

Si le colonel Henry n'avait eu d'autre but que d'apporter une nouvelle preuve en faveur de la culpabilité de Dreyfus dont il était convaincu, se serait-il tué si misérablement ?

S'il voulait arrêter l'enquête commencée par le colonel Picquart contre Esterhazy en démontrant irréfutablement la culpabilité du condamné Dreyfus, n'est-on pas en droit de se demander pourquoi cet homme tenait tant à sauver son ami ?

Tous les soupçons sont permis à ce sujet.

Mais, en ce qui concerne seulement Dreyfus, on voit que le fameux dossier secret dont la communication entraîna la conviction des juges se compose presque entièrement de faux.

Et voilà quelles étaient les pièces si terribles qu'on ne pouvait pas montrer, qu'on ne pouvait pas révéler sans déchaîner la guerre sur notre malheureux pays !

Quelle sinistre comédie ! Et quels misérables acteurs !

La Légende des Aveux

Au sujet de l'histoire fantastique des soi-disant aveux du capitaine Dreyfus, M. Joseph Reinach, dans un article du *Siècle* (9 juillet 1898), s'exprimait ainsi :

M. le ministre de la Guerre a raconté avant-hier à la Chambre que le commandant de Mitry avait rendu compte que le capitaine Anthoine lui avait dit qu'il tenait du commandant d'Attel que celui-ci avait entendu dire au capitaine Dreyfus que « s'il avait livré des documents, c'était dans le but d'en obtenir en échange de ceux qu'il donnait. » (*Journal officiel*, page 1958, col. 3.)

Je lis dans le *Mémoire de Voltaire pour Donat Calas* :

Un peintre, nommé Mathis, *dit* que sa femme lui avait *dit* qu'une nommée Mandrille lui avait *dit* qu'une inconnue lui avait *dit* avoir entendu les cris de Marc-Antoine Calas à une autre extrémité de la ville (*Œuvres de Voltaire*, tome XXXVI, p. 132

L'histoire des aveux de Dreyfus est en effet celle de la nommée Mandrille.

Ces aveux, tout le monde en a parlé, tout le monde en parle, mais personne ne les a entendus.

Les *il paraît* et les *on m'a dit* qui jouent un grand rôle dans l'aventure.

Il n'y a d'ailleurs pour s'en rendre compte qu'à lire à ce sujet les diverses dépositions qui ont été recueillies au cours de l'enquête.

Toute la construction repose sur un frêle échafaudage ; le témoignage que voici du capitaine de la garde républicaine Lebrun-Renaud.

Le capitaine Lebrun-Renaud.

19 décembre 1898.

LE PRÉSIDENT. — Vous avez été chargé, le 5 janvier 1895, jour de la dégradation de Dreyfus, de prendre ce condamné à la prison du Cherche-Midi et de le conduire à l'Ecole-Militaire, où il était demeuré pendant quelque temps sous votre garde. Voudriez-vous dire à la Cour ce qui s'est passé entre vous et lui pendant ce temps?

UN DÉFENSEUR DE LA JUSTICE, **M. Joseph Reinach.**

LE CAPITAINE LEBRUN-RENAUD. — Le samedi 5 janvier 1895, j'étais commandé avec mon escadron pour aller prendre au Cherche-Midi le capitaine Dreyfus, qui devait être dégradé, à neuf heures, dans une des cours de l'Ecole-Militaire. Partis à sept heures quinze, nous arrivâmes à sept heures quarante-cinq au lieu indiqué.

On me désigna le bureau de l'adjudant de garnison pour y garder le condamné jusqu'à l'heure de la parade d'exécution.

Il commença par protester de son innocence, par dire qu'avec la fortune importante dont il jouissait et le bel avenir qui lui était réservé, il ne pouvait avoir eu aucun intérêt à trahir (1).

Il ajouta :

« Je suis innocent. Dans trois ans on re-

(1) Le capitaine Dreyfus jouissait en effet d'une belle fortune et son avenir militaire était des plus brillants. Or, quand on trahit c'est généralement pour de l'argent (dont Dreyfus n'avait pas besoin).

connaîtra mon innocence. Le ministre le sait et le commandant du Paty de Clam est venu me voir, il y a quelques jours, dans ma cellule et m'a dit que le ministre le savait (1). Le ministre savait que si j'avais livré des documents à l'Allemagne, ils étaient sans importance et que c'était pour en obtenir de plus importants. »

Le capitaine d'Attel était présent lorsque cette déclaration fut faite ; il allait et venait.

Quelques minutes avant neuf heures, le capitaine Dreyfus me pria de dire à l'adjudant chargé de le dégrader de le faire le plus vite possible, car cette cérémonie lui était très pénible.

Je sortis du bureau de la Place dès que les quatre artilleurs, conduits par un brigadier, furent revenus le chercher pour la parade d'exécution.

Immédiatement je fus entouré de plusieurs officiers de l'armée active et de la réserve, parmi lesquels je reconnus le commandant Guérin et le commandant Philippe.

Je leur répétai les paroles du capitaine Dreyfus.

Mon service terminé, je me rendis, pour y déjeuner, au mess des officiers de la garde républicaine, où je répétai aux capitaines Grenier et Duflos et à quelques autres camarades la déclaration qui m'avait été faite le matin par le condamné.

Certains journaux du soir, parmi lesquels le journal le *Temps*, ayant imprimé que Dreyfus, le matin, avait fait des aveux au

capitaine chargé de le conduire à l'École Militaire, le général Mercier, alors ministre de la guerre, tint à être renseigné à ce sujet et, le lendemain matin, vers sept heures et demie, m'envoya chercher à mon domicile par le général Gonse, sous-chef de l'état major.

Celui-ci me demanda quel genre d'aveux m'avait faits l'ex-capitaine Dreyfus. Je lui répondis ce qui m'avait été dit la veille, et me mena dans le cabinet du ministre de la guerre, auquel je renouvelai les mêmes déclarations.

Par ordre du ministre, je me rendis à l'Élysée, où M. Charles Dupuy m'introduisit auprès du président de la République.

Celui-ci me demanda quelques détails sur l'attitude de l'ex-capitaine Dreyfus et tint surtout à savoir, à cause des indiscrétions commises par les journaux, si j'avais eu, la veille, quelques relations avec des reporters.

Je lui répondis que je ne croyais pas avoir parlé directement à des journalistes, mais qu'il pouvait bien s'en trouver, sans que je m'en doutasse, parmi les personnes auxquelles j'ai causé de l'affaire Dreyfus.

Vers onze heures, le ministre de la guerre vint à l'Élysée, s'entretint quelques instants avec le président du conseil des ministres, et tous deux rédigèrent, en ma présence, une note à l'agence Havas affirmant que je n'avais eu aucune communication avec un organe ou représentant de la presse.

Je rentrai chez moi et y trouvai l'ordre de me rendre immédiatement chez mon chef de corps, le colonel Risbourg.

Il me blâma d'avoir commis des indiscrétions avec des journalistes, comme il avait pu le supposer d'après les articles parus le matin dans la presse, et m'intima l'ordre de garder le silence le plus absolu sur l'affaire Dreyfus en ajoutant :

— Si on vous interroge, vous direz que ne savez rien.

J'obtempérai à cette injonction formelle et précise, et depuis cette époque je n'ai parlé de l'affaire Dreyfus qu'à certains de mes chefs hiérarchiques, tels que le général Gonse, le général Millet et M. Cavaignac, ministre de la guerre.

En octobre 1897, lorsque la campagne en faveur de la revision du procès Dreyfus commença, le général Gonse, sous-chef

---

(1) Le 12 janvier 1894, le colonel du Paty interrogé à ce sujet dément absolument ce propos :

Le PRÉSIDENT. — D'après les aveux que le capitaine Lebrun-Renaud dit avoir été faits par Dreyfus, ce dernier aurait proféré la phrase suivante : « Je suis innocent. Il me l'a fait dire par du Paty. Il sait que, si j'ai livré des documents, c'étaient des pièces sans importance, mais pour en obtenir de plus sérieuses en échange. » Votre entretien avec Dreyfus, les questions que vous lui avez posées, peuvent-ils, d'une manière quelconque, avoir inspiré à Dreyfus le propos qu'il a tenu et être interprétés par lui dans le sens de ces exclamations ?

Le LIEUTENANT-COLONEL DU PATY. — En aucune façon. Du reste, qu'on se reporte au compte rendu que j'ai établi le soir même de l'entretien, 31 décembre 1894, et remis au cabinet du ministre le soir dudit jour. De ce compte rendu a été extraite, de mémoire, une note, en date du 24 septembre 1897, qui m'a été demandée dans un but dont je ne me souviens plus. Je maintiens sinon le dire, du moins le sens de ce qui a été dit dans cette note.

d'état-major, me fit appeler et me demanda de lui donner par écrit la déclaration que je lui avais faite verbalement le 6 janvier 1895. Je le fis (1).

Dans les premiers jours de juillet 1898, M. Cavaignac me fit appeler et me demanda quelles avaient été les paroles dites par l'ex-capitaine Dreyfus le jour de sa dégradation. Je lui communiquai le texte d'une note que j'avais inscrite, le 6 janvier, sur un calepin ; il la copia in extenso, de sa main, et me la rendit.

Le 7 juillet 1898, il prononça à la Chambre des députés un discours où il lut la petite note qu'il avait copiée sur mon calepin. Je puis en certifier l'exactitude.

Quelques jours après, je crus devoir détruire cette feuille que je ne jugeais plus utile à conserver, puisque le ministre de la guerre l'avait copiée de sa main et lue aux Chambres (2).

J'avais gardé cette feuille détachée de mon carnet ayant l'habitude de détruire, chaque année, le carnet de l'année précédente.

LE PRÉSIDENT. — Avez-vous dressé un rapport ou un procès-verbal de l'exécution de la mission que vous avez eu à remplir le 5 janvier 1895 ?

LE CAPITAINE LEBRUN-RENAUD. — Non ; je n'ai fourni ce jour-là que le rapport qu'on fait pour tout service : « Le service commencé à telle heure, fini à telle heure ». Et, dans la colonne d'observations : « **Rien à signaler.** »

LE PRÉSIDENT. — Ne vous êtes-vous pas trouvé, le soir même du 5 janvier, dans un lieu public, et n'auriez-vous pas dit, en présence de plusieurs personnes, que Dreyfus n'avait fait aucun aveu ?

LE CAPITAINE LEBRUN-RENAUD. — Je ne m'en souviens pas.

LE PRÉSIDENT. — Quelle est la portée que vous avez attachée aux paroles de Dreyfus ? Les avez-vous considérées comme de véritables aveux d'un crime de haute trahison ?

LE CAPITAINE LEBRUN-RENAUD. — J'ai considéré cela comme des explications de sa condamnation, mais je n'en ai pas moins retenu qu'il avait avoué avoir livré les documents. Il s'excusait, il s'expliquait ; mais la matérialité du fait n'en existait pas moins.

LE PRÉSIDENT. — Cependant, vous nous avez dit, il n'y a qu'un instant : « Je ne m'en souviens pas. On peut très bien considérer la déclaration de Dreyfus comme des aveux. Si on m'a parlé d'aveux, j'ai pu dire qu'il ne m'en avait pas été fait. J'ai considéré que c'était plutôt des excuses que présentait Dreyfus. »

LE CAPITAINE LEBRUN-RENAUD. — Je n'en reconnais pas moins qu'il m'a avoué avoir livré des documents.

LE PRÉSIDENT. — M. Cavaignac est-il la seule personne à qui vous ayez montré la feuille détachée de votre calepin ?

LE CAPITAINE LEBRUN-RENAUD. — Oui (1).

LE PRÉSIDENT. — Lorsque vous vous êtes trouvé en présence de M. le président de la République et M. le président du conseil, leur avez-vous reproduit les déclarations que vous avait faites Dreyfus ?

LE CAPITAINE LEBRUN-RENAUD. — Non. Je me suis borné à leur donner quelques détails sur une autre partie de notre conversation. Ils ne m'ont rien demandé. Ils ont surtout demandé si j'avais eu des rapports avec des représentants de la presse, et je crois qu'ils insistaient là-dessus à cause de l'article du *Figaro* où il était parlé d'un bordereau trouvé dans le chiffonnier d'une ambassade.

LE PRÉSIDENT. — Sur quelle partie de la conversation que vous aviez eue avec Dreyfus avez-vous fourni des renseignements à M. le président de la République ?

LE CAPITAINE LEBRUN-RENAUD. — Mes souvenirs ne sont pas assez précis à ce sujet (2).

A quelle âme naïve fera-t-on jamais croire :

---

(1) Il est fâcheux, pour le crédit que l'on peut accorder à ce rapport — fait par ordre, — que le rapport officiel du jour de la dégradation porte ces seuls mots : « RIEN A SIGNALER »

(2) M. Cavaignac a lu le même jour un autre papier à la Chambre et la France a su que c'était un faux... Il y a des raisons multiples pour croire que cette seconde pièce a la même valeur authentique que la première.

(1) N'insistons pas !

(2) M. Lebrun-Renaud doit avoir bien souvent des conversations avec les présidents de la République, pour que le souvenir ne lui reste pas de ce qu'il a pu leur raconter. Après tout, M. Lebrun-Renaud a peut-être tout simplement bien peu de mémoire.

1° Que le capitaine Lebrun-Renaud ait écrit sur son rapport le significatif : RIEN A SIGNALER, si Dreyfus lui avait réellement fait des aveux ?

2° Que ledit capitaine ait consigné ces mêmes aveux sur une feuille de carnet

3° Qu'il ait justement confié cette feu à M. Cavaignac (qui en avait bien beso et cela trois ans seulement après l'av ture ?

M. **Manau**, PROCUREUR GÉNÉRAL A LA COUR DE CASSATION

4° Que M. Lebrun-Renaud ait, comme par hasard, détruit cette feuille de carnet après que M. Cavaignac en eût pris une copie de sa main ?

Ce serait vouloir, à dessein, perdre un temps précieux que d'essayer seulement de répondre à ces enfantillages.

Du reste, au cours de l'enquête, tr séries de témoins sont venus déposer lativement à ces fameux aveux :

Ceux à qui Lebrun-Renaud a raco que Dreyfus lui avait fait des aveux.

Ceux auxquels il a dit le contraire.

Ceux enfin *qui ont entendu dire q*

— Le géneral Mercier m'a dit que cette pièce (Canaille de D...), avait été mise sous les yeux du Conseil de Guerre.

(*Déposition Casimir-Perier*).

ou *qui ont lu* dans les journaux *qu'il...*

Voici les parties essentielles de ces témoignages :

Le colonel Risbourg.

Le colonel Risbourg, de la garde républicaine, a déposé ainsi le 20 décembre 1898 :

LE PRESIDENT. — Voudriez-vous dire à la Cour dans quelles conditions vous avez été averti, au mois de janvier 1895, de certains propos tenus par le capitaine Lebrun-Renaud, à la suite de la parade de dégradation de l'ex-capitaine Dreyfus et des mesures que vous avez cru devoir prendre à cette occasion ?

LE COLONEL RISBOURG. — Dans la matinée du 6 janvier, le capitaine-adjudant-major de semaine m'apporta plusieurs journaux, parmi lesquels le *Temps* et le *Figaro*, dans lesquels il était question d'une conversation qu'aurait eue le capitaine Lebrun-Renaud avec des journalistes ;

Je dis alors à cet officier : « Prévenez l'adjudant de semaine de la caserne de dire à M. Lebrun-Renaud de se présenter chez moi aussitôt sa rentrée. »

Le capitaine se présenta vers deux heures à mon cabinet.

J'étais très mécontent et je le reçus très mal.

Je lui demandai si ce qui était dans les journaux était vrai, et je lui dis :

— Racontez ce que vous a dit Dreyfus. »

Le capitaine Lebrun-Renaud commença une longue conversation dans laquelle il était question de colonies, d'élevage, du bordereau, de panier dans lequel on aurait trouvé des documents dans certaines ambassades ; énervé, je lui dis : « Précisez ; avez-vous reçu des aveux ? Et racontez-moi ce qu'on vous a dit ! »

Alors le capitaine me dit avoir entendu ces paroles :

« Le ministre de la guerre sait bien que si j'ai livré des documents à l'Allemagne, c'était pour en avoir de plus importants. »

Je fis remarquer à M. Lebrun-Renaud qu'en le commandant de service, je ne l'avais pas

chargé d'interroger Dreyfus, qu'il devait prendre au Cherche-Midi et le conduire l'Ecole-Militaire, et je lui dis :

— Vous savez que le gouverneur ne v pas qu'il soit question de vous dans les jou naux.

« Les officiers de la la garde républicai vont partout, ils voient et entendent bea coup de choses, ils doivent être très discr et ne communiquer qu'à leurs chefs les fa qui peuvent les intéresser.

» Vous avez absolument manqué à v devoirs, je vous inflige un blâme.

En parlant à un autre officier, (M. lieutenant-colonel Guérin, ancien sou chef d'État-Major,) le capitaine Lebru Renaud a encore corsé son récit :

Le lieutenant-colonel Guérin.

19 décembre 1898.

Je me trouvais à ce moment à la po même du pavillon contenant le bureau l'adjudant de garnison, pour assister à sortie de Dreyfus. Le capitaine Lebrun-F naud, ayant été relevé dans son service p de Dreyfus, sortit du pavillon, me trou devant lui et se mit immédiatement à me conter les paroles que Dreyfus lui avait di pendant qu'il en avait la garde.

Trois déclarations me frappèrent par le importance, se sont gravées dans ma m moire, et je ne les oublierai jamais :

1° C'était l'orgueil de ses galons, avai dit en les montrant, qui l'avait perdu ;

2° C'étaient les aveux d'avoir livré des doc ments à une puissance étrangère, aveux ai formulés : « Si j'ai livré des documents, documents étaient sans aucune valeur c'était pour en avoir d'autres plus importa des Allemands. »

La troisième déclaration, c'était que, da trois ans, on lui rendrait justice.

L'histoire de « l'orgueil des galons » e inédite. Serait-elle due à l'imagination colonel Guérin ? En tous cas, le capitai

Lebrun-Renaud n'en a jamais depuis soufflé mot à personne.

Le capitaine Anthoine.

Il ne l'a pas racontée par exemple à M. le capitaine Anthoine, car celui-ci n'en fait pas mention dans son témoignage du 17 décembre 1898 :

Cet officier m'a rapporté que Dreyfus avait tenu devant lui des propos d'où il résulte très nettement pour moi :.

1° L'aveu formel du fait d'avoir livré des documents ;

2° L'allégation que ces documents n'étaient pas importants ;

3° Le but poursuivi, qui aurait été d'obtenir, en échange, des documents plus importants.

Ce témoin ajoute en outre que ces propos lui ont été confirmés par M. le capitaine d'Attel.

On peut tout faire dire au capitaine d'Attel : il est mort, il ne réclamera pas.

M. le chef d'escadron de Mitry.

Quant à la déposition de M. le chef d'escadron de Mitry (19 décembre 1898), c'est l'histoire de la nommée Mandrille dans toute sa beauté :

LE PRÉSIDENT. — N'avez-vous pas eu, après la dégradation de Dreyfus, une conversation avec le capitaine Anthoine, au cours de laquelle celui-ci aurait reproduit des propos tenus par Dreyfus ? Quelle impression avez-vous retirée de la cérémonie de la dégradation ?

M. DE MITRY. — J'ai eu, en effet, après la dégradation, **une conversation** avec le capitaine Anthoine **qui m'a répété** un entretien **qu'il venait d'avoir** avec le commandant

d'Attel, alors capitaine. M. d'Attel **avait dit à** M. Anthoine **que Dreyfus venait de faire des aveux**, et que ces aveux portaient, en substance, **que**, s'il avait livré des documents à une puissance étrangère, c'était pour en obtenir d'autres en échange.

M. Druet,

Sous-lieutenant de réserve.

M. Druet, sous-lieutenant de réserve, a également *entendu dire que...* (19 décembre 1898).

Après la parade et le défilé, un groupe d'officiers de l'armée active nous a répété les paroles attribuées à Dreyfus, que voici dans leur substance :

« Si j'ai livré des documents, c'était dans l'espoir d'en avoir d'autres plus importants. » Ces paroles étaient répétées de tous côtés, et lorsqu'en sortant nous sommes allés dans un café voisin, au coin de l'avenue Bosquet et de l'avenue La Bourdonnais, elles faisaient l'objet de toutes les conversations.

M. Cavaignac.

M. Godefroy Cavaignac, ancien ministre de la guerre, qui avait « pesé l'authenticité matérielle et morale » du *faux* Henry, a fait évidemment la même opération en ce qui concerne les aveux au capitaine Lebrun-Renaud. Voici, en effet, les déclarations formelles qu'il a faites à ce sujet à la Cour de cassation (10 novembre 1898) :

En ce qui concerne les aveux, je rappellerai d'abord les circonstances matérielles dans lesquelles ils se sont produits :

Le capitaine Lebrun-Renaud commandait l'escorte qui figurait à la dégradation de Dreyfus.

Le capitaine d'Attel représentait la place de Paris.

Le capitaine Lebrun-Renaud resta enfermé avec Dreyfus pendant un temps assez long, jusqu'à l'heure de la dégradation, jusqu'à neuf heures du matin : il avait l'ordre de ne pas lui adresser la parole.

Aussitôt après la dégradation, le bruit des aveux de Dreyfus se répandit.

Quels sont, sur les aveux de Dreyfus, les témoignages eux-mêmes ?

Il y a deux témoignages écrits contemporains.

Le premier est la feuille du calepin du capitaine Lebrun-Renaud dans laquelle celui-ci écrit : *Hier, dégradation du capitaine Dreyfus... Vers huit heures et demie, sans que je l'interroge, il m'a dit : « Le ministre sait bien que, si je livrais des documents, ils étaient sans valeur et que c'était pour m'en procurer de plus importants »,* et par conséquent, le capitaine indique de la façon la plus nette et la plus précise les conditions dans lesquelles les aveux ont été faits.

La deuxième est la lettre du 6 janvier, du général Gonse, dont vous avez le texte sous les yeux, et dans laquelle celui-ci, relatant les déclarations de Dreyfus, écrit : *En somme, on n'a pas livré des documents originaux, mais seulement des copies, ce qui indique de la part de Dreyfus, sur un point sur lequel les débats me paraissent n'avoir livré aucune indication, une connaissance des détails singulière.*

Puis il continue :

« *Le ministre sait que je suis innocent, il me l'a fait dire par le commandant du Paty de Clam dans la prison, il y a trois ou quatre jours, et il sait que, si j'ai livré des documents, ce sont des documents sans importance, et que c'était pour en obtenir de sérieux.* »

Le général Roget ajoute enfin la conclusion du capitaine Lebrun-Renaud. *Le capitaine a conclu, en exprimant l'avis que Dreyfus faisait des demi-aveux, ou des commencements d'aveux, mélangés de réticences et de mensonges.*

Enfin, je rappelle que la lettre du général Gonse, en concordance sur ce point avec la feuille du calepin, signale que les paroles de Dreyfus n'ont été qu'un long monologue.

C'est là un document d'un ton évidemment sincère et modéré.

J'ajouterai d'ailleurs que j'ai la connaissance des habitudes d'esprit tout à fait méticuleuses du général Gonse (1).

Il y a donc sur ce point deux témoignages écrits contemporains et concordants, et non pas un seul, comme on l'a dit à tort.

Il faut enfin ajouter que, ainsi que je l'ai déclaré, le capitaine Lebrun-Renaud a confirmé ses déclarations par un écrit postérieur, où il les renouvelle sous sa signature : cet écrit est daté des environs d'octobre 1897.

Et si je pense que les témoignages contemporains ont une valeur supérieure, je dis cependant que ce n'est pas un fait négligeable que le capitaine Lebrun-Renaud ait été assez sûr de ses souvenirs pour les confirmer postérieurement sous sa signature.

C'est justement parce que cet écrit postérieur, qu'il n'a aux yeux des gens sensés aucune espèce de valeur.

C'est la raison, d'ailleurs, qui fait qu'on en a pour M. Cavaignac.

M. le général Gonse.

Pour le général Gonse, les aveux de Dreyfus ne peuvent pas faire doute par ce que c'est *en 1897* que Lebrun-Renaud écrivit sur son carnet et que :

Quelque temps après, au mois de janvier 1898 il me semble, j'ai reçu la déclaration spontanée du capitaine Anthoine ; puis vinrent celles du lieutenant-colonel Guérin, commandant de Mitry, du contrôleur de l'armée Peyrolles... (10 janvier 1898).

M. le général de Boisdeffre.

Le général de Boisdeffre lui, au moins essaya de donner une raison à ces tardives révélations d'aveux (13 janvier 1898).

(1) On jugera des « habitudes méticuleuses » du général Gonse dans l'histoire des machinations de l'État-Major contre le colonel Picquart (Voir plus loin.)

Au Moulin-Rouge. — Le soir de la dégradation, le capitaine Lebrun-Renaud, ne parlait
à ses amis que des protestations d'innocence formulées par Dreyfus.

Ce qui a contribué à faire garder le silence sur les aveux, c'est que le nom d'une puissance étrangère y était prononcé et qu'on désirait très vivement éviter de nouvelles complications.

Cela au moins, c'est un semblant de raison : il est vrai qu'elle est mauvaise.

Tout l'univers sait le nom de la puissance étrangère dont il s'agit. Cent journaux l'ont écrit des milliers et des milliers de fois. Il n'en est survenu aucune complication. Il ne pouvait pas en survenir après les déclarations formelles du gouvernement allemand. On a trop joué, dans l'affaire

Dreyfus, de cet épouvantail. La guerre devait aussi sortir du *dossier secret*.

Et voilà ce que furent ces soi-disant aveux que tous le militaires connaissent *mais que pas un d'eux n'a entendus*, pas même le capitaine Lebrun-Renaud, ainsi qu'il ressort des dépositions ci-après :

M. Casimir-Perier,

Ancien Président de la République.

28 décembre 1898.

LE PRÉSIDENT. — Avez-vous eu connaissance des aveux ?

M. CASIMIR-PERIER. — Le général Mercier, quelques jours après la dégradation, me parlant de cette affaire, m'a dit incidemment que, du reste, le coupable avait fait des aveux.

Sur demande :

M. CASIMIR-PERIER. — Il n'est pas du tout dans mes souvenirs que le capitaine Lebrun-Renaud soit venu à l'Elysée à l'effet de m'apprendre les aveux du condamné. Un article intitulé « Récit d'un témoin » avait paru le matin même dans le *Figaro*.

J'avais vivement blâmé les communications qui paraissent avoir été faites, dans une circonstance de cette nature, par un officier à un journaliste, et le capitaine Lebrun-Renaud m'avait été envoyé pour que je le réprimande. Il n'a pas nié ses indiscrétions et il ne m'a pas parlé des aveux de Dreyfus.

Du reste, je n'étais pas le seul à cet entretien auquel assistait M. le président du Conseil.

DEMANDE D'UN CONSEILLER. — Lui avez-vous demandé s'il y avait des aveux ?

M. CASIMIR-PERIER. — Non. Car je le réprimandais sur un article du *Figaro*, manifestement inspiré par lui, et où il n'était question que des protestations de Dreyfus en faveur de son innocence.

M. Ch. Dupuy,

Président du Conseil, en 1894.

26 décembre 1898.

LE PRÉSIDENT. — N'aviez-vous pas entendu parler, le jour de la dégradation de Dreyfus d'aveux ?

M. DUPUY. — Le 6 janvier au matin, ému au point de vue extérieur, de certains récits parus dans les journaux du 5 au soir et du 6 au matin, j'en fis l'observation, par téléphone, au général Mercier.

Ce dernier m'envoya le capitaine Lebrun-Renaud, qui me rejoignit à l'Elysée, où je l'avais devancé.

Il fut reçu par M. Casimir-Perier auprès duquel j'étais.

Interrogé sur le fait de ses communications aux journaux, il répondit qu'il croyait avoir eu affaire à des camarades ou à des amis, et je me souviens de lui avoir répondu « Si vous avez quelque chose à dire, c'est vos chefs qu'il faut le dire ». Il n'a été question de rien de plus, et le capitaine a salué et est sorti.

M. Poincaré,

Ancien ministre.

28 décembre 1898.

En ce qui concerne la question des aveux les déclarations que j'ai faites à la Chambre ayant été travesties, dans les deux cas d'ailleurs, j'ai besoin de les préciser et de les compléter.

A plusieurs reprises, les journaux avaient affirmé que M. le président de la République et M. Charles Dupuy avaient reçu la visite de M. le capitaine Lebrun-Renaud, et que ce dernier leur avait apporté les aveux de Dreyfus.

Je ne puis rien dire de la visite à M. Casimir-Perier. Celui-ci n'ayant pas cru devoir s'expliquer jusqu'ici sur cette affaire, la Cour appréciera si elle le doit entendre.

En ce qui concerne la visite de M. Dupuy, je dois dire que le capitaine Lebrun-Renaud avait été envoyé chez le président du conseil, non seulement pour s'expliquer sur les conversations qui lui étaient prêtées, mais aussi pour recevoir l'ordre de ne plus causer avec des journalistes, car on redoutait la mise en cause d'une puissance étrangère.

Il n'a rien dit à M. Dupuy au sujet des aveux

Le 6 novembre dernier, un journal du matin ayant affirmé que M. Dupuy avait reçu de M. Lebrun-Renaud, après la dégradation, le rapport des aveux, j'ai écrit à M. Dupuy pour lui dire qu'au milieu de tous les mensonges qui obscurcissaient l'examen de cette affaire, il me semblait qu'il était nécessaire que tous ceux qui étaient détenteurs d'une parcelle quelconque de vérité se résolussent à la dire.

Il m'a répondu qu'il saisirait la première occasion de dire ce qui était.

M. Hanotaux,

Ancien ministre.

31 janvier 1899.

DEMANDE POSÉE PAR UN CONSEILLER. — Le général Mercier vous a-t-il fait connaître qu'on avait reçu des aveux du condamné?

M. HANOTAUX. — J'ai un très vague souvenir à ce sujet (qui se confond peut-être avec la publication qu'avait faite le *Temps*, le jour même de la dégradation) de l'obtention des aveux.

J'ai voulu appuyer mes souvenirs auprès de M. Viger, qui était, dans le cabinet Dupuy, ministre de l'agriculture, et qui m'a dit avoir un souvenir analogue.

M. Guérin,

Ministre de la Justice en 1894.

2 décembre 1898.

LE PRÉSIDENT. — Avez-vous, après la condamnation de Dreyfus et sa dégradation, été mis au courant des aveux que Dreyfus aurait faits au capitaine Lebrun-Renaud?

M. GUÉRIN. — Je n'ai jamais rien su personnellement à ce sujet et n'ai jamais été instruit des aveux que Dreyfus a pu faire au capitaine Lebrun-Renaud.

Je n'ai connu cette question des aveux que par les journaux.

Le général Mercier n'a pas rendu compte au conseil des ministres de ces aveux.

J'ai entendu dire que le capitaine Lebrun-Renaud avait été conduit chez M. le président du conseil, mais je ne le sais pas personnellement, et je sais encore moins ce qui a pu être dit au cours de ces entrevues, si elles ont eu lieu.

M. Barthou,

Ancien ministre.

28 décembre 1898.

En ce qui concerne les aveux recueillis par le capitaine Lebrun-Renaud, je n'en ai jamais entendu parler à cette époque, et M. Dupuy nous confirmait récemment, à M. Poincaré et à moi, que le capitaine Lebrun-Renaud ne lui en avait jamais parlé, ni dans son cabinet, ni dans celui de M. Casimir-Perier, président de la République, chez lequel il avait été conduit par M. Dupuy.

Voilà donc qui est bien entendu : le capitaine Lebrun-Renaud n'a jamais parlé à personne des prétendus aveux du capitaine Dreyfus. Si ces aveux avaient été faits réellement, nul doute qu'on ne les eût annoncés à grand renfort de publicité. Ceux qui s'étaient, en effet, acharnés après Dreyfus avaient un très grand intérêt à ne laisser planer aucun doute sur sa culpabilité.

Mais il y a mieux encore, puisque le capitaine Lebrun-Renaud a formellement avoué à plusieurs personnes que le capitaine Dreyfus n'avait jamais fait d'aveux.

Les dépositions suivantes en font foi :

M. Clisson.

M. Hérisson, dit Clisson, publiciste, dépose ainsi le 9 janvier 1899.

M. CLISSON. — J'ai rencontré le capitaine Lebrun-Renaud, que je ne connaissais pas, le soir de la dégradation de Dreyfus ; c'était au Moulin-Rouge où je me trouvais avec deux de mes camarades, MM. de Fonbrune (un de mes anciens confrères), et Henri Dumont (artiste peintre).

Le capitaine Lebrun-Renaud, après avoir

serré la main de M. de Fonbrune, nous d sans être poussé par aucune question :

— C'est moi qui ai conduit ce matin Dre fus de la prison du Cherche-Midi à l'Ecol Militaire.

Puis, sans être pressé, je le répète, p

UN DÉFENSEUR DE LA JUSTICE, **M. Yves Guyot.**

aucune question, il nous fit le récit très circonstancié de la scène qui s'était passée à la prison du Cherche-Midi et de la conversation qu'il avait eue avec Dreyfus à l'Ecole-Militaire, en attendant l'heure de la parade d'exécution.

Ce récit m'a paru intéressant à moi, journaliste, bien que je ne connusse aucun des faits relatifs à l'affaire Dreyfus, ce procès s'étant déroulé durant une longue absence que j'ai faite en 1894.

Les détails que nous avait fournis M. L brun-Renaud dans son récit ont été fixés i médiatement sur le papier, dans un artic qui a paru dans le *Figaro* du 6 janvier 189 je ne puis qu'affirmer l'exactitude la pl absolue et la sincérité la plus complète de c article.

LE PRÉSIDENT. — Je vous donne connai sance intégrale de l'article ; le reconnaisse vous comme étant de vous et en confirme vous les termes ?

A L'ILE DU DIABLE. — L'Innocent répondant aux interrogatoires de la
Cour de Cassation.

M. CLISSON. — Je confirme de la façon la plus absolue les termes de l'article que j'ai écrit le soir de la dégradation de Dreyfus, le 5 janvier 1895, après une entrevue avec le capitaine Lebrun-Renaud, et dont lecture vient d'être donnée.

J'affirme de nouveau qu'aucun détail, même en apparence le plus insignifiant, n'est de mon invention : je les ai tous recueillis de la bouche du capitaine Lebrun-Renaud.

J'affirme que c'est là tout ce que le capitaine Lebrun-Renaud a dit devant moi.

LE PRÉSIDENT. — N'aurait-il pas parlé que Dreyfus aurait fait avant d'être conduit à la dégradation, ou du moins n'avait-il pas fait une allusion quelconque à des déclarations de Dreyfus pouvant être considérées comme des aveux ?

M. CLISSON. — Jamais le capitaine Lebrun-Renaud, au cours de la conversation unique que j'ai eue avec lui, ne m'a parlé d'aveux ou de déclarations quelconques pouvant être interprétées comme des aveux qu'il aurait reçus de Dreyfus.

LE PRÉSIDENT. — N'avez-vous pas entendu quelques-unes des expressions que le capitaine Lebrun-Renaud a mises dans la bouche de Dreyfus et qu'il a souvent reproduites depuis :

« Je suis innocent, le ministre sait que je suis innocent ; il me l'a fait dire par du Paty de Clam. Il sait que si j'ai livré des pièces, elles étaient sans importance, et que c'était pour en avoir de plus sérieuses en échange ? »

M. CLISSON. — Si le capitaine Lebrun Renaud, dans notre conversation au Moulin-Rouge, m'avait tenu les propos relatés dans la demande, je les aurais reproduits aussi fidèlement que je l'ai fait pour tout ce qu'il a raconté devant moi.

Une dame, la veuve Chapelon, le 17 janvier 1899, prétend également que son ami le capitaine Lebrun-Renaud ne lui a jamais parlé des aveux.

Mme veuve Chapelon.

MADAME VEUVE CHAPELON. — Le capitaine Lebrun-Renaud était très lié avec mon mari ;

nos relations remontaient à l'époque où était capitaine de gendarmerie à Melun ; venait alors très souvent nous voir à Pari

Après la dégradation de Dreyfus, il venu chez moi vers le mois de mai ; nou avons commencé à parler de l'affaire Drey fus ; il s'est immédiatement écrié : « Ne m'e parlez pas ; cette affaire m'a causé beaucou d'ennuis. »

Je lui dis alors :

— Les journaux en ont beaucoup parlé vous auriez eu un long dialogue avec lui.

Il me répondit :

— Ah ! tout ce que les journaux ont r conté, c'est de la fantaisie ! Dreyfus ne m rien dit. Du reste, j'ai fait mon rapport (

Il n'a pas été question d'aveux du tout, j'incline à penser que, s'il y en avait eu, nous l'aurait dit. Il ne nous a pas fait l'eff d'un homme qui ne veut pas ou ne peut pa parler. S'il y avait eu des aveux, il nou l'aurait dit.

Un témoignage important à ce sujet e également celui de M. Merzbach (19 d cembre 1898.)

M. Merzbach

LE PRÉSIDENT. — Vous avez assisté à la d gradation militaire de Dreyfus, le 5 jan vier 1895. Quels sont les souvenirs que cet cérémonie vous a laissés ?

M. MERZBACH. — J'étais de service, comm sergent de planton, à la grille du quartier d l'Ecole-Militaire, sous les ordres d'officier supérieurs, pour contrôler les cartes des per sonnes qui entraient.

J'avais été chargé, par un de ces officiers de porter un ordre au capitaine Bourgu gnon, et suis rentré au bureau de la Place cet effet.

J'ai trouvé le capitaine Lebrun-Renaud a milieu de la porte et le capitaine Dreyfu dans la petite chambre du sergent de la place J'ai dit au capitaine Lebrun-Renaud qu j'avais quelque chose à dire au capitain

---

(1) « Rien à signaler ».

Bourguignon ; il m'a répondu que le capitaine Bourguignon venait de sortir.

Au bout de quelques instants, que je me trouvais là, et pendant lesquels j'entendais le capitaine Dreyfus jurant plusieurs fois et protestant de son innocence avec véhémence et beaucoup d'énergie, le capitaine Lebrun-Renaud m'a prié de sortir, en me disant que je ne pouvais pas rester là plus longtemps.

J'ai donc quitté le bureau de la Place au pas gymnastique, pour rendre compte à mes chefs que je n'avais pas vu le capitaine Bourguignon ; et je n'étais pas encore arrivé à mon poste que la parade d'exécution commençait, c'est-à-dire que le capitaine Dreyfus sortait du bureau de la Place.

Je tiens donc à affirmer qu'il est matériellement impossible que le capitaine Dreyfus ait pu faire ou dire quoi que ce soit, après que j'eus quitté le bureau de la Place, attendu qu'il n'en avait pas le temps, et je ne puis pas croire qu'il ait fait des aveux avant, à cause du ton avec lequel il protestait de son innocence.

Je dois ajouter que, lorsque j'ai reçu ma citation à témoin dans le procès Zola, j'ai demandé un entretien au ministre de la guerre ; quoique rendu à la vie civile, je me suis rendu au ministère de la guerre où le général Gonse m'a reçu.

Après la déposition que je lui ai faite, dans le même sens où je viens de déposer devant vous, le général Gonse m'a dit :

— Vous pouvez déposer dans ce sens.

Cela m'a beaucoup étonné, car je n'allais pas le consulter sur la déposition que j'avais à faire, mais simplement lui rendre compte de cette déposition.

Le 31 décembre 1898, un magistrat, M. de Salles, déposait de son côté :

M. de Salles.

M. DE SALLES. — J'ai connu M. Lebrun-Renaud quand il était capitaine de gendarmerie à Melun où j'étais moi-même procureur de la République. J'étais resté en très bons termes avec lui, et il est venu, depuis qu'il est entré dans la garde républicaine et que

j'ai été nommé magistrat à Paris, me voir plusieurs fois au Palais de justice.

Dans une visite qu'il me fit à une époque qui doit se placer un an environ après la condamnation de Dreyfus, il me demanda de le présenter à celui de mes collègues chargé d'une affaire à laquelle il s'intéressait ; je le conduisis dans plusieurs bureaux du parquet, et je crois me rappeler l'avoir présenté à M. Flory, alors substitut au service central.

Nous avons attendu dans plusieurs antichambres et nous avons causé de choses indifférentes. Je ne l'avais pas vu depuis la condamnation de Dreyfus, et je crois me rappeler lui avoir dit : « Vous avez donc reçu les aveux du condamné ? » A ce moment, il n'était encore nullement question de revision.

M. Lebrun-Renaud me répondit :

— Tout ça ce sont des racontars de journalistes.

J'ai eu l'impression très nette que cela signifiait que Dreyfus ne lui avait pas fait d'aveux. Je dois ajouter que c'était là une conversation tout à fait banale de gens qui attendent dans une antichambre, et que ni lui ni moi, à ce moment-là, n'y avons attaché d'importance.

Un ancien aumônier de la Roquette, le digne abbé Valadier, dépose également le 20 décembre 1898 :

M. l'abbé Valadier.

Je n'ai reçu aucune explication du capitaine Lebrun-Renaud sur ce point (les aveux).

Il a dîné chez moi au mois de février dernier, avec quelques amis. Je me souviens que, vers la fin du dîner, le nom de Dreyfus a été prononcé dans la conversation, mais le capitaine a été subitement mandé par son ordonnance et il n'a pu rien dire. Quant aux aveux de Dreyfus, il n'en a été nullement question.

J'avais, du reste, fait à mes convives la recommandation de ne pas parler de cette affaire.

Un convive du dîner dont parle l'abbé Valadier, M. Hepp, a confirmé en ces termes la déposition précédente :

M. Hepp.

M. Hepp. — Je dînais, le 9 février dernier, chez l'abbé Valadier, aumônier de l'hôpital Cochin, en compagnie de quelques-uns de mes collègues de cet hôpital, et de quelques ecclésiastiques. Nous attendions au salon l'heure du dîner, lorsqu'on annonça le capitaine Lebrun-Renaud.

Notre curiosité fut éveillée, et nous entourâmes tous le capitaine, le pressant de questions au sujet des aveux. Le capitaine répondit sur un ton à moitié évasif et à moitié ironique : « Ah ! cette canaille de Dreyfus qui n'a jamais cessé de hurler son innocence ! »

Puis, mutisme complet.

Enfin, le 31 décembre, M. Bayol déclarait ceci à la Cour de cassation :

M. Bayol.

M. Bayol. — J'ai vu le capitaine Lebrun-Renaud au Moulin-Rouge le jour où a paru dans le *Figaro* l'article signé « Clisson », et voyant que M. le capitaine Lebrun-Renaud était inquiété pour ses communications à la presse et devait en répondre devant ses chefs, je me suis offert à lui pour essayer de mettre fin aux articles qui le concernaient.'

M. Lebrun-Renaud m'a affirmé qu'il n'avait fait aucune communication aux journaux et qu'il n'avait pu en faire aucune parce que le condamné Dreyfus ne lui avait fait aucun aveu. « Dreyfus, m'a-t-il dit, n'a prononcé que les mots suivants, après la parade ; j'étais seul auprès de lui, et comme je le regardais fixement parce qu'il tremblait, il m'a dit ces paroles : « J'ai froid, mon capitaine. » »

Depuis, je ne me suis jamais occupé de cette question et je n'ai pas revu le capitaine Lebrun-Renaud depuis plus de deux ans.

Le président. — Le capitaine Lebrun-Renaud, en vous disant qu'il n'avait pas reçu d'aveux de Dreyfus, ne vous paraissait-il pas être sous l'empire d'un ordre qu'il avait reçu de ses chefs et qui lui enjoignait de se taire sur cet incident?

M. Bayol. — Il m'a paru parler très spontanément et sans avoir reçu l'ordre de se tai ou de cacher quelque chose.

Est-il besoin d'ajouter quelque chose a éloquentes dépositions que nous venon de reproduire ?

Mentionnons toutefois qu'un zélé brig dier de la garde, nommé Depert, a décla à la Cour que, lors du transfert de Dreyfu à la Conciergerie, le condamné lui aura dit :

— Pour être coupable, je suis coupabl mais je ne suis pas le seul !

Mais le nommé Depert était, au jour di accompagné de trois hommes et d'un dire teur de prison qui n'ont jamais entend — et pour cause — cet invraisemblab propos, démenti d'ailleurs par M. Durli fonctionnaire de l'ordre pénitentiaire, Dupressoir, gendarme qui n'a cessé d dire que Dreyfus a toujours protesté d son innocence (1).

---

(1) Voici d'ailleurs, à ce sujet, un documen parvenu officiellement à la Cour cassation :

INTERROGATOIRE DE DREYFUS A L'ILE DU DIABLE

1° Sur les paroles qui lui sont imputées : « J suis innocent. Le ministre sait que je suis innocent ; il me l'a fait dire par du Paty de Clam il sait bien que, si j'ai livré des pièces, elle étaient sans importance et que c'est pour en ob tenir de plus sérieuses en échange. Dans troi ans mon innocence sera reconnue. »

» 2° Dreyfus aurait dit au directeur du Dépô d'après un des gardiens : « Pour être coupable, » suis coupable, mais je ne suis pas le seul. Avan » deux ou trois ans, on connaîtra les autres. »

» Le Directeur du Dépôt nie, d'ailleurs, avoir échangé ces paroles avec Dreyfus. »

(Dépêche télégraphique.)

« Cayenne, le 8 janvier 1899.

» Aux deux questions, le déporté a répond littéralement comme il suit :

« En premier lieu, je n'ai pas prononcé ces pa » roles telles qu'elles sont relatées. J'ai dit ceci » ou à peu près, dans un monologue haché :

» Je suis innocent. Je vais crier mon innocence » devant le peuple. Le ministre sait que je suis » innocent. Il m'a envoyé du Paty de Clam pour » me demander si je n'avais pas livré quelques

M. LEBRUN-RENAUD ÉCRIVANT, LE JOUR DE LA DÉGRADATION DE DREYFUS :

« RIEN A SIGNALER. »

Enfin, pour clore la série des dépositions qui ont été recueillies par la Cour au sujet des prétendus aveux qu'aurait faits Dreyfus, un témoin qui n'est point suspect de tendresse pour le condamné, le colonel Cordier, a fait judicieusement remarquer que, dans la forme où on les rap-

---

» pièces sans importance pour en obtenir d'autres » en échange. J'ai répondu : *NON;* que je voulais » toute la lumière; qu'avant deux ou trois ans » mon innocence serait reconnue. »

» Deuxièmement : « *Je n'ai pas tenu ces propos* » *qui sont* ABSURDES. *J'ai crié mon innocence par-* » *tout.* J'ignore si le directeur du Dépôt se trouve » parmi les personnes qui m'ont entouré dans la » journée. »

(Dépêche télégraphique.)

« Cayenne, le 19 janvier 1899.

» Déporté en réponse à communication Chambre criminelle demande à faire connaître Cour de cassation que je n'ai rien à ajouter à interrogatoire du 5 janvier. Je m'étais demandé si Cour désirait explications complémentaires, car c'est l'âme confiante et rassurée que je me remets à la haute autorité Cour d'accomplir noble mission suprême justice. »

» *Signé :* MOUTTET. »

---

porte, ces prétendus aveux constitueraie[nt] une simple ânerie.

M. le colonel Cordier.

LE COLONEL CORDIER. — Au sujet des prop[os] attribués au condamné Dreyfus : « Si j'ai liv[ré] des documents » ou autres propos analogue[s] je tiens à dire ceci : Il est absurde de dire q[ue] l'on veut livrer des documents d'une natio[n] ou d'un service à une autre nation ou à u[n] autre service, pour en obtenir de plus impo[r]tants, vu qu'un service de renseignemen[ts] quelconque paye en argent ou de toute aut[re] façon les renseignements qu'on lui apport[e] et ne les paye pas en documents.

Si un agent demandait, comme payeme[nt] de documents, d'autres documents, sa qualit[é] d'agent double ressortirait immédiateme[nt] avec la dernière évidence.

Les défenseurs d'Esterhazy qui ont fa[it] campagne dans l'affaire Dreyfus n'avaie[nt] jamais pensé à cela !

V

Les Machinations contre Picquart
et le Sauvetage du Traître

Et tout ceci se pourrait écrire comme un chapitre d'Évangile . . . . . .

. . . .

Picquart découvrit la vérité... Picquart s'aperçut qu'un malheur épouvantable était tombé sur la France... Picquart comprit que ce qui avait pu être une erreur autrefois était aujourd'hui un crime.

Et comme Picquart était juste, et comme Picquart était bon, il assembla ses frères d'armes.

— Voyez, leur dit-il, le hasard a voulu que je découvrisse la Vérité. Il y a au bagne un innocent, il y a un traître en liberté. Pour l'honneur du drapeau, pour l'amour de la France, pour notre dignité aussi, il nous faut travailler de toutes nos forces à rendre l'innocent aux siens, à livrer le traître à la justice...

Et les frères d'armes de Picquart ne répondirent point. Quelques-uns l'encouragèrent hypocritement et Picquart continua seul sa besogne de grandeur et de vérité.

Et c'est alors que ses frères se liguèrent contre lui. Leur âme basse et tortueuse s'ingénia à lui tendre des pièges, à diriger sa marche loyale vers des précipices affreux, à user de leur respective puissance pour le frapper et pour l'abattre.

Et Picquart connut les amertumes du Devoir.

On sema sur sa route des mensonges et des calomnies... On le mit en accusation, on fit tout pour le perdre dans l'estime du monde.

Et lui marchait toujours, soutenu dans

Un héros : **Le Colonel Picquart**.

son œuvre par sa conscience et par la vérité.

Il marchait... confiant en cette vérité qui confond tout mensonge et qui éclaire toute nuit. Il marchait soutenu aussi par quelques justes qui s'étaient ralliés à sa voix.

Et du fond de la prison où les méchants le jetèrent, il aperçut chaque jour — pou sa récompense et pour sa gloire — u rayon éblouissant et nouveau d'éclatan lumière.

Et tandis que déjà les méchants trem blaient, le peuple se mit à gronder......

. . . .

BOISDEFFRE — DU PATY — HENRY, nourrissant le dossier secret.

Le colonel Picquart.

Il n'est point de figure plus belle, plus noble que celle de Picquart.

Il est de la vraie lignée des soldats français dont le courage civique égale le courage militaire.

Il fut l'âme et le premier ouvrier de la revision du procès Dreyfus, et cette bataille qu'il soutint pour la justice et pour le droit sera plus tard inscrite, à sa gloire, aux côtés de celles qu'il soutint lors de ses campagnes lointaines pour la gloire du drapeau et l'accroissement du terri-toire.

Un de ceux que son courage sut convaincre, M. Francis de Pressensé, dit de lui dans son livre : *Un héros :*

Un jour viendra où la France tiendra à faire réparation à ce grand honnête homme, à ce soldat qui a déployé un courage civique plus rare et plus noble que ce courage militaire dont en Algérie et au Tonkin il avait donné tant de preuves. J'ai voulu dire ce qui est, ce qu'a fait ce martyr du droit. J'ai été heureux, au milieu des laideurs et des violences de notre époque, de dresser en pied la figure de ce héros... Picquart est le type admirable du vrai Français, deux fois Français puisqu'il est né sur cette terre d'Alsace ; du vrai soldat, deux fois soldat, puisqu'en vrai chevalier du Droit il a tout exposé, tout sacrifié pour la justice ; du vrai héros, deux fois héros, puisqu'avec le courage après tout facile des champs de bataille, il a déployé avec une sublime simplicité le courage de la lutte pour le droit...

Les états de service de Picquart.

Georges Picquart est né le 6 septembre 1854, à Strasbourg. Il descend d'une vieille famille lorraine de magistrats, de fonctionnaires et surtout de soldats.

A peine sorti de l'École de l'État-Major, il obtint, comme lieutenant, de prendre part avec le 4ᵉ zouaves à la campagne de l'Aurès dans la province de Constantine. En 1883, Picquart, capitaine, entra au ministère de la guerre. En 1885 il se faisait envoyer au Tonkin comme capitaine à l'état-major du général de Courcy. Il obtint une citation à l'ordre du jour de l'armée pour fait de guerre et il obtint du coup, à TRENTE-TROIS ans, la croix de la Légion d'honneur et le grade de chef de bataillon. En 1890, il fut nommé professeur à l'École supérieure de guerre, et le 1ᵉʳ juillet 1895, chef du bureau des renseignements au ministère de la guerre.

Le 6 avril 1896, il était promu lieutenant-colonel — le plus jeune de France.

De 1895 à 1899 il obtint une citation à l'ordre du jour de l'humanité pour avoir sauvé l'honneur de l'armée.

L'enquête de la Cour de cassation nous a révélé que si quelques-uns parmi les chefs de Picquart ont oublié leur devoir jusqu'à le diffamer, d'autres en revanche lui ont conservé loyalement leur affection.

Le général de Gallifet est l'un de ceux-là :

Le général de Gallifet.

5 novembre 1898.

LE PRÉSIDENT. — Pourriez-vous fournir à la Cour quelques renseignements sur le lieutenant-colonel en réforme Picquart, qui aurait été sous vos ordres ?

LE GÉNÉRAL DE GALLIFET. — En 1890, j'étais membre du conseil supérieur de la guerre, commandant éventuel d'une armée. En cette qualité, je disposais d'un état-major assez nombreux. Un emploi, celui de chef du bureau des renseignements, étant devenu vacant, le commandant Picquart me fut signalé par le général de Miribel, le général de Boisdeffre, le général de Saint-Germain et le général Renouard, comme l'officier supérieur le plus apte à remplir cet emploi.

J'ai eu sous mes ordres le colonel Picquart pendant cinq ans. Il méritait mon estime la plus profonde.

Les autres chefs qui l'employaient, le général Brault, chef d'état-major général de l'armée ; le général Darras, le général Baillou, le général Millet avaient pour lui autant d'estime que d'affection et me le signalaient en toutes circonstances comme un officier destiné à arriver aux plus hautes situations de l'armée.

Cette année même, le colonel Picquart ayant été appelé à paraître devant un conseil d'enquête, me demanda de l'assister. Je déposai en sa faveur dans les mêmes termes que ceux que je viens d'employer devant la Cour.

Je ne savais pas ce dont il était accusé. Trois jours après ma déposition, le général

Zurlinden, gouverneur de Paris, qui avait fait partie de mon état-major d'armée, dont il était appelé à commander l'artillerie, et qui savait l'intérêt que je portais à mon ancien subordonné, m'envoya le général Bailloud, qu'il avait chargé de me dire que ma déposition avait produit le meilleur effet; que lui, le général Zurlinden, demanderait au ministère d'user d'une grande indulgence en faveur du colonel Picquart et de ne lui infliger qu'une punition disciplinaire, en tenant compte de la prison préventive qu'il avait subie au Mont-Valérien.

J'eus donc lieu d'être étonné quand, un mois après, j'appris que le ministre de la guerre avait appliqué au colonel Picquart le maximum des peines qu'il pouvait encourir.

Le lendemain du jour où fut connu le décret qui frappait le colonel Picquart, sa famille et plusieurs amis me demandèrent d'intercéder en sa faveur. Je m'y refusai formellement, en déclarant qu'avant sa condamnation j'avais eu le droit et le devoir de le défendre, mais que, du moment où il était condamné par ses chefs, je n'avais plus qu'un devoir : celui de me taire ; mais je n'ai jamais songé à lui retirer mon affection ni mon intérêt.

Je dois déclarer qu'au moment où le colonel Picquart a été l'objet des poursuites qui l'ont amené devant le conseil d'enquête, j'ai été de tous les côtés sollicité par des officiers généraux, mes camarades, de ne pas intervenir en sa faveur; à ce moment, tout le monde était, à tort ou à raison (1), convaincu de l'innocence du commandant Esterhazy et des torts de Picquart.

L'animosité contre Picquart était grande à ce moment, autant qu'était grand l'intérêt qu'on portait à Esterhazy.

Nous sommes beaucoup, dans l'armée, qui croyons que les crimes qui amènent Picquart devant le conseil de guerre ne sont autres que ceux qui ont motivé son voyage dans l'Est, son envoi en Tunisie et sa comparution devant le conseil d'enquête (2).

Je tiens à répéter devant la Cour ce que j'ai dit devant le conseil d'enquête.

En voici les termes :

_____

(1) C'est à tort.
(2) Nos lecteurs verront plus loin les motifs de ce voyage dans l'Est dont il est parlé.

« Je ne sais si le colonel Picquart a commis une faute ; mais, s'il l'a commise, je suis certain qu'il n'y a été amené que par son amour de la vérité, et certainement pas poussé par un sentiment vil. »

Un sentiment vil! Picquart n'a jamais connu cela.

Il suffit, pour s'en convaincre, de lire le court extrait de sa déposition devant la Cour de cassation.

Le colonel Picquart.

28 novembre 1898.

J'arrive maintenant à la conversation que j'eus avec le général Gonse, dans son bureau, le 15 septembre, conversation qui est reproduite dans le mémoire que j'ai adressé à M. le garde des sceaux, et à laquelle M. le général Gonse oppose un démenti formel.

Je maintiens de la façon la plus absolue les termes de cette conversation.

Le général m'a bien dit en parlant de l'affaire Esterhazy :

« Si vous ne dites rien, personne ne le saura. »

Je lui ai bien répondu :

« Mon général, ce que vous dites est abominable; je ne sais pas ce que je ferai, mais je n'emporterai pas ce secret dans la tombe. »

Je l'ai répété au général Nismes, lorsqu'au mois de juin 1897, après avoir reçu une lettre de menaces d'Henry, je suis allé trouver ce général pour lui demander conseil et lui exposer le danger de ma situation.

C'est à ce moment que, lui apprenant sommairement l'affaire, je lui ai dit que j'avais tenu au général Gonse ce propos : « Je n'emporterai pas ce secret dans la tombe. »

N'était-ce pas là la plus fière réponse qu'on pût faire au propos du général Gonse?

Picquart n'emporta point son secret dans la tombe.

Il le porta devant la justice des hommes,

car la revision du procès Dreyfus est son œuvre, et c'est cette œuvre que nous allons raconter.

Déposition du lieutenant-colonel Picquart. — Que faire ?

Jusqu'à mon départ de Paris, je sentis que, tout en ne me disant pas de m'arrêter dans ma surveillance sur Esterhazy, on désirait que je le fisse sans ordres.

Je ne voudrais pas émettre des allégations à la légère ; mais il me semble cependant que l'on m'a poussé quelquefois à commettre des imprudences, et j'ai souvent dû m'arrêter au bord de l'abîme.

Bien que j'eusse nettement formulé mes conclusions par écrit au sujet de l'affaire Esterhazy, dans mon mémoire du 1er septembre 1896, le général Gonse m'invita, le 16, à formuler de nouvelles propositions.

Je dis alors qu'il fallait faire venir Esterhazy et lui demander des explications au sujet du bordereau et du *petit bleu*. Cette proposition fut repoussée.

Je proposai alors de le mettre aux arrêts au Cherche-Midi, tous les faits relevés à son sujet concernant sa vie privée et ses actes indélicats étant plus que suffisants pour motiver une mesure de ce genre.

Pendant son incarcération, on aurait conduit l'enquête avec une nouvelle vigueur ; cette proposition fut également repoussée.

Je me souviens que le général de Boisdeffre traita ces propositions avec mépris et me dit qu'un vrai chef du service des renseignements avait d'autres moyens.

Je dis alors au général Gonse que l'on pouvait faire à Esterhazy ce qu'une puissance étrangère avait fait, l'année précédente, à l'un de nos agents, c'est-à-dire lui envoyer un télégramme où l'on aurait reproduit le langage convenu du *petit bleu*.

J'ajoutai que je ne ferais jamais faire une chose de ce genre sans ordre formel. Le général Gonse me fit immédiatement écrire ce que je venais de lui dire, et il le montra au général de Boisdeffre.

On ne me donna aucun ordre, mais on m'envoya avec ce papier au ministère.

Le ministre se rallia verbalement à la pro-position ; mais quand je lui parlai de r donner un ordre et de m'autoriser à arrêt Esterhazy si sa connivence avec une puissan étrangère était établie, il ne voulut pas, l'affaire en resta là.

Le général Gonse a repris ce papier.

L'agent Guénée.

Incidemment le colonel Picquart par de l'agent Guénée, que nous avons déjà apprécier dans le deuxième chapitre de c ouvrage. L'agent Guénée avait été pr par le colonel Henry de faire lui-mêm une enquête sur Picquart qui se trouv être son chef au bureau des renseign ments.

A l'instruction Tavernier figurent, en eff deux rapports et une déposition de l'age Guénée.

Le premier rapport est daté du 30 c tobre 1896, veille de la date du faux. Guén y rend compte faussement d'une convers tion qu'il aurait eue avec moi en septemb au sujet de l'affaire Dreyfus.

Il dit, en substance : « Le colonel m'a d qu'il doutait de la culpabilité de Dreyfus, que, quand il avait des doutes, il allait co sulter un vieil ami à lui. »

Le second rapport est du 21 novembre 189

Il amplifie le premier ; le *vieil ami* est d venu « un vieil ami qui demeure près d'ici et Guénée annonce qu'après une enquête i acquis la certitude que c'est Leblois.

Enfin, dans la déposition, qui est toute r cente, il dit que je lui ai parlé du « vieil a avocat », ce qui complète encore les deu premiers rapports.

Ainsi, pendant que j'étais encore chef d service des renseignements, un agent suba terne de mon service, bras droit de Henr faisait des rapports contre moi, rapports do on ne m'avait jamais parlé jusqu'à l'instru tion Tavernier.

J'établis un lien entre ces rapports de Gu née, la déposition mensongère de Henry, q prétend m'avoir vu assis avec Leblois, aya près de nous la pièce : « Ce canaille de D... » j'y rattache la question qui m'a été posée télé graphiquement en Tunisie lorsqu'on m'a demandé si je ne m'étais pas laissé voler par une femme la photographie d'un document libérateur, qui a joué un rôle dans le commencement de l'affaire Esterhazy.

Tout ceci se tient; une machination est le complément et le développement de l'autre.

La Mission.

Après avoir expliqué à la Cour combien il devenait gênant pour l'Etat-Major par sa persistance à chercher le véritable traître, le colonel parle de « sa mission ».

Mᵉ Leblois, UN AMI DE LA JUSTICE.

Sous un prétexte menteur, en effet, on fit promener à toutes les frontières le colonel Picquart.

Dans la lettre que le général Gonse m'écrivit vers la fin de novembre, et à laquelle je fais allusion plus haut, il y a lieu de remarquer que ce général semble indiquer que ma mission prendra fin dans quelques semaines, alors que j'ai appris plus tard, à Tunis, que, dès cette époque, on était décidé à m'envoyer au 4ᵉ tirailleurs, à Sousse.

Je fus envoyé ensuite au 14ᵉ, puis au 15ᵉ corps, ma mission devenant de plus en plus invraisemblable.

J'attire l'attention sur les lettres par lesquelles le général Gonse m'envoie à Marseille, sous le faux prétexte d'y retrouver le ministre, et, en réalité, pour me faire embarquer, du jour au lendemain, pour l'Algérie.

Arrivé en Algérie, et chargé d'une nouvelle mission, je reçois une nouvelle lettre du général Gonse, me disant que cette mission n'est rien, que c'est en Tunisie que je trouverai un travail important.

C'est ainsi que j'arrive en Tunisie vers le milieu de janvier 1897 et que j'y suis affecté au 4e tirailleurs, le général Gonse m'affirmant que c'était provisoirement et pour que l'uniforme de mon régiment me permît de circuler partout sans être reconnu.

J'étais fixé depuis longtemps sur le sérieux de ma mission, et j'ai eu beaucoup à souffrir en faisant semblant d'y croire devant les généraux, notamment du 14e et du 15e corps, de la province de Constantine et de la Tunisie.

Il m'était impossible de réclamer, puisqu'on ne me faisait aucun reproche et que l'on me donnait une tâche qui, sur le papier et en n'examinant pas les choses à fond, paraissait plausible.

Cependant je m'inquiétai.

Au mois de janvier 1897, ne sachant où tout cela me conduisait, j'écrivis au général Millet pour lui dire que des raisons que je ne pouvais lui exposer me donnaient lieu de croire à des machinations contre moi, et je lui demandai de me rassurer.

Il m'écrivit une lettre très rassurante, me disant en substance que j'avais probablement cessé de plaire.

En janvier 1897, j'écrivis également au général Gonse pour lui dire que, sentant bien que j'avais dû déplaire et qu'on ne devait plus me considérer comme propre à un service d'État-Major, je demandais à rentrer définitivement dans la troupe et à ne plus être chargé de mission.

Le général me répondit que ma mission était toute de confiance et que je pourrais me consacrer définitivement au service de troupe quand elle serait terminée.

Les Faux.

Pendant que le général Gonse m'écrivait toutes ces lettres, voici se qui se passait à Paris. Je l'ai appris depuis, à l'enquête de Pellieux et à l'instruction Tavernier.

Mon courrier, que j'avais prescrit à Gribelin de m'envoyer dans mes déplacements (et je comprends dans ce courrier celui qui était adressé à mon domicile et qu'on renvoyait au ministère), ce courrier, dis-je, était décacheté et lu avant de m'être réexpédié.

Le général de Pellieux me l'a affirmé et m'en a donné la preuve en me montrant :

1° La copie d'une lettre que m'avait adressée à mon domicile, 3, rue Yvon-Villarceau, le nommé Germain Ducasse, que j'avais donné comme secrétaire à mademoiselle de Comminges, qui est âgée et ne peut que très difficilement lire elle-même.

Dans cette lettre, un passage avait même attiré particulièrement l'attention et a servi de base, plus tard, à l'exécution de divers faux.

Avant de passer à la deuxième lettre, je dois signaler une coïncidence : la lettre de Ducasse est datée, si je ne me trompe, du 20 novembre 1896.

Or, le deuxième rapport Guénée, celui où il indique Leblois comme *le vieil ami* auquel j'aurais fait des confidences, ce rapport est du 21 novembre.

Le général de Pellieux m'a montré une deuxième lettre qui, celle-là, avait été non seulement ouverte et lue, mais encore interceptée, car je l'ai vue pour la première fois entre les mains du général de Pellieux, et jamais personne ne m'en avait parlé, jamais personne n'y avait fait allusion.

Cette lettre, datée du 15 décembre 1896, est signée *Speranza ;* c'est, à mon avis, un faux : elle présente ceci de remarquable, d'abord qu'elle a été ouverte au service des renseignements par les procédés du cabinet noir, c'est-à-dire sans entamer l'enveloppe, de manière que celle-ci aurait pu être recollée sans que le destinataire s'aperçût de rien.

Cette lettre, autant que je m'en souviens, est adressée au lieutenant-colonel Picquart, 231, boulevard Saint-Germain.

L'écriture m'est inconnue.

En examinant de près la pièce, il m'a semblé remarquer, mais c'est à vérifier, que l'adresse aurait été écrite d'abord au crayon et ensuite seulement à l'encre.

L'orthographe de mon nom est rigoureusement exacte.

La lettre dit à peu près ce qui suit :

« Votre brusque départ nous a mis dans le désarroi. L'époque des fêtes est particulièrement favorable à la reprise de l'œuvre. Revenez vite. Dites un mot. Le demi-dieu agira. »

Comme, au moment où le général de Pellieux m'a montré cette lettre, j'avais reçu un télégramme signé : *Speranza*, où il était question d'un demi-dieu, et qu'en raison de certaines particularités, que j'expliquerai plus tard, j'avais toutes les raisons de croire que ce télégramme émanait d'Esterhazy ou de quelqu'un de ses amis, je n'hésitai pas un instant à établir une corrélation entre la lettre et le télégramme *Sperenza*, et je le dis très nettement au général de Pellieux.

Une chose m'a frappé, c'est qu'après l'incident provoqué par cette lettre à l'enquête de Pellieux, on ne m'en parla plus, et que c'est moi qui la signalai de nouveau à propos de l'instruction qui fut ouverte, sur ma demande, en janvier 1898, contre les faussaires, auteurs des télégrammes signés *Blanche* et *Speranza*.

J'ai essayé par tous les moyens d'avoir des explications au sujet des raisons qui ont déterminé mes chefs à ouvrir ma correspondance et à conserver la lettre *Speranza* comme une sorte de pièce secrète, sans jamais m'en parler, sans jamais y faire la moindre allusion jusqu'à l'enquête de Pellieux.

Au conseil d'enquête du 1er février 1898, j'ai demandé à M. le général Gonse de vouloir bien s'expliquer à ce sujet.

Il a dit au conseil, et je rapporte sa réponse presque textuellement, « que la première lettre était arrivée ouverte, que la deuxième était une de ces lettres comme en envoient les espions et que cela n'avait aucune importance ».

Comme j'essayais d'insister, le président du conseil d'enquête a clos l'incident.

A l'instruction de M. Fabre, j'ai dit à Henry, après notre confrontation et au moment où il sortait : « Pourquoi a-t-on ouvert ma correspondance ? »

Il m'a répondu, mais cette réponse pas plus que ma demande n'est consignée : « Adressez-vous au général Gonse. C'est lui qui était chef de service, c'est à lui que vous avez remis votre service. »

Lors de ma confrontation avec le général Gonse, je lui ai demandé à lui aussi des explications semblables.

Il a refusé de répondre.

Il s'en est suivi une altercation assez vive; M. le juge Fabre a refusé de poser aucune question, et moi j'ai refusé de signer le procès-verbal.

A l'instruction Bertulus, j'ai insisté sur la nécessité d'éclaircir les circonstances qui ont accompagné l'arrivée et la retenue de la fausse lettre *Speranza* au bureau des renseignements, ce faux me paraissant en corrélation évidente avec le faux télégramme *Speranza* qui avait motivé ma plainte.

Ou Henry se dévoile.

Je ne sais plus à quelle époque précise (mais ce doit être en mars ou avril), j'eus des preuves de la duplicité de Henry à mon égard.

Il m'avait écrit une lettre fort convenable encore, en février si je ne me trompe, dans laquelle il parlait même des améliorations que je trouverais à mon retour.

Or, les propos qu'il avait tenus à diverses personnes, qui étaient venues au service des renseignements pour me demander, n'avaient pas été du tout dans le même sens.

J'en ai la preuve par une lettre que m'écrivit une personne qui nous servait par dévouement et qui me racontait sa visite au bureau. Cette lettre, ainsi que plusieurs autres, émanant de personnes que j'employais autrefois au service, m'étaient réexpédiées en Tunisie par les soins du bureau des renseignements.

Je perdis un jour patience et renvoyai une de ces lettres à Henry, en y épinglant la note suivante :

« Que l'on dise une bonne fois aux agents que je n'occupe plus mes fonctions, ou que j'ai été relevé de mes fonctions. Je n'ai pas à en rougir. Ce dont je rougis, c'est des mensonges et des mystères auxquels ma situation vraie donne lieu depuis six mois. »

Cette note est au dossier de M. le juge Fabre.

Henry me répondit une lettre qui, datée du 31 mai 1897, plusieurs jours après la réception de ma lettre, n'avait été mise à la poste que le 3 ou le 4 juin, après réflexion, par conséquent.

Connaissant l'habitude du ministère, et mis en éveil par la date tardive de la mise à la poste, je supposai immédiatement que cette lettre avait été montrée à mes anciens chefs, et je ne me trompais pas. L'instruction Fabre a établi qu'elle a été montrée au général Gonse, que celui-ci a donné son assentiment à l'envoi de cette missive et que le général de Boisdeffre en a été avisé.

Jamais, d'ailleurs, un subordonné n'aurait

— J'en ai assez d'être traité de moule, tous les matins, par Rochefort.

osé écrire une lettre semblable à son supérieur en grade — qui était, dans le cas actuel, son ancien chef — sans être soutenu en haut lieu.

Voici le sens de cette lettre, autant que je l'ai présente à la mémoire : « Il ressort, après l'enquête : 1° que vous avez fait ouvrir la correspondance d'une personne qu'il n'y avait pas lieu d'incriminer, et cela à l'étonnement de tout le monde et pour des motifs étrangers au service. »

Ceci visait évidemment la surveillance exercée sur la correspondance d'Esterhazy.

Henry affirmait ainsi d'une façon très nette le néant de mes présomptions contre Esterhazy.

UNE PAGE D'HISTOIRE

Hommage au colonel Picquart

H. G. Ibels

L'HONNEUR DE L'ARMÉE EXIGEAIT-IL CELA?

Il donnait même à entendre que j'avais ourdi contre Esterhazy une sorte de machination (motif étranger au service).

Dans le paragraphe 2, Henry affirmait faussement que j'avais essayé de suborner deux officiers du service des renseignements pour affirmer que l'écriture d'une pièce classée au service (évidemment le *petit bleu*) était d'une personne déterminée, et pour affirmer que cette pièce avait été saisie à la poste.

Dans le 3e paragraphe, Henry m'accusait nettement d'avoir divulgué le dossier secret Dreyfus, et cela, disait-il, pour des motifs étrangers au service.

Quand je reçus cette lettre (vers le 7 ou le 8 juin), une clarté se fit dans mon esprit. Je vis nettement qu'une machination devait

14

avoir été préparée contre moi, qu'on la mettrait en œuvre le jour où cela paraîtrait nécessaire.

La mission se complique et les faux se multiplient.

Jusque vers le 20 octobre 1897, il n'y eut
plus aucun incident.

Mais, le 23, arriva à Tunis l'ordre de me
faire continuer ma mission sans interrup-
tion; on avait sans doute appris, au ministère, que je m'apprêtais à prendre mon congé
annuel ; le général Gonse s'était même informé à ce sujet auprès d'un de mes amis, en
prétextant qu'il avait des papiers à me
rendre, ce qui était absolument inexact.

Huit jours après, le général Leclerc reçut
l'ordre d'étendre ma mission jusqu'à la frontière tripolitaine.

Le général Leclerc trouva l'ordre étrange,
me convoqua à Tunis, me demanda des explications; et là, pour la première fois, je lui
dis exactement de quoi il s'agissait. Le général me dit qu'il allait demander de nouvelles
instructions, que je ne devais pas me presser
de partir et qu'en tout cas je ne devrais pas
dépasser Gabès.

Je rapproche la date de mon envoi à la
frontière tripolitaine de celle de la lettre
qu'écrivit Esterhazy au ministre de la guerre
pour lui signaler mes agissements ; la lettre
d'Esterhazy est du 25 octobre.

J'allais retourner à Sousse, lorsque le général Leclerc reçut, au commencement de
novembre, un télégramme chiffré ainsi conçu
(je me souviens exactement des premiers
mots) :

« Le gouvernement a reçu des lettres l'informant que le lieutenant-colonel Picquart
s'est laissé voler par une femme la photographie d'un document secret de la plus haute
importance et compromettant pour un attaché militaire étranger. Prière d'interroger cet
officier supérieur. »

J'écrivis une déclaration par laquelle je
démontrai qu'il était impossible que j'aie pu
me laisser voler un document par une femme,
attendu que je n'avais jamais sorti du ministère aucune pièce de mon service, et que je
n'avais jamais été en relation, que je ne con-

naissais même pas de vue aucune d
femmes employées par le service.

Je rentrai alors à Sousse, et je dois rema
quer que, dans une période qu'il faut com
ter du 7 au 20 novembre à peu près, je n
plus reçu, en fait de correspondances, sa
peut-être une ou deux lettres insignifiante
je n'ai plus reçu, dis-je, que des imprimé
une lettre d'Esterhazy et une lettre qui éta
un faux.

J'en ai conclu que ma correspondance d
vait avoir été saisie pendant cette période,
j'en ai même la preuve, car, deux lettres, q
mon beau-frère m'a écrites à cette époqu
ne me sont jamais parvenues.

Le 10 novembre, j'ai reçu, à peu près e
même temps :

1° Une lettre d'Esterhazy datée du 7, da
laquelle il m'accuse à peu près des mêm
faits qui ont été reproduits plus tard dar
l'article de la *Libre Parole* du 15 novemb
signé : « Dixi » ;

2° Le télégramme signé *Blanche* qui d
qu'on a des preuves que Georges (c'est-à-di
moi) a fabriqué le *petit bleu*.

Le lendemain, 11, je reçus le télégramm
signé *Speranza* qui disait : « Arrêtez le dem
dieu, tout est découvert, affaire très grave.

La lettre d'Esterhazy et le télégramm
Speranza présentaient cette particulari
commune que, sur l'adresse des deux docu
ments, mon nom était écrit sans C ; que dar
l'un il y avait comme désignation de lie
« Tunis », dans l'autre « Tunisie » ; tand
que dans le télégramme *Blanche* l'adress
était parfaitement correcte, ainsi que la dés
gnation de ma garnison (Sousse). C'es
l'adresse défectueuse qui est cause que je n
l'ai reçu que le 11, bien qu'il y ait été expéd
le 10, comme l'autre.

J'établis immédiatement une corrélatio
entre la lettre d'Esterhazy et le télégramm
Speranza, et j'établis aussi, dans mon espri
un lien entre ces deux pièces et le télé
gramme *Blanche*, puisque je savais parfaite
ment que je n'avais en aucune façon fabr
qué le *petit bleu* qui m'avait fait découvr
Esterhazy.

Ce qui m'aida beaucoup à comprendre ra
pidement qu'une machination était en trai
c'est que la lettre de Henry, du 31 mai, ava
déjà cherché à jeter un discrédit sur mon in
vestigation contre Esterhazy, et notammen

sur le *petit bleu*, qui était extrêmement gênant pour les défenseurs d'Esterhazy.

Bien que je fusse seul à Sousse à la tête du régiment, le colonel étant absent, je télégraphiai immédiatement pour avoir l'autorisation d'aller à Tunis.

Je l'obtins, et je demandai en arrivant, au général Leclerc, la permission d'écrire au ministre pour lui signaler les manœuvres dont j'étais l'objet et lui demandai d'ouvrir une enquête à ce sujet. Le général Leclerc m'y autorisa, et j'envoyai au ministre ma plainte, ainsi que la copie de la lettre Esterhazy et la copie de deux télégrammes.

Une chose remarquable, c'est qu'à une date à laquelle il n'était pas encore possible que ma plainte fût arrivée à Paris, la *Libre Parole*, dans une série d'articles signés « Dixi », reproduisait les accusations de la lettre d'Esterhazy et faisait allusion au télégramme.

Devant M. Bertulus, Esterhazy a reconnu qu'il avait inspiré les articles *Dixi* et il affirme qu'il avait été renseigné par la *dame voilée*.

Je continuai à ne recevoir aucune lettre de ma famille, et je fus très étonné que le courrier de France — qui me fut remis, par suite des retards de la poste, le 16 ou 19 novembre seulement — ne contînt qu'une lettre, un faux, portant une adresse identique à celle du télégramme *Speranza*, et semblable aussi à celle de la lettre Esterhazy. Cette lettre était ainsi conçue :

« A craindre. Toute l'œuvre découverte. Retirez-vous doucement. Ecrivez-moi. »

Cette lettre était écrite à la plume, mais en caractères d'imprimerie.

L'adresse seule était en caractères cursifs.

Je remarquai que le timbre de la poste était celui de la place de la Bourse, le même que celui de la lettre Esterhazy.

La date de la lettre est du 10 novembre.

Le 21 novembre, je reçus l'autorisation de me rendre à Paris pour témoigner devant le général de Pellieux; j'avais sollicité moi-même cette autorisation par télégramme le même jour, mais je crois que les dépêches se sont croisées. Le télégramme ministériel indiquait que j'étais appelé à déposer sur la demande du gouverneur militaire de Paris et que je devais donner ma parole de ne communiquer avec qui que ce soit pour quoi que ce soit, avant d'avoir vu le général de Pellieux.

Je quittai Tunis le 23 novembre et j'arrivai à Paris le 26 au matin.

Retour à Paris. — Le général de Pellieux.

Je suis arrivé à Paris le 26 novembre 1897, venant directement de Tunis, et j'ai fait, le même jour, ma déposition devant le général de Pellieux.

J'avais dû donner ma parole de ne voir qui que ce soit avant de paraître devant le général.

Je l'ai observée strictement.

La seule personne que j'aie vue en arrivant à Paris a été l'officier envoyé par l'état-major pour me recevoir en descendant du train.

On avait choisi mon ami le commandant C. Mercier-Millon, qui me fit sentir qu'on n'était pas mal disposé à mon égard et qui me rapporta notamment ce propos du général Delannes. (Je ne puis affirmer s'il m'a rapporté ce propos immédiatement ou seulement dans la journée ou le lendemain.)

« Tout cela est bien malheureux pour l'état-major, mais nous ne demandons qu'une chose, c'est que Picquart revienne parmi nous. »

Mercier-Millon me conduisit à l'hôtel Terminus, où je me trouvai placé sous la surveillance la plus étroite de la police ; je me demande même si cette surveillance n'était pas ostensiblement apparente.

Quoi qu'il en soit, il ne s'est pas passé un seul jour sans que je n'aie eu à interpeller les agents en bourgeois qui étaient à ma piste, et cette surveillance n'a changé de nature que le jour où j'ai appréhendé et mené au commissariat de police de Saint-Thomas-d'Aquin un agent, vêtu en ouvrier, qui me suivait depuis une heure.

Le général de Pellieux, durant son enquête, m'interrogea sur mes relations avec M. Leblois, sur ma vie privée et mes fréquentations.

Je ne pus obtenir de savoir d'où il tenait les rapports, absolument mensongers, qui avaient été produits sur ces deux derniers points, et qui me représentaient comme un névrosé, adonné à l'occultisme et faisant tourner des tables dans des milieux plus ou moins interlopes.

Jamais de la vie je ne me suis occupé de questions semblables, et je me demande si ces rapports ne proviennent pas de Guénée, l'agent habituel de Henry.

En tout cas et malgré mes dénégations, le général fut extrêmement dur à mon égard à ce sujet et dépassa même les limites permises.

Je n'avais aucune idée des témoignages qu'avaient produits contre moi Henry, Lauth et Gribelin.

Le conseil de guerre Esterhazy.

Je passe maintenant aux deux audiences du conseil de guerre Esterhazy, les 10 et 11 janvier 1898.

Ayant été été enfermé dans la salle des témoins aussitôt après l'appel des témoins et ne connaissant personne dans la salle, j'entrai pour déposer le 10 janvier au soir, au moment où le huis-clos venait d'être prononcé, sans me douter que le rapport Ravary était un véritable réquisitoire contre moi et sans avoir la moindre idée des accusation telles que celle de cambriolage, qu'Esterhazy avait portées contre moi pendant son interrogatoire.

Aussi n'ai-je compris que le lendemain, à la lecture des journaux, le sens des nombreuses questions qui m'étaient posées soit par la défense, soit par le président, soit par le général de Pellieux, qui, assis dérrière le président, m'a interpellé fréquemment, demandant généralement l'assentiment de la défense et du président, mais s'en passant aussi.

Le lendemain matin, j'eus à compléter ma déposition, mais, là encore, je fus tellement accablé de questions par la défense, le général de Pellieux ou le président, que l'un des juges, le commandant Rivals, dit :

« Je vois que le colonel Picquart est le véritable accusé. Je demande qu'il soit autorisé à présenter toutes les explications nécessaires pour se défendre. »

Le général de Luxer y consentit.

Je donnai quelques explications complémentaires et j'ajoutai :

« Je demande instamment à être confronté avec tous les témoins dont les allégations seraient contradictoires avec les miennes ou tendraient à m'incriminer. »

Le général de Luxer me le promit.

Malgré cette promesse, je n'ai été confronté qu'avec un seul témoin, et je me demande si l'impression défavorable qui a dû en rejaillir sur ce témoin — le colonel Henry — n'a pas été la cause pour laquelle les autres confrontations n'ont pas eu lieu.

J'ai su, depuis, que l'un des juges suppléants avait insisté pour que la promesse qui m'avait été faite fût observée, et qu'il n'a pas réussi.

Voici comment s'est passée ma confrontation avec Henry :

A la fin de sa déposition, on m'a introduit. On m'a dit que Henry m'avait vu assis à ma table, en compagnie de Leblois, le dossier secret entre nous, la pièce « Ce canaille de D... » sortie du dossier.

J'ai nié le fait avec la plus grande énergie et j'ai prié que l'on demandât à Henry quelle époque il plaçait cet incident.

Henry, qui paraissait assez embarrassé par l'énergie de mes dénégations, répondit :

« C'était peu de temps après ma rentrée de permission, par conséquent au commencement d'octobre 1896. »

Je priai immédiatement les juges d'inscrire cette date, me promettant, dans la confrontation suivante qui devait avoir lieu avec Gribelin, de faire appeler également Leblois et d'établir l'alibi de ce dernier ; mais il n'y eut pas d'autres confrontations, et je n'ai connu que tout dernièrement certains des témoignages portés contre moi à cette audience.

Jusqu'au prononcé du jugement, je ne sus rien de ce qui se passait dans la salle. Toutefois, à un moment donné, Me Tézenas ou l'un de ses secrétaires sortit dans la salle où se tenaient les témoins et annonça qu'on m'arrêterait après l'audience.

Le propos me fut immédiatement répété soit par M. Stock, libraire, qui était témoin soit par M. Autant.

Je rentrai dans la salle, pour le prononcé du jugement, et me mis au premier rang mais je ne fus arrêté que le surlendemain.

L'arrestation.

Le 13 janvier, au matin, un officier de la Place de Paris vint me trouver, à sept heures et demie, et m'annonça qu'il allait me conduire à la Place. J'avais reçu la veille au soir deux convocations : l'une pour me rendre à la Place, le soir même ; l'autre, pour me rendre à la Place, le lendemain, à huit heures du matin.

J'exprimai donc mon étonnement qu'on vînt me chercher puisqu'on savait bien que j'étais absent la veille, au moment de la première convocation, et qu'il n'était pas encore l'heure de me rendre à la seconde.

A la Place on me fit connaître que j'étais

Mᵉ **Labori**, l'ardent défenseur de la Justice et de la Vérité

mis aux arrêts de forteresse, jusqu'à décision, à la suite d'un conseil d'enquête appelé à se prononcer sur mon compte, et je fus emmené au Mont-Valérien.

Je remarque immédiatement que le conseil d'enquête se réunit le 1ᵉʳ février ; mais que, sous prétexte de ne pas exercer d'influence sur le jury, je pense, au procès Zola, on ne prit une décision à mon égard que le

26 février et que, contrairement à tous les précédents, on me garda ainsi pendant un mois entier, aux arrêts de forteresse, après que le conseil avait statué.

Ce n'est même que plus de vingt-quatre heures après la signature du décret ordonnant ma mise en réforme que je fus élargi.

Quelques jours avant la réunion du conseil d'enquête, je reçus la visite du général

Dumont, qui me dit qu'il était rapporteur du conseil ; et il me présenta une feuille sur laquelle étaient inscrits les griefs dont j'avais à répondre.

A mon grand étonnement, j'étais traduit devant un conseil d'enquête, en qualité d'officier de l'état-major de l'armée, détaché au 4e tirailleurs.

J'ai introduit une instance devant le conseil d'Etat parce que cette qualité n'existe pas à ma connaissance : j'étais lieutenant-colonel au 4e tirailleurs et tout lien entre l'état-major de l'armée et moi était légalement rompu.

Les griefs étaient énumérés de la façon suivante :

1° Communication à un avocat, Me Leblois, de deux dossiers secrets intéressant la défense nationale et la sûreté extérieure de l'Etat.

Je remarquai de suite et fis remarquer au général Dumont que le mot *secret* avait été ajouté en interligne.

2° Avoir proposé au capitaine Lauth d'affirmer que l'écriture du *petit bleu* était d'une personne déterminée.

3° Avoir été vu, assis à mon bureau avec Me Leblois, la pièce : « Ce canaille de D... » entre nous deux.

4° Avoir remis à Me Leblois, avocat, un certain nombre de lettres qui m'avaient été adressées par le général Gonse, au cours d'une mission.

Je remarque que, dans ce dernier paragraphe, on ne visait pas les lettres du général Gonse relativement à l'enquête Esterhazy.

Ceci me frappa, parce que déjà, à l'enquête, Ravary, le commandant Ravary m'avait demandé les lettres du général Gonse, et qu'au conseil de guerre le général de Luxer s'était emparé, avec mon consentement d'ailleurs, des lettres du général Gonse relatives à l'enquête Esterhazy.

Le conseil d'enquête.

Le 1er février, en entrant dans la salle où était réuni le conseil d'enquête, je remarquai tout d'abord que le colonel désigné pour faire partie de ce conseil était le colonel Bouchez,

ami intime du général de Boisdeffre, que celui-ci tutoie.

Dès que la séance fut ouverte, je demandai au général de Saint-Germain, qui présidait de vouloir bien me donner acte que l'on ne m'avait laissé fournir aucune explication préalable et que l'on ne m'avait montré aucune pièce du dossier relatif à l'affaire.

Le général refusa.

En attendant la lecture du rapport par le rapporteur, je vis combien il eût été nécessaire que celui-ci me demandât quelque explications préliminaires.

En effet, le dossier des pigeons voyageurs dont la communication à Leblois était visée par ce rapport, était le dossier secret que je n'avais jamais montré à Leblois, et non le dossier administratif que je lui avais seul communiqué.

Le dossier qu'on avait apporté et placé sur la table du conseil était le dossier secret, et ce qui a augmenté encore la confusion, c'est que ce dossier secret était divisé lui-même en deux liasses contenant chacune des pièces secrètes, si bien que l'on a pu établir plus tard une équivoque entre une de ces liasses et le dossier administratif.

De plus, le rapport du général Dumont émettait d'autres griefs encore que ceux portés sur la liste qui m'avait été remise.

On y disait notamment que j'avais proposé à des officiers sous mes ordres de faire apposer le cachet de la poste sur le *petit bleu*.

Devant un conseil d'enquête, les témoins, d'après le règlement, sont entendus l'un après l'autre ; on s'en tint strictement à cette réglementation, et il me fut impossible d'obtenir que Leblois fût confronté avec ses principaux contradicteurs.

A propos du dossier Boulot, je remarque qu'on essaya d'introduire une confusion entre le dossier d'espionnage Boulot, que je n'avais jamais montré à personne en dehors du service, et le dossier judiciaire Boulot, au sujet duquel j'avais mis en rapport Henry et Leblois.

Le premier contient des détails relatifs à mon service, qui ne figurent pas dans le second.

Pour le dossier des pigeons voyageurs, je mandai que l'on fît faire à Leblois la description du dossier qu'il avait eu entre les mains. Leblois le fit avec beaucoup de précision, et cette description ne s'appliquait à aucune des liasses du dossier secret, qui était sur la table.

On remit ces liasses aux mains de Leblois et il déclara ne pas les connaître.

Lorsque Gribelin fut introduit, il déclara que c'étaient les deux liasses figurant sur la table du conseil qu'il avait remises entre mes mains, et qui se trouvaient sur mon bureau pendant l'automne 1896, alors qu'il avait vu Leblois assis à côté de moi ; je lui fis demander s'il existait un autre dossier de pigeons voyageurs ; il répondit que oui, mais que ce dossier n'était jamais sorti de son armoire.

Je lui fis faire la description de ce dossier, et cette description fut identique à celle qu'avait faite précédemment Leblois ; c'est à ce moment surtout que j'insistai pour obtenir une confrontation qui ne me fut pas accordée.

Je passe sur les autres incidents de la séance du conseil. Les allégations de Henry, de Lauth et de Gribelin furent, avec beaucoup plus de modération, semblables à celle du procès Zola.

Je dois ajouter qu'au procès Zola il y a eu des allégations nouvelles, mais, à la distance où nous sommes des faits, il est impossible de séparer dans mon esprit, d'une façon précise, ce qui a été dit au conseil d'enquête de ce qui a été dit au procès Zola.

Je n'ai rien de particulier à dire au sujet du procès Zola.

Je fus autorisé à m'y rendre librement, et je reçus, au sujet de la tenue, les mêmes instructions que les autres officiers.

Toutefois, peu après ma dernière déposition, un officier de l'état-major du gouverneur m'insinua — en ne cachant pas que cela eût été agréable en haut lieu — de me présenter en bourgeois. Je m'y refusai à moins d'un ordre formel.

Après le procès Zola et ma mise à la réforme, je ne m'aperçus plus d'aucune machination importante avant le moment où, par suite de la cassation de l'arrêt de la Cour d'assises, le procès Zola revint sur l'eau.

Je dois signaler, pourtant, qu'à l'occasion de mon duel avec Henry il y eut une entente évidente entre Esterhazy et Henry, pour que le premier se substituât au second : une maladresse commise par Esterhazy et les lettres qu'il m'a écrites en sont la preuve.

Le procès Zola devait revenir devant la Cour d'assises de Versailles au mois de mai 1898 (le 22). J'y devais figurer comme témoin, libre désormais de toute attache militaire.

Le Coup de la Photographie.

Dès la fin d'avril, le bruit commença à se répandre, dans les journaux qui recevaient leurs inspirations d'officiers de l'état-major, tels que l'*Echo de Paris* et le *Gaulois*, que le principal témoin de l'affaire Zola avait eu une entrevue, dans le grand-duché de Bade, avec un attaché militaire étranger.

Le bruit prit peu à peu une certaine consistance, et lorsque je fus bien et nettement désigné par le journal le *Jour*, que l'on eut bien affirmé qu'une photographie de cette entrevue existait, je m'adressai à la justice.

Je voulais que mes accusateurs pussent faire leur preuve : c'est pourquoi, au lieu de traduire directement le *Jour* devant la police correctionnelle, je fis une plainte en faux contre l'auteur de la photographie, et je demandai à M. Bertulus, qui avait été chargé de l'instruction, d'entendre les journalistes qui avaient signalé le fait.

Je lui demandai aussi d'entendre l'agent Guénée, et cela pour deux raisons :

D'abord, au temps où j'étais encore chef du service des renseignements, Guénée m'avait raconté qu'il existait une photographie dans laquelle Dreyfus était représenté causant, dans un café, avec l'attaché militaire étranger qui passait pour être son correspondant ; l'autre raison était celle-ci :

Aux mois de mars et d'avril j'avais été souffrant, et j'habitais, pendant ce temps, non plus chez moi, mais chez une vieille amie de ma mère. Or, pendant mon absence de mon domicile, des personnes suspectes sont venues, au moins deux fois, prendre des renseignements à mon sujet.

Je pensai que ce ne pouvait être que l'autorité militaire qui avait pu provoquer ces demandes de renseignements, et comme Guénée était le principal agent qui était chargé autrefois de ce service, je pensais qu'il pouvait en avoir été chargé également cette fois-ci.

L'inquisiteur DU PATY DE CLAM.

L'instruction n'aboutit pas, et j'ignore à quel résultat a pu arriver M. Bertulus.

J'ai alors poursuivi le *Jour* devant le tribunal correctionnel (1).

---

(1) Le rédacteur de cette feuille qui avait affirmé l'existence de la photographie accusatrice, M. Adolphe Possien, interrogé par le juge d'instruction Bertulus, refusa toute explication en se retranchant derrière le trop commode « secret professionnel. »

Le faux Henry.

Le 9 juillet, M. Cavaignac fit, à la tribune un discours où il basait, en partie, la culpabilité de Dreyfus sur la pièce « Ce canaille de D... » et sur le *faux* Henry.

J'ai cru de mon devoir de ne pas laisse une erreur aussi grande se propager dans l pays, et j'ai écrit, à la date du 9 juillet, M. le président du conseil, une lettre où, tou en reconnaissant la parfaite bonne foi d

LE TRIPATOUILLAGE DES PIÈCES SECRÈTES

M. le ministre de la guerre, je m'offrais à démontrer, devant toute juridiction compétente, le caractère frauduleux de la pièce connue sous le nom de « faux Henry » et l'inanité de la pièce « Ce canaille de D... » comme charge contre Dreyfus.

Le 12 juillet, des poursuites furent dirigées contre moi et Leblois pour les communications que j'aurais faites à ce dernier; et le 13 juillet, après la constatation de mon identité par M. le juge d'instruction Fabre, je fus incarcéré à la prison de la Santé.

Le colonel Picquart est resté près d'un an emprisonné pour avoir commis ce crime de pressentir les faux, de démasquer le traître, et d'aider la Vérité à se faire jour. Si la prison fut longue, la gloire sera éternelle.

Mais éternel aussi sera l'opprobre de ceux qui s'acharnèrent contre lui au bénéfice d'un traître et dont les menées ressortent de leurs dépositions mêmes.

Déposition de M. Du Paty de Clam.

12 janvier 1899.

Le 23 octobre 1897, le général Gonse m'envoya chercher au bureau des opérations militaires, où je faisais mon service et où j'étais chargé d'un travail urgent, secret et important. Je fus instruit alors partiellement de la campagne qui, me disait-on, était commencée depuis dix-huit mois et sur le point d'éclater au grand jour, tendant à substituer Esterhazy à Dreyfus.

Je ne connaissais Esterhazy que pour l'avoir vu deux fois, sans lui parler, au cours d'une expédition en Afrique, il y a dix-huit ans. Je n'en avais pas entendu parler depuis, et je n'avais jamais eu avec lui aucune relation, ni directe, ni indirecte.

Je ne crois pas devoir exposer ici à quelles considérations d'ordre supérieur j'ai obéi, en allant au secours d'un homme qui m'a été alors représenté comme digne d'intérêt, qui m'a été représenté comme ayant été l'objet d'une enquête longue et minutieuse, à la suite de laquelle il avait été reconnu innocent du crime qu'on allait lui imputer et qui, d'ailleurs, a été reconnu tel à l'unanimité par un conseil de guerre.

Mes relations avec Esterhazy ont été connues de certains membres du gouvernement; elles ont été provoquées, connues, utilisées par mes chefs, notamment par le général Gonse. Mes relations directes ont cessé le jour où j'ai reçu l'ordre de ne pas voir Esterhazy.

Mes relations indirectes ont eu lieu par des intermédiaires, dont les uns m'ont été imposés par mes chefs et dont les autres se sont imposés à moi ou m'ont été imposés par les circonstances.

Ces relations ont donné lieu à des légendes contre lesquelles je n'ai cessé de protester auprès de qui de droit, notamment en ce qui concerne des télégrammes que je n'ai ni écrits ni expédiés, et en ce qui concerne une pièce qui aurait été remise à Esterhazy, qu'il n'a jamais eue entre les mains et qu'il n'a jamais rapportée au ministère.

Il y a eu une réunion dans laquelle on a agité la question des moyens de prévenir Esterhazy, et parmi ces moyens celui d'une lettre anonyme dont la rédaction a été modifiée deux fois. Une de ces lettres était la copie presque textuelle d'une lettre anonyme écrite à l'adresse du ministère. L'autre était beaucoup plus brève et a été rédigée par le colonel Henry.

Les lettres doivent exister encore; elles n'ont pas été envoyées. La dernière fois que j'ai vu les dossiers dans lesquels elles devaient se trouver, ces dossiers étaient à l'état-major.

LE PRÉSIDENT. — Esterhazy n'a-t-il pas été prévenu par un autre moyen, c'est-à-dire par une lettre qui lui a été envoyée, vers le 20 octobre 1897, sous la signature « Espérance » ? N'est-ce pas vous qui l'auriez ainsi prévenu ?

M. le général Roget nous a dit qu'il s'était procuré la certitude que la lettre du 20 septembre 1897, signée « Espérance », et dans laquelle on prévenait Esterhazy de la campagne qui allait être entreprise contre lui, était de vous. Il nous a dit que vous seriez allé le 16 octobre au service des renseignements, que vous auriez demandé, sous un prétexte quelconque, l'adresse d'Esterhazy, qu'on vous aurait renvoyé à l'agent chargé de la surveillance d'Esterhazy, et que celui-ci vous aurait donné l'adresse d'Esterhazy à Dommartin-la-Planchette ?

LE LIEUTENANT-COLONEL DU PATY. — Je proteste de la façon la plus formelle contre l'accusation formulée contre moi par le général Roget, qui a été mal renseigné. Je n'ai pas écrit cette lettre. Je ne connaissais pas l'agent du service des renseignements chargé de la surveillance d'Esterhazy. A une date que je ne puis préciser, mais qui devra remplacer dans toutes mes dépositions antérieures celle du 23 octobre, on m'a parlé du commandant Esterhazy pour la première fois depuis dix-huit ans. J'ignore si, devant moi, on a parlé de l'adresse d'Esterhazy à la campagne; je ne m'en souviens aucunement; j'ai su néanmoins cette adresse, mais jamais, dans aucun cas, je n'ai adressé aucune pièce de communication au commandant Esterhazy hors de Paris.

LE PRÉSIDENT. — Nous représentons au témoin la lettre signée « Espérance ».

LE LIEUTENANT-COLONEL DU PATY. — Je crois reconnaître cette lettre pour celle qui m'a été montrée par Esterhazy lors de notre première entrevue au parc de Montsouris (1).

DEMANDE POSÉE PAR UN CONSEILLER. — Vous venez de nous dire que vous n'aviez pas entendu parler d'Esterhazy pendant dix-huit ans. Comment expliquez-vous qu'on se soit adressé à vous, qui n'apparteniez pas au service des renseignements, pour engager des négociations avec lui et le prévenir de ce qui se préparait contre lui ?

LE LIEUTENANT-COLONEL DU PATY. — Mes chefs ont eu des raisons que j'ignore, et je répète que je ne crois pas devoir exposer ici les considérations d'ordre supérieur auxquelles j'ai obéi en allant au secours d'un homme qui m'a été représenté alors par le colonel Henry, en présence du général Gonse, comme digne d'intérêt et que je ne connaissais nullement.

La première entrevue que j'ai eue avec Esterhazy a été organisée au service des renseignements par le colonel Henry.

Je suis allé au rendez-vous fixé par un officier de service, chargé de me désigner le commandant Esterhazy, que je ne connaissais pas.

J'ai pris des précautions pour n'être pas reconnu, c'est-à-dire que j'ai mis des conserves et une barbe noire, dans le but, si Esterhazy était l'objet d'une surveillance occulte, de ne pas mettre en cause l'état-major.

Le colonel Henry était dans le voisinage. L'officier qui m'accompagnait était Gribelin.

Le commandant Esterhazy m'a paru sincère dans son indignation contre les personnes qui allaient le dénoncer ; il était déjà prévenu par une lettre et je crois par une autre voie.

L'entrevue dura à peu près une heure.

J'eus plusieurs autres entrevues avec Esterhazy, jusqu'au jour où je reçus défense du général de Boisdeffre de le voir, vers le 16 novembre 1897.

Les relations par intermédiaires ont eu

lieu, comme je l'ai dit, au moyen de certaines personnes, parmi lesquelles madame Pays. Ces relations se sont bornées à des transmissions de messages.

Au cours de mes entrevues avec Esterhazy, il m'a parlé de certains personnages qui le renseignaient tant sur les agissements de ses adversaires que sur certains faits qui se passaient au ministère. Je n'ai jamais vu ces personnages, j'ignore leur qualité et leur sexe.

Jamais le commandant Esterhazy ne m'a parlé de « Dame voilée ».

Esterhazy n'a jamais eu de document secret entre les mains ; les enquêtes Pellieux et Ravary ont montré qu'il ignorait le contenu du document dit « libérateur ». Esterhazy n'est pas venu au ministère le matin où ce document a été apporté au cabinet du ministre. J'ignore qui y a apporté ce document.

Outre les officiers nommés ci-dessus, qui ont été en rapport avec Esterhazy, il y eut à mon insu (je l'ai su depuis) des agents civils du service des renseignements qu'il a connus. Il m'en a nommé un.

Quant aux télégrammes « Speranza » et « Blanche », je répète que je ne les ai ni écrits, ni envoyés, ni fait écrire.

Ces télégrammes ont servi de base à une accusation qui a été réduite à néant par la chambre des mises en accusation.

Dans ce que j'ai dit précédemment de la « Dame voilée », il doit s'entendre qu'Esterhazy m'a parlé d'une inconnue, sans me la présenter jamais sous le nom de « Dame voilée ». C'est par cette inconnue, notamment, qu'Esterhazy a eu de nombreux renseignements sur les agissements de ses adversaires.

LE PRÉSIDENT. — Que savez-vous en ce qui concerne la remise, par cette inconnue ou par toute autre personne, du document dit « libérateur » ?

LE LIEUTENANT-COLONEL DU PATY. — Je n'ai rien autre chose à dire que ce que j'ai dit ci-dessus, à savoir : « Personne n'a jamais remis de document à Esterhazy ; Esterhazy n'a rapporté aucun document au ministère. J'ignore le nom de la personne qui a apporté ce document au cabinet du ministre. »

LE PRÉSIDENT. — Quelles ont été les premières conversations que vous avez échangées

---

(1) Voir plus loin.

avec Esterhazy, lors de vos entrevues? Esterhazy ne vous a-t-il pas paru exaspéré? N'avez-
vous pas cherché à le calmer? Ne vous a-t-il
pas dit que, si on ne lui rendait pas justice, il
s'adresserait à l'empereur d'Allemagne? Ne
lui avez-vous pas conseillé d'écrire plutôt au
président de la République, et n'avez-vous
pas fourni la carcasse — ou même le texte
— des lettres qu'Esterhazy a envoyées?

LE LIEUTENANT-COLONEL DU PATY. — Le
premier entretien que j'ai eu avec Esterhazy
a, en effet, eu pour objet de calmer son exaspération. Il m'a parlé, en effet, comme moyen
extrême, d'écrire à l'empereur d'Allemagne en
lui demandant de faire certifier sur l'honneur, par son aide de camp, que jamais lui,
Esterhazy, n'avait eu de relations illicites
avec les agents allemands. Je l'ai, en effet,
engagé à ne pas porter sa querelle sur le terrain diplomatique et à s'adresser au président
de la République pour lui demander aide et
protection. Par ces moyens, j'ai gagné le moment où Esterhazy a enfin été mis en rapport
avec M. le gouverneur de Paris.

LE PRÉSIDENT. — Avez-vous eu connaissance des lettres adressées au président de la
République? Il y en eut trois. Avez-vous participé à toutes les trois?

LE LIEUTENANT-COLONEL DU PATY. — Je n'ai
participé qu'à une, à mon souvenir. Je crois
plutôt que c'était la première.

LE PRÉSIDENT. — Vous souvenez-vous du
contenu de cette lettre et notamment des
phrases suivantes, qui ont pu être regardées
comme bien étranges sous la plume d'un officier français:

Si j'avais la douleur de ne pas être écouté
du chef suprême de mon pays, mes précautions sont prises pour que mon appel vienne
à mon chef de blason, au suzerain de la famille Esterhazy, à l'empereur d'Allemagne.
Lui est un soldat, il saura mettre l'honneur
d'un soldat — même ennemi — au-dessus
des mesquines et louches intrigues de la
politique Il osera parler haut et ferme,
lui, pour défendre l'honneur de dix générations de soldats. A vous, monsieur le président de la République, de juger si vous devez me forcer à porter la question sur ce
terrain. Un Esterhazy ne craint rien, ni personne, sinon Dieu. Rien ni personne ne
m'empêchera d'agir comme je le dis, si on
me sacrifie.

LE LIEUTENANT-COLONEL DU PATY. — J'ai e
connaissance de cette lettre, au ministère d
la guerre. Le canevas que j'ai soumis à Este
hazy ne contenait pas toutes ces paroles.

LE PRÉSIDENT — Dans sa seconde lettr
du 31 octobre, Esterhazy parle très clair
ment de la remise qui lui a été faite, par un
femme généreuse, de la photographie d'un
piè e qu'elle aurait réussi à soutirer au co
lonel Picquart.

Cette pièce, dit la lettre, a été volée dan
une légation étrangère par le colonel Pi
quart, et est des plus compromettantes pou
certaines personnalités diplomatiques. S
je n'obtiens ni appui ni justice, et si mo
nom vient à être prononcé, cette photogra
phie, qui est en lieu sûr, à l'étranger, ser
immédiatement publiée.

Enfin, dans sa troisième lettre au présiden
de la République, du 5 novembre 1897, il re
vient sur le même sujet en disant:

La femme qui m'a mis au courant d
l'horrible machination ourdie contre mo
m'a remis, entre autres, une pièce qui es
une protection pour moi, parce qu'ell
prouve la canaillerie de Dreyfus, et qui es
un danger pour mon pays parce que sa pu
blication avec le fac-similé de l'écritur
forcera la France à s'humilier ou à faire l
guerre.

De ces textes il résulte clairement que dè
le 31 octobre 1897, Esterhazy avait en mai
le document dit *libérateur*, qu'il le connais
sait, qu'il en comprenait la portée et qu'i
avait éventuellement l'intention de s'en ser
vir. Il est donc bien difficile d'admettre
comme vous le disiez tout à l'heure, que c
document ne lui aurait pas été remis et qu'i
ne l'aurait pas connu.

LE LIEUTENANT-COLONEL DU PATY. — Je ré
pète que le commandant Esterhazy n'a ja
mais eu le moindre document entre les mains
qu'il ne l'a pas rapporté au ministère de l
guerre, que la personne qui a déposé ce do
cument au cabinet du ministre n'est pas le
commandant Esterhazy, et que je ne connai
pas son nom.

LE PRÉSIDENT. — Qu'est-ce qui vous per
met de faire cette triple affirmation?

LE LIEUTENANT-COLONEL DU PATY. — ESTER
HAZY ME L'A DIT.

Il n'a pas rapporté la pièce; il me l'a dit
J'ignore le nom de la personne qui a apporté

Une répétition à l'État-Major ou l'art d'influencer le Jury.

la pièce au cabinet du ministre, à onze heures du soir ; mais ça n'est pas Esterhazy.

DEMANDE POSÉE PAR UN CONSEILLER. — Comment expliquez-vous, alors, que le ministère de la guerre ait envoyé à Esterhazy un reçu d'une pièce qu'il n'aurait pas apportée ?

LE LIEUTENANT-COLONEL DU PATY. — Je n'explique pas. J'ai entendu dire au ministère qu'il fallait envoyer un reçu.

LE PRÉSIDENT. — Je reviens à la question des lettres au président de la République. Vous savez qu'Esterhazy prétend que ces lettres lui ont été dictées : l'une, dit-il, au pont Caulaincourt ; une autre, au pont des Invalides ; la troisième, je ne sais plus où. Il les a écrites au crayon, dit-il, sous la dictée de quelqu'un, et les a recopiées chez lui. Pourriez-vous nous dire qui est ce quelqu'un ?

LE LIEUTENANT-COLONEL DU PATY. — LES
DIRES D'ESTERHAZY SONT DE CEUX SUR LESQUELS
JE NE VEUX PAS ME PRONONCER (1).

LE PRÉSIDENT. — Etes-vous personnellement demeuré étranger à ces dictées?

LE LIEUT.-COLONEL DU PATY. — J'ai dit que
j'avais donné le canevas d'une de ces lettres.

DEMANDE POSÉE PAR UN CONSEILLER. — Nous
vous présentons les enveloppes dans lesquelles était contenu le document dit « libérateur ». Connaissez-vous le cachet qui a été
apposé, à la cire, sur ces enveloppes?

LE LIEUT.-COLONEL DU PATY. — Je ne connais
pas ces armes.

DEMANDE POSÉE PAR UN CONSEILLER. — La
lettre d'envoi de ce document, en date du
14 novembre 1897, au ministère de la guerre,
lettre qui vient d'être placée sous les yeux de
la Cour et qui est signée Esterhazy, implique
bien que ce dernier a eu ce document entre
les mains et l'a renvoyé à la Guerre.

LE LIEUT.-COLONEL DU PATY. — Je répète
qu'Esterhazy n'a pas eu ce document en sa
possession. Il ne l'a donc pas rapporté au ministère, et la personne qui a remis ce document au cabinet du ministre — ou à l'officier
de service — n'est pas Esterhazy.

LE PRÉSIDENT. — Vous avez, dès le début,
aidé Esterhazy dans les moyens par lesquels
il a cherché à expliquer sa situation. Vous
savez, sans doute, que dans la Libre Parole des
15, 16 et 17 novembre 1897 ont paru des articles signés « Dixi ». Il semble résulter de ce
qui s'est passé devant le conseil d'enquête
qu'Esterhazy n'est pas l'auteur de ces articles,
bien qu'il les ait pris sous sa responsabilité
et que ces articles, au moins en partie, vien-
draient de vous.

•LE LIEUT.-COLONEL DU PATY. — Je ne parlerai ici que du seul article que je connaisse et
dont je me souvienne, et qui est le premier.

Lorsque l'affaire Esterhazy a été sur le point
d'éclater, on a établi une sorte de résumé des
préliminaires de cette affaire au service des
renseignements.

C'est le colonel Henry, je crois, qui a fait
ce résumé.

---

(1) On remarquera que quinze lignes plus haut
M. du Paty de Clam prétend qu'il fait une affirmation triple, parce qu'Esterhazy le lui a dit.

La confiance dans les dires d'Esterhazy varie
donc suivant l'importance de ce qu'il raconte.

De ce résumé il a été extrait une plaquette
qui a été communiquée à Esterhazy, dans le
but d'être distribuée à sa famille, à ses amis
et à certaines autres personnalités. Cette plaquette devait être primitivement tirée sur la
machine à écrire du service des renseignements. Le colonel Henry a pensé que ce serait imprudent. On a préféré confier à Esterhazy le soin de la faire imprimer. Il n'a pas
réussi à la faire imprimer.

A la suite de l'article du Figaro signé
« Vidi », Esterhazy a porté cette plaquette
transformée en article, à la Libre Parole, où
elle a paru à titre de riposte à l'article « Vidi ».
Les corrections que j'ai apportées concernaient les allégations du commandant Forzinetti, si je ne me trompe.

LE PRÉSIDENT. — A la Libre Parole, on ne
s'est pas mépris sur l'origine de l'article
« Dixi ». Voici, en effet, ce qu'a dit un de ses
rédacteurs, devant le conseil d'enquête. M. de
Boisandré déclare qu' « à la rédaction de la
Libre Parole, on n'a jamais cru que l'article
« Dixi » fût du commandant Esterhazy; les
communications faites à ce journal par ce
même officier étaient transmises par ordre »
Un document vu par le témoin en fait foi :
« Cet officier n'était qu'un intermédiaire entre
le journal et l'état-major. » D'après cela, l'article « Dixi » apparaît comme une véritable
communication officielle.

LE LIEUT.-COLONEL DU PATY. — C'est une
erreur absolue, la communication n'est pas
officielle.

LE PRÉSIDENT. — Lorsque Esterhazy a dû
comparaître devant le général de Pellieux
désigné comme officier de police judiciaire,
n'avez-vous pas — par une note présentant
deux écritures — prévenu Esterhazy des questions qui seraient posées, et ne lui avez-vous
pas indiqué les réponses qu'il devait faire?

LE LIEUT.-COLONEL DU PATY. — Il est exact
que j'ai envoyé un message au commandant
Esterhazy, pour lui donner quelques conseils
personnels. J'ai employé deux écritures, mais
je n'ai pas assez souvenir des termes de cette
note pour me prononcer sans l'avoir sous les
yeux.

DEMANDE POSÉE PAR UN CONSEILLER. — Avez-
vous agi, dans cette circonstance, sur l'ordre
de vos chefs ou bien spontanément?

LE LIEUT.-COLONEL DU PATY. — Spontanément.

Le président. — Postérieurement à l'époque où l'on vous a fait défense de voir Esterhazy, n'avez-vous pas eu des relations avec son avocat, Mᵉ Tézenas, et ce, de l'avis, et peut-être même de l'ordre de vos chefs?

Le lieut.-colonel du Paty. — Oui.

Le président. — Dans quel but et sur quel ordre allez-vous chez lui?

Le lieut.-colonel du Paty. — Pour garder le contact avec Esterhazy. Le général Gonse m'a prié, plusieurs fois, de voir Mᵉ Tézenas.

Le président. — Le général Gonse ne vous a-t-il pas remis, à ce moment, un article destiné à être publié et qui devait être, je le crois, transmis à Mᵉ Tézenas?

Le lieut.-colonel du Paty. — J'ai, en effet, été chargé une fois — postérieurement au procès Esterhazy — de porter un article qu'une indisposition m'a empêché de porter chez Mᵉ Tézenas. Il n'a pas été publié. Il est resté en ma possession.

Le président. — Cet article n'existerait-il pas encore aujourd'hui? Ne serait-il pas à Bruxelles? Et comment y serait-il arrivé?

Le lieut.-colonel du Paty. — Cet article existe encore, et je n'ai pas à dire où j'ai cru devoir le mettre.

Le président. — Quel était le but des démarches que vous avez faites auprès d'Esterhazy, avec l'assentiment de vos chefs?

Le lieut.-colonel du Paty. — Je n'ai pas à exposer à quelles considérations, d'ordre supérieur, j'ai obéi en allant au secours d'Esterhazy que le colonel Henry, devant le général Gonse, m'a représenté comme étant digne d'intérêt.

Le président. — Qu'avez-vous dit à Esterhazy, dans ces entretiens?

Le lieut.-colonel du Paty. — Je lui ai dit, en substance : « Ne faites aucun acte irréparable. N'entrez dans aucun cas sur le terrain diplomatique. On sait, après une enquête longue et minutieuse, au ministère de la guerre, que vous n'avez pas commis l'acte de trahison reproché à Dreyfus, et on m'a dit que des faits ont confirmé la culpabilité de celui-ci. »

Les faces multiples et changeantes d'Esterhazy ne m'ont pas permis de fixer sa véritable face : de là, deux grandes difficultés pour mon rôle. En tout cas, j'ai agi avec la plus entière bonne foi, et, sur des points, j'ai été trompé.

Demande posée par un conseiller. — Vous nous avez parlé, à plusieurs reprises, de raisons d'ordre supérieur sur lesquelles vous vous êtes refusé de vous expliquer. Il y a donc, dans cette affaire, un mystère sur lequel vous ne voulez pas ou vous ne pouvez pas renseigner la Cour?

Le lieut.-colonel du Paty. — Pas à ma connaissance.

Il n'est pas besoin d'insister outre mesure pour faire comprendre quel est l'embarras dans lequel le président de la Cour a mis le colonel du Paty de Clam en lui posant quelques questions délicates.

Mais ce qu'il faut absolument faire remarquer, c'est le mécontentement des chefs, des collègues et même des amis du colonel du Paty au sujet de cette déposition qui les compromet. Aussi faut-il voir de quelle façon brutale ils se sont empressés de le jeter par-dessus bord.

On s'en rendra facilement compte en lisant les dépositions suivantes :

Déposition du général Roget.

23 novembre 1899.

Je sais qu'on a offert une grosse somme (600,000 francs) à Esterhazy pour se déclarer l'auteur du bordereau.

C'est Esterhazy, du moins, qui l'a dit (1).

Le président. — Savez-vous si Esterhazy a eu des rapports avec l'état-major?

Le général Roget. — Il est à ma connaissance qu'il a été employé au service des renseignements avec M. Weil en 1878 et 1879, à une époque où le service était à peine organisé et ne fonctionnait pas dans les locaux où il est actuellement.

J'estime (c'est une simple opinion de ma part) qu'il n'y a pas fait autre chose que de disposer peut-être des fonds secrets pour son usage personnel.

(1) Si elle n'est pas convaincante, cette preuve a du moins le mérite d'être franchement amusante.

Le colonel PICQUART est resté près d'un an emprisonné pour avoir aidé la Vérité
à se faire jour.

PICQUART A LA BARRE

LE PRÉSIDENT. — Savez-vous si le colonel Henry et Esterhazy se connaissaient et avaient des rapports ensemble ?

LE GÉNÉRAL ROGET. — Je ne peux pas l'affirmer d'une façon absolue.

LE PRÉSIDENT. — Quelle a été la nature des rapports entre Esterhazy et du Paty.

LE GÉNÉRAL ROGET. — Il y a eu, de la part du colonel du Paty, au cours du procès Esterhazy, et antérieurement à ce procès, des AGISSEMENTS RÉPRÉHENSIBLES qui ont été ignorés de ses chefs.

Je n'étais pas le chef de du Paty, je n'avais jamais affaire à lui ; je n'étais, d'ailleurs, aucunement mêlé aux affaires, et je n'ai appris ses agissements qu'au cours de l'enquête que j'ai faite moi-même.

Je sais que du Paty a eu des relations avec Esterhazy au cours du procès, à l'insu de ses chefs — et contrairement aux ordres qu'il en avait reçus.

Je suis à peu près certain que la première entrevue entre du Paty et Esterhazy doit être du 31 octobre.

Le commandant Esterhazy a dit qu'il avait eu des entrevues avec une soi-disant dame voilée (quatre entrevues, je crois, dont deux dans la deuxième quinzaine d'octobre et deux en novembre).

C'est dans une des entrevues de fin octobre que la dame voilée lui aurait remis la pièce appelée le *document libérateur;* cette pièce aurait été envoyée à Londres d'abord.

Bref, Esterhazy en aurait été détenteur pendant une quinzaine de jours et l'aurait rapportée au ministère.

Ce qu'il y a de certain, c'est qu'il a trompé son propre avocat à ce sujet et lui a montré une pièce qui n'était pas la photographie.

Mᵉ Tézenas, mis en présence de la vraie photographie, a reconnu le fait devant moi, dans le cabinet du ministre de la guerre.

La manière dont le document est rentré au ministère est la suivante : le 14 novembre, vers onze heures à onze heures et demie du soir, un individu dont le signalement se rapporte à celui d'Esterhazy est venu à l'hôtel du ministre, 14, rue Saint-Dominique, disant avoir une lettre très importante à remettre au ministre lui-même.

Cette lettre a été remise par le garçon de bureau de service à l'officier d'ordonnance du ministre, de service ce jour-là.

L'officier de service, voyant la mention (*secret* et *personnel* ou *confidentiel*) n'ouvri... pas la lettre ; mais, peu de temps après, l... chef du cabinet, général de Torcy, rentra... au ministère et passant, comme il avait l'ha... bitude de le faire, par le cabinet de servic... avant de monter chez lui, reçut de l'offici... de service, le capitaine Nourrisson, la lettr... qu'on venait d'apporter.

Il ouvrit la première enveloppe qui était e... papier bulle, fermée à la cire noire par u... cachet armorié qui doit être le cachet d'Es... terhazy.

Dans cette enveloppe se trouvait une lettr... à l'adresse du ministre, et une seconde enve... loppe fermée de la même manière que la pre... mière et contenant la pièce dite, depui... *document libérateur.*

Le général de Torcy, voyant qu'il s'agi... sait de l'affaire Esterhazy dont il ne s'éta... jamais occupé, replaça le tout dans une en... veloppe qu'il ferma et qu'il rendit à l'offici... de service.

La lettre fut remise lendemain au minist... le général Billot.

Telle est la manière exacte dont la pièce e... rentrée au ministère.

Il me paraît à peu près certain que la piè... n'a fait aucun séjour entre les mains d'Este... hazy, qu'il ne l'a probablement jamais lu... qu'il s'est contenté de préparer d'avance... lettre et les enveloppes qu'on lui avait dit... préparer ; mais il est probable que du Pat... dans une entrevue précédente, lui avait par... du document et lui avait promis de le lui re... mettre, à un jour donné, pour sa défense.

J'ai pu, en outre, me procurer la certitu... que la lettre du 20 octobre 1897, sign... *Esperanza,* et dans laquelle on préven... Esterhazy de la campagne qui allait être e... treprise contre lui, EST DE DU PATY.

Je sais, en effet, que, le 16 octobre, d... Paty est allé au service des renseignemen... et qu'il a demandé, sous un prétexte quel... conque, l'adresse d'Esterhazy, qu'on l'a re... voyé à l'agent chargé de la surveillan... d'Esterhazy et que celui-ci lui a donné l... dresse d'Esterhazy à Dommartin-la-Pla... chette.

On m'a même dit (je n'ai pas pu vérifie... fait) que l'adresse de la lettre donnée p... l'agent était caractéristique et différa... l'adresse usuelle : je conclus de ce fait q...

c'est du Paty qui a écrit quatre jours après.

J'attribue également à du Paty une lettre et une carte-télégramme, par lesquelles le général de Boisdeffre, chef d'état-major, a été mis au courant de ce qui se préparait contre Esterhazy.

Cette lettre et cette carte, conçues dans la même manière que la lettre signée « Espérance, » doivent être du 22 et 23 octobre.

LE PRÉSIDENT. — A quelle cause pouvez-vous attribuer l'attitude de du Paty dans toutes ces circonstances ?

LE GÉNÉRAL ROGET. — Le commandant du Paty de Clam, après avoir été très lié avec le commandant Picquart, s'est brouillé avec lui, au cours de l'année 1896, à la suite de questions d'ordre privé.

Le commandant du Paty a eu connaissance de l'enquête Picquart.

Après le départ de Picquart, les choses rentrèrent dans le calme au ministère, jusqu'au moment où une campagne de presse très violente fut le prélude de l'affaire Esterhazy, et mit en cause personnellement du Paty, comme officier de police judiciaire au procès de 1894.

Poussé à la fois par le désir de défendre son œuvre et par son animosité contre Picquart, du Paty commença les agissements dont j'ai parlé. Le premier fut la lettre du 20 octobre à Esterhazy, puis les lettres anonymes au chef d'état-major, et enfin l'entrevue qui eut lieu le 31 octobre au parc de Montsouris.

Voilà, je crois, le mobile des actes de du Paty et de ses premières communications avec Esterhazy.

Je suis, néanmoins, en ce qui me concerne, persuadé que la pièce appelée *document libérateur* a été remise à Esterhazy par du Paty.

LE PRÉSIDENT. — Pouvez-vous nous donner quelques renseignements sur les télégrammes envoyés à Picquart en Tunisie sous les signatures *Speranza* et *Blanche?*

M. LE GÉNÉRAL ROGET. — Sur ce point, mon enquête ne m'a pas donné de résultats aussi concluants.

En ce qui concerne d'abord les deux télégrammes, en eux-mêmes, je crois que le télégramme signé *Blanche* est arrivé avant le télégramme signé *Speranza*, quoique parti après.

Je ne répugnerais pas du tout à admettre que du Paty a pu inspirer ces télégrammes ; mais je n'en sais absolument rien, et je n'ai pas cru devoir pousser mes investigations plus loin, après un arrêt de la chambre d'accusation, que je croyais, de très bonne foi, avoir terminé la question en ce qui concerne du Paty.

LE PRÉSIDENT. — Vous nous avez dit quels étaient les procédés que l'on pouvait relever contre le commandant du Paty, tant au cours de l'instruction suivie contre Dreyfus, que plus tard, dans ses relations avec Esterhazy.

Avez-vous eu connaissance de ces faits par votre enquête personnelle, ou bien ont-ils été l'objet d'une enquête judiciaire militaire, et sont-ce eux qui ont servi de base à la décision disciplinaire qui a été, plus tard, prise contre du Paty?

LE GÉNÉRAL ROGET. — J'ai eu connaissance du rôle joué par du Paty dans l'affaire Dreyfus par l'examen des documents du procès.

J'y ai trouvé la marque d'un esprit romanesque et présomptueux.

J'ai eu connaissance, ensuite, du rôle joué par du Paty dans l'affaire Esterhazy par une enquête personnelle ; mais, au moment où j'ai fait cette enquête à l'égard de du Paty, j'étais chef du cabinet du ministre de la guerre, et, bien que je ne fusse pas chargé officiellement de cette enquête, qui était purement personnelle, le ministre savait que je la faisais, et que les éléments qu'elle m'aurait fournis pourraient servir de base aux mesures de répression qu'il y aurait lieu de prendre à l'égard de du Paty.

Quand le ministre m'a fait l'honneur de me consulter sur ce point (ce ministre était M. Zurlinden), M. Cavaignac n'avait pas cru devoir prendre de décision à l'égard de du Paty, parce que cet officier était à ce moment sous le coup de poursuites devant la juridiction civile, qu'il y avait un arrêt rendu par la chambre des mises en accusation, que cet arrêt avait été déféré à la Cour de cassation et que la Cour n'avait pas encore prononcé), je lui fis remarquer qu'il y avait lieu d'examiner, tout d'abord, s'il y avait eu dans les agissements de du Paty des actes pouvant être qualifiés crime ou délit.

Je ne pouvais trouver ces actes que pour l'affaire des faux télégrammes, ou dans la communication à une personne étrangère à

l'armée d'un document secret pouvant intéresser la sûreté extérieure de l'Etat.

Sur la question des faux télégrammes au
sujet de laquelle je n'avais pu me faire une
conviction, je croyais de très bonne foi que
les arrêts rendus par la juridiction civile
mettaient du Paty hors de cause.

Sur le fait de la communication du document secret, je n'avais que des présomptions :
je ne pouvais pas établir comment le document secret était sorti du ministère de la
guerre, ni où, ni comment il avait été pris.

LE PRÉSIDENT. — Esterhazy, dans de nombreuses publications et des lettres adressées
par lui, se dit avoir toujours été l'homme de
l'état-major, n'avoir fait qu'obéir et n'avoir
gardé le silence sur ce qu'il savait que par
respect pour la discipline et pour l'armée.

Pourriez-vous donner quelques renseignements à la Cour sur cette attitude d'Esterhazy ?

LE GÉNÉRAL ROGET. — Il s'agit de savoir
d'abord si Esterhazy est de bonne foi.

Cela me paraît tout à fait douteux.

Esterhazy est en relation avec des personnages tout à fait douteux, qui même au cours
de son procès l'ont inspiré et inspiré singulièrement.

Je sais pertinemment qu'il a fait une tentative de chantage ; il l'a faite verbalement chez
M. le général de Pellieux, commandant le
département de la Seine.

La preuve de cette tentative est dans une
lettre qu'il a écrite au même général de
Pellieux, quelques jours après, pour dire
qu'il ne dirait rien et en avouant la tentative.

Je suis persuadé, d'autre part, qu'Esterhazy est en partie de bonne foi : il est, dans
cette circonstance, comme dans toutes les
autres, inspiré par du Paty.

Ce dernier court aussi les salons en ce
moment, disant qu'il a été l'agent de ses
chefs, ce qui est faux ; il cherche ainsi à
sauver sa mise personnelle.

Il a probablement dit à Esterhazy qu'il
agissait du consentement de ses chefs et il y
a dans tous les agissements de l'un ou de
l'autre une idée bien visible de compromettre
l'état-major ; ils sentaient parfaitement, l'un
et l'autre, que le meilleur moyen de se tirer
d'affaire était de s'accrocher à des personnages plus haut placés.

Prié par le Président de s'expliquer sur
le cas du colonel Picquart, le général
Roget a prononcé nécessairement un véritable réquisitoire.

Je vais examiner maintenant les manœuvres frauduleuses auxquelles s'est livré
Picquart, non pas, comme on l'a cru et dit
jusqu'à présent, pour donner de l'authenticité
à la pièce, mais pour supprimer purement et
simplement l'original et y substituer une
photographie.

Après avoir gardé pendant quatre ou cinq
jours le paquet qui lui avait été remis par
Henry (1), Picquart le remet à Lauth pour
faire reconstituer les papiers.

Bien que Picquart ait l'habitude de faire
une sorte de triage et de reconstitution
sommaire, afin de se rendre compte de ce
qu'il y a dans le paquet, il remet le tout à
Lauth sans rien dire.

Lauth trouve le *petit bleu*, le reconstitue et,
comme Henry est absent, au lieu de passer
par l'intermédiaire d'Henry, comme il avait
l'habitude de le faire, il se rend dans le bureau de Picquart et lui dit en lui présentant
le *petit bleu* : « C'est inouï ! Y en aurait-il
encore un ? »

Picquart prend le *petit bleu*, l'examine,
l'enferme dans son tiroir sans rien dire et
sans manifester aucun étonnement.

Que devait faire, dans une circonstance
pareille, un chef de renseignements ?

Se rendre immédiatement chez son chef, le
général Gonse, et lui dire : « Voici ce qu'on
vient de trouver. Ce commandant Esterhazy
est suspect, nous allons ouvrir une enquête
sur lui (2). »

Picquart, après avoir conservé le *petit bleu*
dans son tiroir pendant une douzaine de
jours (je crois), le donne à Lauth pour le photographier en lui recommandant de faire
disparaître les traces de déchirures.

M. Lauth s'évertue à photographier le
petit bleu en faisant disparaître les traces de
déchirures. Il s'adjoint même pour ce travail

---

(1) Ce paquet contenait le « petit bleu » entre
autres papiers trouvés dans la corbeille à papiers
d'une ambassade.

(2) Le colonel Picquart s'est expliqué à ce
sujet.

le capitaine Junck, qui est plus au courant que lui de certains procédés photographiques.

Mais le service des renseignements est mal outillé pour de semblables travaux. Il faudrait un pupitre à retouches. On achète un pupitre à retouches sur l'autorisation de Picquart.

Malgré tout, les résultats obtenus ne sont pas très satisfaisants et Lauth, enfin impatienté, demande à Picquart pourquoi il tient tant à faire disparaître les traces de déchi-

COMMENT L'ÉTAT-MAJOR SE PRÉPARE A LA DÉFENSE DU TERRITOIRE

rures, et Picquart répond : *Je leur ai dit, là-haut, que je ne recevais plus de papiers par cette voie et je veux leur faire croire que j'ai intercepté le petit bleu à la poste.*

— *Mais en justice, c'est l'original qu'il faudra produire.*

Et Picquart répond :

— *Non, puisque j'aurai dit que j'ai intercepté le « petit bleu » à la poste, que le « petit* *bleu » a été photographié au passage au service des renseignements et que l'original a touché le destinataire.*

— *Mais le « petit bleu » ne porte pas de cachet de la poste ?* lui fait-on observer.

Et Picquart adresse alors des invites successives à Lauth d'abord, puis à Gribelin, pour faire apposer un cachet antidaté de la poste sur le *petit bleu.*

L'un et l'autre se refusent à cette négociation.

Pendant qu'on était, d'ailleurs, en discussion dans l'intérieur du bureau, sur ce point, Lauth qui, je crois, l'avait déjà dit dans une première conversation, demande à Picquart : *Si vous dites avoir intercepté ce « petit bleu » à la poste, qu'est-ce qu'il prouvera ? Il est d'une écriture inconnue et il n'est pas signé.*

Et Picquart répond : *Vous serez là pour certifier que l'écriture du « petit bleu » est celle de l'agent.*

Mais, cette fois, Lauth s'indigne, il refuse de certifier quoi que ce soit et pousse une exclamation (« Jamais de la vie ! » je crois). A la sortie de Lauth, Valdan et Junck lui demandent ce qui vient de se passer, et Lauth répond, encore indigné : « Il voudrait me faire certifier que l'écriture du *petit bleu* est celle de telle personne ! »

Et ce que Lauth a refusé de faire, Picquart — sans excuse cette fois, car il était au moins prévenu par Lauth — ne craindra pas de le faire lui-même, car il a affirmé au général de Boisdeffre d'abord, et au général Gonse ensuite, que l'écriture du *petit bleu* était celle de l'agent dont il s'agit.

Je ne sais pas ce que le général de Boisdeffre a pu répondre ; mais je sais bien que le général Gonse n'en a pas cru un mot.

Voilà l'histoire du *petit bleu*.

M. Picquart a donné comme autre charge contre Esterhazy qu'un agent lui aurait dit qu'un officier supérieur trahissait ; cet officier supérieur, dont on n'a pas donné le nom, aurait été, pour lui, Esterhazy.

Voici ce qui s'est passé à ce sujet :

On pourrait croire, d'après l'assertion de M. Picquart, que c'était un agent à nous. Il n'en est rien.

Un nommé R. C., agent d'une puissance étrangère qu'on avait essayé en diverses circonstances de gagner, sans succès d'ailleurs, fit des ouvertures de lui-même, en 1896.

Picquart désira envoyer deux officiers de son service s'aboucher avec cet agent. Il leur donna des instructions avant leur départ, dans lesquelles était marquée d'avance la préoccupation d'obtenir de cet agent le renseignement concernant l'officier supérieur qui trahissait. Ce furent Henry et Lauth qui furent désignés dans cette mission.

L'entrevue eut lieu dans une ville étrangère (1).

Malgré toutes les instances que firent Henry et Lauth, ils ne purent rien obtenir de R. C., qui fût pratiquement intéressant pour le service des renseignements français (2).

Le général Roget a exposé ensuite à la Cour les moyens « louches » qui auraient été employés par Picquart pour surveiller Esterhazy.

Ces moyens « louches » consistent en des renseignements que chercha à se procurer le colonel Picquart sur les moyens d'existence dont disposait Esterhazy, sur sa façon de vivre, sur ses relations.

Et pour cela le colonel Picquart ne mit ni la fausse barbe de du Paty ni les lunettes de Gribelin dont nos lecteurs feront la connaissance au chapitre suivant.

Le général Gonse fut l'un des artisans les plus actifs des machinations contre Picquart. Il avait, lui aussi, par peur des responsabilités, un intérêt personnel à défendre l'œuvre néfaste de 1894.

Le 12 décembre 1898, il a donc déposé devant la Cour dans les termes suivants :

Déposition du général Gonse.

LE GÉNÉRAL GONSE. — Le colonel Picquart ne m'a mis au courant de ses recherches, pour substituer Esterhazy à Dreyfus, que le 3 septembre 1896.

J'ai su, depuis, que les recherches du colonel Picquart avaient commencé au mois d'avril 1896, peut-être même avant ; et ce n'est que le 3 septembre 1896 qu'il m'a brusquement au courant de ses recherches.

Quand il m'a lu son rapport, j'ai été très

---

(1) Bâle.
(2) Les mauvaises langues prétendent que ce fut au contraire très intéressant, si intéressant même qu'Henry déclara « n'avoir rien pu tirer » de l'agent C...

étonné, et je lui ai dit de ne pas mélanger les deux affaires ; Dreyfus étant coupable et condamné, il n'avait pas à revenir sur la question ; mais que, s'il avait de véritables charges à faire valoir contre Esterhazy, il n'avait qu'à m'en fournir les preuves ; je ne trouvai pas dans le dossier qu'il me présentait les charges suffisantes pour provoquer une action judiciaire et je lui demandai avec instance de continuer ses enquêtes.

Après cette entrevue, et après avoir trouvé qu'il était bizarre qu'un chef de service sous mes ordres fût resté près de cinq mois à ne rien dire d'une affaire aussi grave, je fus pris de certains soupçons sur la manière de faire du lieutenant-colonel Picquart.

Néanmoins, je ne lui retirai pas ma confiance.

Deux ou trois jours après notre entrevue du 3 septembre, je reçus une lettre de lui dans laquelle il me demandait avec insistance de précipiter le mouvement.

Je lui répondis de continuer dans l'ordre d'idées que je lui avais indiqué dans notre entrevue.

Il m'écrivit à nouveau, bien qu'il sût que je devais rentrer le 15 septembre.

Je lui répondis d'agir avec circonspection, parce que je ne croyais encore qu'à un excès de zèle intempestif.

Il écrivit encore une troisième fois ; mais alors je ne lui répondis pas.

Je rentrai le 15 septembre.

A mon retour, il ne m'apporta rien de nouveau. Il se borna à me proposer, par une note écrite, de tendre un piège à Esterhazy en lui envoyant une fausse dépêche signée d'un C comme le *petit bleu*.

Cette proposition ne fut pas agréée par le ministre ; du reste, je l'avais transmise avec avis défavorable.

En un mot, le colonel Picquart ne s'occupait plus que de cette affaire, et je peux dire qu'il était, à mon sens, absolument hypnotisé par cette idée de substitution d'Esterhazy à Dreyfus.

Comme il n'apportait toujours rien de nouveau, c'est alors que le ministre décida de l'envoyer en mission. Le ministre ne voulait pas, dans un sentiment de bienveillance, prendre une mesure de rigueur contre un officier qui, somme toute, n'avait pas démérité jusqu'alors.

La mission qui lui était confiée était une mission de confiance, puisqu'il s'agissait de s'assurer, dans les différents corps d'armée de la frontière, si toutes les mesures étaient bien prises pour que le service de renseignements et d'informations fût organisé dans des conditions satisfaisantes et qu'il pût fonctionner au moment de la mobilisation (1).

Dans ces conditions, l'envoi en mission du colonel Picquart m'a paru un bienfait pour tout le monde, aussi bien pour lui que pour nous, s'il avait su comprendre la situation.

Une fois en mission, par ordre du ministre, je lui ai écrit souvent. M. le colonel Picquart me l'a reproché ; mes lettres ont été publiées sans mon autorisation (2).

Le « bienfait de la mission » dont parle le général Gonse devait s'étendre. L'État-Major en effet ne regardait pas à l'étendue de ses bienfaits :

Vers le mois d'octobre 1897 (entre le 10 et le 15), le général Leclerc, commandant la division d'occupation de Tunisie, par lettre officielle, signala au ministre des rassemblements assez nombreux dans la vilayet de Tripoli. Cette lettre nous fut envoyée avec une annotation de la main même du ministre de la guerre, prescrivant d'étendre la mission du colonel Picquart à la frontière tripolitaine, et ordonnant d'en prévenir officiellement le ministre des affaires étrangères.

Au moment où on recevait cette lettre, le ministre de la guerre avait prescrit au général Leclerc de faire compléter la mission du colonel Picquart en prescrivant à cet officier supérieur de se rendre à Bizerte, où l'on faisait de nombreux travaux de fortifications, ainsi que des travaux maritimes, afin d'y organiser la surveillance des étrangers.

Quelques jours après, le ministre, répondant au général Leclerc, au sujet de la frontière tripolitaine, donnait l'ordre d'étendre à cette frontière la mission du colonel Picquart.

Cette lettre était l'exécution des instruc-

(1) On sait que cette soi-disant mission n'avait pas d'autre but que d'éloigner le colonel Picquart.

(2) Il convient de faire remarquer que ces lettres étaient empreintes d'une cordialité trompeuse.

L'ENTREVUE AU PONT COULAINCOURT. (*Esterhazy et la Dame voilée*)1

QUAND MÊME !

(Groupe symbolisant la défense d'Esterhazy par l'Etat-Major.)

tions marginales portées sur la lettre du général Leclerc précédemment citée.

Les instructions du ministre reçurent un commencement d'exécution : le général Leclerc en rendit compte par une longue lettre, datée des premiers jours de novembre; il disait notamment dans cette lettre qu'il faisait partir le colonel Picquart pour Gabès.

En somme, il ne s'agissait pas d'aller chevaucher sur l'extrême frontière, mais il s'agissait de visiter les postes où nous entretenons des officiers et quelques troupes.

Je n'insisterai donc pas sur les dangers que pouvait présenter cette mission, dangers qui, à mon sens, étaient purement imaginaires.

Après avoir longuement essayé de tirer son épingle du jeu, dans l'historique qu'il fit à la Cour de la « nourriture » du dossier secret et de la confection des faux nombreux qui accusaient Dreyfus en innocentant Esterhazy, le général Gonse a fini par jeter délibérément par-dessus bord le maladroit du Paty :

LE GÉNÉRAL GONSE. — Le colonel du Paty a travaillé avec moi depuis fin octobre 1897 jusqu'au mois de janvier 1898.

Jamais il ne m'a parlé des communications qu'il faisait à Esterhazy. Si je les avais connues, je les aurais formellement défendues (1).

Je le répète encore, c'est au mois de juillet 1898 seulement que j'ai connu l'entrevue de Montsouris. Quant aux autres entrevues, je les ai absolument ignorées.

Du Paty voyait une campagne en vue de substituer Esterhazy à Dreyfus, un innocent à un coupable ; et alors, emporté par son ardeur, il s'est livré à des imprudences et à des actes répréhensibles, pour lesquels il a été, ensuite, sévèrement puni.

QUESTION POSÉE PAR UN CONSEILLER. — Le colonel du Paty a donné de ses actes une explication un peu différente, car il nous a déclaré avoir obéi, dans cette affaire, non pas tant aux considérations dont vous venez de parler qu'à des considérations d'ordre supérieur dont il lui était impossible de rendre compte à la Cour.

Quel sens donnez-vous à ces paroles ?

LE GÉNÉRAL GONSE. — Ces paroles me paraissent absolument incompréhensibles, et je ne sais à quoi il a voulu faire allusion.

Il a sans doute mis encore, pour cette occasion, sa fausse barbe !

Le 21 janvier 1899, prié à son tour de s'expliquer sur le rôle de l'État-Major dans le sauvetage du traître, M. le général de Boisdeffre s'est ainsi expliqué devant la Cour :

Déposition du général de Boisdeffre.

LE GÉNÉRAL DE BOISDEFFRE. — Je n'ai eu connaissance des démarches du colonel du Paty auprès du commandant Esterhazy que bien après le procès Zola (1).

Au mois d'octobre 1897, me parvinrent, ainsi qu'au ministre, des lettres anonymes exposant la campagne qui se préparait pour substituer Esterhazy à Dreyfus.

Vers la même époque arrivèrent également des lettres d'Esterhazy au président de la République, au ministre de la guerre et à moi. Je me rappelle qu'à ce moment le colonel du Paty me fit part des inquiétudes de M. de Nettancourt, membre du même cercle que lui (l'Union, je crois), et j'ai dû certainement lui répondre qu'il pouvait être parfaitement tranquille, qu'il n'était pas possible de substituer Esterhazy à Dreyfus, puisque nous avions la conviction absolue de la culpabilité de Dreyfus.

Je me rappelle également que des officiers de la section de statistique avaient soumis au général Gonse l'idée de prévenir Esterhazy, par une lettre anonyme, des indications contenues dans les lettres anonymes envoyées au ministre et à moi.

Le général Gonse, bien entendu, soumit

---

(1) Le général Gonse ne pouvait pas dire autre chose. Pouvait-il en effet décemment dire à la Cour qu'il les avait encouragées?

(1) Le général de Boisdeffre cherche manifestement ici à excuser son intervention intempestive lors du procès Zola. On se souvient (voir dépositions plus haut) qu'il vint, sur l'ordre de Mᵉ Tézenas, avocat d'Esterhazy, jeter son épée dans la balance et forcer au nom de l'armée outragée la condamnation de Zola.

cette idée au général Billot, qui ne l'autorisa nullement ; le général Gonse transmit sa défense, avec l'ordre formel de l'exécuter, et ledit avis ne fut jamais envoyé.

Le général Gonse avait pris comme auxiliaire pour copier toutes ces pièces, dont le ministre voulait avoir le double, le commandant du Paty, qui lui semblait le plus indiqué, comme ayant déjà été mêlé à l'affaire Dreyfus.

Je n'ai pas souvenir de ce qui a pu se passer ensuite.

On est forcé de reconnaître que ce manque de mémoire est décidément très fâcheux.

Un des subordonnés du colonel Picquart, le commandant Lauth, vint également, — le 11 janvier 1899, accuser son ancien chef.

Déposition du commandant Lauth.

Il (le colonel Picquart) poursuivait officiellement, vis-à-vis de moi et, je crois, d'autres de mes collègues, une enquête au sujet d'une culpabilité du commandant Esterhazy ; mais jamais, du moins à moi, il ne m'a dit qu'il voulait lier les deux affaires. A un certain moment (est-ce en mai ou en juin 1896, je n'ai pas de point de repère matériel pour fixer une date), j'ai été étonné de voir la manière dont notre chef de service menait l'enquête contre le commandant Esterhazy — et, un jour, comme j'exprimais devant M. Gribelin mon étonnement de voir l'insistance du colonel Picquart à poursuivre une enquête qui, malgré tous les soins qu'on y mettait, n'avait absolument rien donné, et que je m'étonnais des recherches faites au sujet de spécimens d'écriture du commandant Esterhazy, M. Gribelin me dit qu'il croyait avoir deviné le but que poursuivait notre chef de service : « Je crois, me dit-il, qu'il s'imagine que le commandant Esterhazy est coupable à la place de Dreyfus. »

L'événement a démontré qu'il en était bien ainsi(1) ; mais, je le répète, jamais officielle-

_____

(1) ... Et les événements ont prouvé qu'il n'avait pas tort.

ment il n'a été question entre le colonel Picquart et moi de substituer l'un de ces officiers à l'autre.

Néanmoins, à partir du jour où j'avais eu cette conversation avec M. Gribelin, j'ai bien vu que tous les agissements de notre chef tendaient à ce but...

Pressé de s'expliquer sur le sauvetage du traître, sauvetage auquel il avait collaboré, le commandant Lauth a déclaré :

DEMANDE PAR UN CONSEILLER. — Dans le procès-verbal de l'interrogatoire subi le 7 septembre 1898 par M. le lieutenant-colonel du Paty de Clam au cours de l'enquête à laquelle il a été procédé par M. le général Renouard, chef d'état-major de l'armée, nous lisons ce qui suit, qui aurait été dit par le colonel du Paty de Clam : « Le ministre venait de recevoir une lettre anonyme signée F. D. C., lui dévoilant le complot qui se tramait ; et l'on se demandait comment on pourrait en faire parvenir l'avis à Esterhazy. Dans une réunion à laquelle assistaient le général Gonse, le lieutenant-colonel Henry, le commandant Lauth, l'avis fut émis de recourir à la voie anonyme. On rédigea même deux lettres ; mais ce moyen fut interdit d'une façon formelle et on dut y renoncer. »

LE COMMANDANT LAUTH. — Il n'y a jamais eu de réunion au sens propre du mot, pouvant évoquer l'idée qu'on s'était réuni dans un but précis ; des uns ou des autres des quatre officiers auxquels il est fait allusion, deux ou trois ont pu se trouver, pour une question quelconque de service, momentanément réunis, et le quatrième, également pour une question étrangère au fait auquel il est fait allusion, est survenu et a pris part à la conversation ; les choses ont dû se passer de la manière suivante : le général Gonse ayant reçu au moment de son rapport chez le ministre soit la lettre elle-même dont il est question, soit l'avis qu'elle existait, a dû venir au bureau, comme il le faisait parfois jusqu'à trois ou quatre fois par jour quand il avait des questions intéressantes, pour demander au colonel Henry s'il pouvait lui donner des explications ou lui demander de faire faire des recherches sur le sujet en question.

Un autre comparse, l'archiviste Gribelin, qui a joué un rôle dans les démarches
faites pour sauver Esterhazy, a déposé, le
12 janvier 1899, dans les termes suivants :

Déposition de l'archiviste Gribelin.

LE PRÉSIDENT. — Lorsqu'au mois d'octobre 1897 il s'est agi au ministère de prévenir
le commandant Esterhazy des investigations
dont il était l'objet, n'avez-vous pas été associé aux démarches faites par le colonel du
Paty de Clam pour l'en informer ?

M. GRIBELIN. — Vers le milieu d'octobre 1897, le commandant Henry me fit demander l'adresse de la compagne du commandant Esterhazy.

N'ayant jamais eu le dossier Esterhazy
entre les mains, je fis une réponse dubita-
tive. Il m'envoya alors demander cette
adresse à l'agent qui avait fait la surveillance
d'Esterhazy. Je la lui rapportai.

Le vendredi qui a précédé l'avant-dernier
dimanche d'octobre, le commandant Henry
me remit une lettre à faire parvenir au commandant Esterhazy et il me pria, en vue d'é-
viter toute indiscrétion, de remettre cette
lettre moi-même.

Cette mission de planton ne m'agréait pas
du tout, mais je crus devoir obéir. Je me
rendis au Cercle militaire, où je croyais
qu'Esterhazy était descendu. On me répondit
qu'il y venait bien prendre sa correspondance, mais qu'il n'y logeait pas.

Je rendis compte au commandant Henry,
qui me donna alors l'adresse : 49, rue de
Douai, et qui ne me cacha pas que c'était l'a-
dresse de la maîtresse d'Esterhazy.

J'hésitai avant de me charger de faire parvenir la lettre à cette adresse.

Il me semblait peu convenable, pour un
officier, de se charger de pareille mission.

Quand je fis cette objection, le colonel du
Paty et le commandant Henry étaient dans le
bureau de ce dernier, et ils me représentèrent
que, somme toute, personne ne saurait qui
j'étais.

Le commandant Henry me conseilla, ou
plutôt me donna l'ordre, de mettre des lunettes ; j'achetai à cet effet une paire de con-

serves, et je me rendis le vendredi, 49, rue
de Douai, vers sept heures du soir. Le concierge me répondit qu'Esterhazy n'était pas
là et qu'il ne rentrerait probablement pas de
la nuit.

Je rendis compte de ce nouvel insuccès au
commandant Henry, qui me conseilla d'y
retourner le lendemain, dès la première
heure.

J'y retournai, en effet, le samedi matin, à
sept heures ; je réveillai le concierge, je lui
remis la lettre adressée à Esterhazy, en
même temps qu'une pièce de 5 francs, et lui
demandai de porter cette lettre au destinataire, qui devait répondre simplement oui ou
non.

Le concierge monta ma lettre et revint au
bout de quelques instants en me disant : « Le
commandant a dit : Oui. Il est en train de
s'habiller, il vous prie de l'attendre. »

Je n'avais pas à attendre Esterhazy ; je con-
sidérai ma mission comme terminée et m'en
allai.

Je savais ce que contenait le billet.

En rentrant au ministère de la guerre, et
en rendant compte de ma mission au commandant Henry, il me dit : « J'ai encore un
service à vous demander ; ce serait d'aller,
ce soir, avec du Paty, assister à l'entrevue
qu'il doit avoir avec Esterhazy. »

Le commandant Henry ajouta : « Esterhazy
me connaît, et bien que je ne l'aie pas vu
depuis ma promotion au grade de capitaine,
il me reconnaîtrait sûrement et saurait de
qui lui vient l'avis qui lui est donné. **D'un
autre côté, je ne veux pas que du Paty y
aille seul. Il cause trop, et si vous le voyez
s'emballer, secouez-lui le pardessus. »**

J'assistai donc à l'entrevue de Montsouris.

Esterhazy nous montra une lettre qu'il
avait reçue à Dommartin-la-Planchette et
dans laquelle on le mettait au courant de ce
qui se tramait contre lui.

Cette lettre paraissait provenir d'une
femme et était d'une écriture évidemment
déguisée.

Nous questionnâmes Esterhazy sur divers
points de sa vie privée ; nous lui deman-
dâmes s'il était allé aux manœuvres ; en un
mot, on le mit en garde contre les attaques
dont il allait être l'objet, mais sans rien lui
dire qui pût être pris en mauvaise part par
qui que ce soit.

J'émis même l'opinion qu'il eût mieux valu pour cela, puisqu'il avait demandé une audience du ministre, à la suite de sa lettre reçue à Dommartin, le convoquer au cabinet du ministre.

L'entrevue finie, je rentrai seul chez moi.

Esterhazy se dirigea vers l'entrée du parc et le colonel du Paty de Clam remonta vers le haut de l'avenue.

Je n'ai plus revu Esterhazy qu'au conseil

BERNARD LAZARE, LE PREMIER OUVRIER DE JUSTICE

de guerre. Mais, quelques jours après cette entrevue, le colonel du Paty, me rencontrant dans les couloirs du ministère, me dit : « J'ai revu notre homme. Il est remonté. »

A l'entrevue de Montsouris, le colonel du Paty avait une fausse barbe et moi je portais des lunettes.

Esterhazy ne nous a certainement pas pris pour des officiers, puisqu'au moment où nous le quittions, et où je lui conseillai de se tenir tranquille et de ne se livrer à aucune démarche, qui pourrait être mal interprétée, il nous dit: « Mais vous en êtes donc ? » (Je crois qu'il voulait faire allusion à la police.)

QUESTION POSÉE PAR UN CONSEILLER. — Vous n'avez pas été surpris de voir que deux officiers allaient à une entrevue, comme celle dont vous venez de nous parler, l'un avec une fausse barbe, l'autre avec des lunettes bleues ?

M. GRIBELIN. — Il est certain que cette mission ne devait plaire ni à l'un ni à l'autre, et pour mon compte personnel j'aurais beaucoup mieux aimé aller au feu.

Mais le service des renseignements a des exigences particulières, et à moins de gaspiller inutilement des fonds mis à sa disposition, les officiers doivent payer de leur personne.

Dans ce service on est obligé à certaines promiscuités qui répugnent, et j'ai donné des poignées de main, dans ma vie, qui m'ont bien coûté ; mais ce que j'ai fait en cette circonstance, comme dans bien d'autres, je l'ai fait pour mon pays, et je suis prêt à recommencer ; ni ma conscience d'homme, ni ma conscience de soldat ne me reprochent rien.

DEMANDE POSÉE PAR UN CONSEILLER. — Voulez-vous nous dire en quoi cette entrevue avec Esterhazy intéressait le service des renseignements ?

Le lieutenant du Paty de Clam n'était d'ailleurs pas attaché à ce service.

M. GRIBELIN. — Il me semble malaisé de soutenir que l'affaire Dreyfus, que nous voyions renaître, n'allait pas désorganiser le service des renseignements.

Le procès de 1894 nous avait déjà créé beaucoup d'ennuis à ce point de vue, et il était naturel que l'on cherchât les moyens d'empêcher une nouvelle affaire de se produire.

DEMANDE POSÉE PAR UN CONSEILLER. — Comment expliquez-vous l'intérêt que le colonel Henry et le colonel du Paty de Clam auraient porté à Esterhazy, et qui les aurait déterminés aux démarches ?

M. GRIBELIN. — Je n'y vois, pour moi, que l'intérêt du service.

Si Esterhazy eût été coupable ou si nous avions cru qu'il l'eût été, je crois qu'on l'aurait laissé poursuivre ; mais il s'agissait de mettre Esterhazy à la place de Dreyfus, que tout le monde, au service des renseignements savait coupable ; et le service des renseignements n'a pas voulu se prêter à cette petite combinaison.

Le rôle qu'a joué dans cette sinistre comédie le colonel du Paty de Clam est apprécié de la façon suivante par le capitaine Cuignet qui en déposa ainsi qu'il suit, le 4 janvier 1899, devant la Cour de cassation :

Déposition du capitaine Cuignet.

Si maintenant on se rappelle ce que j'ai déjà dit : qu'Henry était incapable, intellectuellement, de combiner son faux ; qu'antérieurement à ce faux on ne trouve rien de répréhensible dans sa conduite publique ou privée ; si l'on ajoute maintenant que du Paty s'était fait un ami intime d'Henry, chose vraiment extraordinaire, du Paty, brillant officier, intelligent, hautain, entiché de sa noblesse, se faisant l'ami intime et recevant plusieurs fois par semaine à sa table le lieutenant-colonel Henry — soldat modeste d'apparences communes, peu éduqué — l'ensemble de ces circonstances permet de supposer que du Paty n'est pas étranger au faux Henry ; et, ainsi que je l'ai dit aux différents ministres de la guerre qui se sont succédé depuis M. Cavaignac, je suis convaincu qu'une enquête établirait facilement que du Paty est l'auteur principal du faux Henry.

Au sujet des mobiles qui ont pu guider du Paty dans ses agissements, je suis obligé de me borner à des hypothèses qui me paraissent cependant être très près de la vérité.

Du Paty est un garçon orgueilleux, vaniteux même, dont la vanité est encore accrue par des succès de carrière ; il a toujours été, au dire de ceux qui le connaissent, à l'affût de toutes les circonstances susceptibles de le mettre en lumière ; il était en même temps d'un caractère souple, d'un esprit insinuant, sachant se faire bien venir de ses chefs, que nous appelons, en argot militaire, un arriviste.

Il était au mieux avec le général de Boisdeffre, et lorsque l'affaire Dreyfus se produisit, c'est lui qui poussa à l'arrestation, qui se fit désigner comme officier de police judiciaire.

Lorsque Dreyfus fut arrêté dans le bureau du général de Boisdeffre, M. Cochefert, présent à l'arrestation, dit au général :

— Laissez-moi un temps que je ne puis fixer ; mais d'ici une ou deux heures, je saurai ce qu'il a dans le ventre.

Du Paty se récria, fit remarquer que l'affaire était purement militaire ; il craignait évidemment que l'honneur de l'aveu lui échappât, et il imagina, séance tenante, la scène de la dictée.

Plus tard, quand le procès de 1894 fut attaqué dans la presse, du Paty de Clam se crut visé personnellement. Ce n'était pas un procès ordinaire qu'on attaquait, c'était son œuvre à lui, du Paty ; et il se mit à vouloir défendre cette œuvre par des moyens personnels que lui suggérait son imagination.

C'est ainsi qu'il fit les articles de l'*Éclair* des 10 et 15 septembre en réponse à un article du *Figaro* du 5 septembre : cet article du *Figaro* était conçu dans un esprit bienveillant pour le condamné, et l'auteur, tout en affirmant la culpabilité de Dreyfus, cherchait à apitoyer l'opinion sur son compte.

D'autre part, le protagoniste de la revision du procès Dreyfus était Picquart, l'ennemi personnel de du Paty. En luttant contre la revision, du Paty défendait son œuvre à lui, tout en attaquant Picquart.

Du Paty était au courant de tout ce qui s'était fait au service des renseignements.

Il savait la surveillance exercée contre Esterhazy et le but auquel tendait cette surveillance.

Il connaissait l'histoire du *petit bleu*, et c'est même à partir de ce moment qu'on le vit fréquenter Henry, l'introduire peu à peu dans son intimité.

C'est sans doute pour répondre au *petit bleu* qu'il poussa Henry non pas à faire son faux (**car je crois que c'est du Paty qui l'a fait**), mais à le présenter au général Gonse, en même temps que lui-même, du Paty, faisait des articles dans la presse et déposait à la poste la lettre signée « Weyler » (**1**).

Plus tard, au cours de l'affaire Esterhazy, du Paty a protégé personnellement Esterhazy, et il a employé à cet effet des moyens tour à tour odieux ou grotesques, qui lui étaient inspirés par son imagination malade et par sa haine de Picquart.

Pour n'en citer qu'un exemple, du Paty a connaissance de deux télégrammes compro-

mettants adressés à Picquart en Tunisie, vers le 5 ou le 6 novembre 1897 ; il en a connaissance parce que les minutes ont été communiquées à la guerre par le ministère de l'intérieur.

L'un de ces télégrammes porte : *Il faut qu'il lui renvoie immédiatement les lettres de Berthe.*

Le deuxième télégramme est ainsi conçu : *Ecrivez désormais avenue de la Grande-Armée.*

Et, en effet, le bureau des renseignements a fait immédiatement saisir des lettres venant de Tunisie, et, parmi ces lettres, on en trouve deux adressées poste restante, émanant de Picquart, rédigées en style convenu, prouvant néanmoins l'existence d'une entente secrète entre les destinataires de la lettre.

Cette lettre arrive trois jours après l'expédition du télégramme : *Adressez désormais vos lettres avenue de la Grande-Armée.*

Ayant donc connaissance des deux télégrammes et de la lettre compromettante pour Picquart, du Paty imagina immédiatement de corser l'affaire et d'augmenter les charges qui pourraient être relevées contre Picquart à l'occasion de ces correspondances. C'est alors que sont déposés les deux télégrammes au sujet desquels Picquart s'est inscrit en faux, et avec raison à mon avis.

Ces télégrammes émanent certainement de du Paty. Ils n'émanent pas des amis de Picquart qui n'auraient pas été assez naïfs pour télégraphier en clair des télégrammes de cette nature, alors surtout qu'ils avaient, avec lui, un moyen de correspondre en style convenu.

Les télégrammes n'émanent donc vraisemblablement que d'un ennemi de Picquart, et quel serait cet ennemi, sinon du Paty ?

Il faut, en effet, que cet ennemi connaisse le *petit bleu*, qu'il soit au courant de ce qui s'est fait au service des renseignements : du Paty répond à ces conditions.

En outre, d'après le témoignage de la télégraphiste qui a reçu le télégramme signé *Speranza*, l'expéditeur était un homme grand, légèrement voûté, portant une grande barbe noire. On a cru voir dans ce signalement le sieur Souffrain : mais je crois que ce dernier a établi, à l'instruction Bertulus, un alibi d'une façon indiscutable.

D'autre part, nous savons qu'au cours de

(1) Voir au chapitre IV.

LES COMPLICES

certaines entrevues avec Esterhazy, du Paty
s'affublait d'une longue barbe noire, pour
dissimuler sa personnalité.

**Or, du Paty, affublé de sa barbe noire,
correspond absolument au signalement
donné par la télégraphiste pour l'expéditeur du télégramme** *Speranza.*

En résumé, et pour revenir à la question
qui a motivé ces publications, je crois que les
mobiles de du Paty ont été, d'une part, la
vanité — il souffrait de voir attaquer une œuvre qu'il considérait comme son œuvre à l[ui]
(le procès de 1894), — d'autre part, la haine
Picquart et l'espoir de perdre ce dernier.

Ces dépositions expliquent suffisam[ment]
ment quelles furent les manœuvres [de]
l'État-Major dans le but de perdre le col[o]-
nel Picquart. Ces manœuvres ressorte[nt]
plus nettement encore de la dépositi[on]
faite le 8 décembre 1898, devant la Co[ur]

LE TEMPLE DU SECRET PROFESSIONNEL. (*Les rendez-vous de du Paty et d'Estherazy*).

de cassation, par M. le juge d'instruction Bertulus.

Déposition de M. Bertulus.

Vers le 20 décembre 1897, je reçus un jour la visite du commandant Ravary.

Cet officier, que je ne connaissais pas auparavant, me demanda de lui faire l'amitié, non pas comme juge d'instruction, mais comme homme plus expérimenté que lui dans les choses de la justice, de venir voir au Cherche-Midi le dossier de sa procédure contre le commandant Esterhazy.

Je cédai à son désir, et le jour de Noël, à deux heures de l'après-midi, j'arrivai au Cherche-Midi, où je restai jusqu'à six heures et demie du soir.

Le commandant Ravary, sans mettre le dossier tout entier à ma disposition, m'en fit l'exposé, se référant de temps à autre aux pièces de la procédure, et me montra, entre autres pièces, le bordereau.

Quand j'eus une connaissance suffisamment complète de ce dossier, je dis au commandant Ravary : *Votre dossier a un trou par lequel tout s'effondre. Je veux parler du petit bleu. Tant que vous n'aurez pas établi que le petit bleu est un faux et, ensuite, que ce faux est l'œuvre du lieutenant-colonel Picquart, rien ne tient.*

Je développai ma théorie au commandant Ravary, et celui-ci en fut touché au point qu'il me répondit : *Je vais étudier la question; j'en parlerai.*

A quelques jours de là, le commandant Ravary vint me voir au Palais, au sujet de l'affaire Lemercier-Picard. Je lui demandai s'il avait suivi mon conseil, et il me répondit : *Non, ça n'est pas utile. J'en ai parlé; cela n'est pas nécessaire.*

Le 2 janvier 1898, je fus requis d'avoir à instruire en faux, usage de faux et complicité contre X... Il s'agissait des télégrammes Speranza et Blanche.

Je fis venir le colonel Picquart, que je vis, à cette occasion, pour la seconde fois.

Je l'avais vu, pour la première fois, quelques jours auparavant, au sujet de l'affaire Sandherr.

J'étais allé quelquefois au ministère de la guerre, bureau des renseignements, pou affaires de service.

J'avais toujours évité de demander le co lonel Picquart, que le commandant Henr m'avait dépeint comme un homme tatillon difficile à vivre ; je connaissais depuis long temps Henry, MM. Lauth et Junck, et je pré férais m'adresser à eux.

Le colonel Picquart m'exposa d'abord ver balement, très longuement, son affaire.

Je l'écoutai avec patience et même, au dé but, avec une certaine méfiance.

Mais ses dires, nets, précis, toujours cor roborés, ne tardèrent pas à gagner ma con fiance et, alors seulement, je dictai à mo greffier la longue déposition que vous ave pu lire dans ma procédure.

Pendant que j'étais ainsi à étudier le carac tère du colonel Picquart, c'est-à-dire avan d'avoir fait la dictée dont je viens de parler j'eus l'occasion d'aller au ministère de la guerre pour recueillir moi-même certain renseignements sur Lemercier-Picard (1).

Ceci devait se passer le premier ou le se cond jour de l'affaire Zola.

Le général Gonse, que j'eus l'occasion de voir, me reconduisit jusqu'au haut de l'es calier.

Chemin faisant, il me dit : *Vous voyez Pic quart, dites-lui bien que de son attitude à l'audience dépend toute sa carrière; il sait je le tiens en estime.*

Je lui objectai que la façon dont le généra de Pellieux l'avait traité n'était pas fait pour lui donner confiance et que je ne pour rais lui remonter le moral qu'à la condition de lui porter ses paroles réconfortantes et e lui faisant connaître leur origine. Je lui de mandai de le découvrir vis-à-vis de Picquart

Il s'y refusa. Il me dit : *Arrangez-vous pour lui faire comprendre que vous tenez d bonne source l'assurance que sa carrière mili taire ne sera pas brisée, s'il sait demeurer mi litaire.*

Si j'insiste sur cet incident, c'est qu'il pesé d'un poids considérable dans mo esprit.

---

(1) Lemercier-Picard était un agent du bureau de renseignements. Il avait aidé l'État-Major de se talents graphologiques et, juste au moment où allait devenir compromettant, on le trouva pa hasard PENDU, LES JAMBES TRAINANT A TERRE, à l'espa gnolette de sa fenêtre. Ceci pour mémoire.

Pendant tous les débats de la cour d'assises, j'ai vu Picquart avant et après l'audience.

Chaque fois, pensant à ce que m'avait dit le général Gonse, je me suis efforcé de lui rappeler ce qu'un officier de son rang devait à l'armée, dont il avait été l'un des privilégiés. Mon effort n'a jamais été bien pénible, car chaque fois j'ai trouvé le colonel Picquart aussi froid, aussi déterminé à demeurer militaire qu'il était possible de le désirer.

Il aurait pu, lors de certains incidents, au procès Zola, soulever un vrai scandale ; et quand je l'en félicitai, ensuite, il me dit que tant qu'il aurait l'honneur de porter l'épaulette, il lui sacrifierait tout.

Aussi, chaque fois qu'il m'était donné de voir le général Gonse, je lui rappelais la conversation tenue, et je lui demandais de tout faire pour que Picquart ne fût pas rayé des cadres de l'armée, puisque lui-même le tenait pour un brillant officier.

Le jour où le décret de mise en réforme du colonel Picquart a été signé, j'eus l'honneur de recevoir la visite du général Gonse dans mon cabinet. Je lui rappelai la promesse qu'il m'avait faite en faveur de Picquart, et j'insistai, car je savais que la décision du ministre de la guerre était imminente.

Le général Gonse m'assura qu'il allait, sans perdre de temps, faire tout ce qu'il pourrait.

Il était deux ou trois heures de l'aprèsmidi. Or, le matin, au conseil des ministres, le décret de mise en réforme avait été signé.

Devenu plus libre dans ses dires, le colonel Picquart répondit à sa mise en réforme par une dénonciation plus formelle contre Esterhazy et contre du Paty de Clam.

Je suivis mon information, j'entendis de nombreux témoins, entre autres M. du Paty de Clam.

Je fis venir enfin Esterhazy.

A la suite d'une longue déposition, Esterhazy reconnut que c'était lui qui avait inspiré, documenté le rédacteur des articles parus dans la Libre Parole, les 15, 16 et 17 novembre 1897 et signés : « Dixi ».

Cette déclaration était évidemment importante et permettait de conclure contre Esterhazy. Mais je trouvai, étant donnée la passion des partis, que je devais exiger plus, avant de l'inculper officiellement.

J'en étais là quand Picquart vint me signaler Christian Esterhazy.

Je citai ce témoin qui, après avoir, pendant près d'une heure, refusé de répondre à toutes mes questions, se décida à parler, quand je lui eus fait la preuve que je ne lui demandais pas une délation, car j'en savais autant sinon plus que lui, mais que je lui demandais une confirmation.

Les dépositions de Christian Esterhazy reçues, avec pièces à l'appui, établissant leur sincérité, je les communiquai à M. le procureur de la République. Ce magistrat me répondit par réquisitoire, en date du 12 juillet 1898, me requérant d'informer pour faux, usage de faux et complicité, contre Walsin-Esterhazy et la fille Pays.

En me remettant ce réquisitoire, M. le procureur de la République me priait de procéder, le jour même, à une perquisition au domicile de la fille Pays. Accompagné de M. le substitut Thomas, je procédai à toutes perquisitions utiles, en présence de la fille Pays d'abord et ensuite d'Esterhazy.

Dans une potiche japonaise, placée sur la cheminée du salon, je trouvai moi-même un nombre assez considérable de petits morceaux de papier écrits.

Je m'appliquai à essayer de les reconstituer, et, ma première tentative m'ayant montré que ces morceaux de papier pouvaient offrir un intérêt à l'affaire, je les mis dans une enveloppe, je fis sceller par mon greffier cette enveloppe, avec signature de la fille Pays, et je réservai la reconstitution définitive de ces documents pour une date ultérieure.

Ce travail terminé, Esterhazy se présenta dans le salon. Je lui signifiai que je l'arrêtais et j'ordonnai aux agents de le fouiller.

On me remit son portefeuille que je plaçai, avec l'enveloppe dont je viens de parler, dans une valise où j'avais, avec le concours de la fille Pays, déjà placé une quantité considérable de lettres.

Cette valise n'ayant pas suffi, je fus obligé de prendre un immense carton à chapeau qui, à son tour, ne tarda pas à être rempli.

Le tout fut scellé et envoyé au Palais.

Le 15 juillet, l'ouverture des scellés commença à la Santé, en présence d'Esterhazy, de la fille Pays, de Me Tézenas et de Me Jeanmaire, d'accord avec ceux-ci.

C'est avant le départ pour la Santé que je

fis entrer dans mon cabinet mademoiselle Pays et que je lui demandai si elle consentait à venir à la Santé.

Elle repondit tout de suite affirmativcmen et, sans que je l'aie interrogée, elle commença, avec la volubilité féminine, à me reprocher de l'avoir arrêtée, ajoutant que, si j'avais voulu lui éviter Saint-Lazare, elle m'aurait volontiers dit toute la vérité.

Elle se mit alors à me parler de du Paty de Clam, me disant : *C'est moi qui ai fait le télégramme « Speranza »; mais je ne suis pour rien dans le télégramme « Blanche », celui-là regarde du Paty.*

Ce qu'elle me disait là était d'une gravité telle que je remarquai combien il était regrettable que nous fussions attendus à la Santé et je lui dis : *Quand nous serons arrivés, vous me répéterez tout cela.*

En descendant l'escalier menant des cabinets d'instruction au poste des gardes, la fille Pays m'interpella à haute voix devant les agents et les gardes, et me dit : *Quand allezvous arrêter du Paty?*

Je lui répondis que cela ne la regardait pas et que nous recauserions de tout cela à la Santé.

Arrivé à la Santé, Me Tézenas me demanda l'autorisation de causer un instant avec mademoiselle Pays. J'accédai à sa demande; mais un quart d'heure après, quand je voulus interroger officiellement mademoiselle Pays et mettre sur le papier ce qu'elle m'avait dit, j'ai trouvé les négations les plus nettes. Mademoiselle Pays s'est mise à nier tout ce qui s'était passé.

Doucement, je lui montrai combien il me serait facile, grâce aux témoins qui nous entouraient, de la confondre; et alors elle a consenti à répondre ce que vous savez au procès-verbal.

Tous les scellés apportés dans le cabinet de M. le directeur de la Santé furent ouverts devant Esterhazy et la fille Pays.

Je commençai par ouvrir le portefeuille, à la demande d'Esterhazy, qui désirait retrouver un reçu de Christian Esterhazy.

Ne trouvant pas le document demandé par Esterhazy, je lui passai son portefeuille, avec prière de chercher lui-même. Il ne le trouva pas, mais il profita de ce qu'il avait son portefeuille en main pour essayer de faire disparaître une lettre anonyme.

Procès-verbal a été dressé de l'incident.

Le portefeuille vérifié, je passai tout d suite à l'examen et à la reconstitution de morceaux de papier écrits que j'avais trouvé dans la potiche et que j'avais mis dans un enveloppe spéciale.

Après avoir reconstitué moi-même ces documents, je priai mon greffier, Me André, d vouloir bien les fixer, avec de la colle, su une feuille. Pendant que Me André étai occupé à ce travail, Esterhazy, sans aucun interpellation de ma part, dit quand on lu présenta ces trois pièces fixées à la colle *C'est la lettre que j'ai écrite au général de Bois deffre.*

Je lui demandai alors à qui étaient destiné les deux autres documents dans lesquels parle des experts en écriture. Il me répondit *Ce sont des notes destinées à un général. Il n' pas dit à quel général.*

Quand, plus tard, j'ai voulu dresser procès verbal de cette reconstitution et des déclara tions d'Esterhazy, celui-ci n'a pas nié le propos qu'il avait tenus au sujet du généra de Boisdeffre; mais il a déclaré qu'il n'ava officiellement rien à répondre à ce sujet, e qu'il se refuserait à signer quoi que ce soi si le nom du général était cité.

Je me contentai de reproduire exactemen les affirmations dernières, les seules, à mo sens, que j'avais le droit de retenir.

Quand je montrai à Esterhazy deux mé moires, l'un de la main de Me Jeanmair l'autre d'une main inconnue, — Mémoires dar lesquels il était dit que, pour conjurer la ca tastrophe qui se préparait, il était indispen sable de poser la question sur le terrain pa triotique, de renverser au besoin le ministè et d'obtenir que le général de Boisdeffre se manifestât à l'audience — Esterhazy me ré pondit : *Me Jeanmaire est là; il s'expliquera.*

Je parle de la pièce cotée 39, du scellé 4. n'y a pas de confusion à faire, c'est un seu et même mémoire à deux exemplaires. Me Jean maire ayant sur-le-champ reconnu que l'u de ces exemplaires était de sa main, je n'hé sitai pas à le lui rendre, à cause de sa quali d'avocat; mais je gardai le deuxième exem plaire, et je demandai à Esterhazy dans que but il avait conservé ces documents.

Il me répondit qu'il en avait fait faire un copie propre, et qu'il l'avait envoyée à l'éta major.

Comment Cavaignac fut convaincu par Du Paty de l'innocence d'Esterhazy.

Jamais ni dans mon cabinet ni à la Santé Esterhazy n'est resté une seconde avec moi sans être assisté, soit de ses deux défenseurs, soit de l'un ou de l'autre.

Ce Mémoire, que je signale à l'attention de la Cour, entre, à mon sens, d'une façon complète dans la question de connexité qu'a bien voulu me poser M. le président.

J'ai eu ensuite à remettre sous scellés deux autres pièces, sur lesquelles j'ai besoin d'insister :

1º Une pièce, écrite en anglais, mais d'une écriture autre que celle d'Esterhazy ;

Et 2º une autre pièce, écrite en français, de la main d'Esterhazy, sous forme de note, dans laquelle on lit deux mots « Bâle » et un nom propre commençant, qui, d'après ce que vous me dites, monsieur le président, a été désigné, dans les dépositions antérieures, par les initiales R. C.

Cette dernière pièce contenait un certain nombre de lignes et paraissait être un mémento ; mais je n'ai pas gardé le souvenir de ce qu'elle contenait.

Par suite de mes relations avec le bureau des renseignements, à l'occasion des diverses affaires d'espionnage que j'ai eu à instruire, je savais que le nom commençant par un C est celui d'un agent étranger à la solde de la France.

C'est la découverte de ce nom qui m'a décidé à mettre sous scellés cette pièce. La pièce anglaise parlait, entre autres choses, du général Billot dans un sens injurieux.

En dehors de ces documents, il s'en est trouvé d'autres, que j'ai mis aussi sous scellés ouverts, et qu'Esterhazy n'a pas hésité à reconnaître comme émanant — bien qu'ils ne fussent pas signés ou signés illisiblement — soit du colonel Henry, soit du commandant Pauffin de Saint-Morel.

Il y a, si mes souvenirs sont fidèles, un petit bleu dans lequel le commandant Pauffin de Saint-Morel donnerait un rendez-vous à Esterhazy.

D'ailleurs, tous les documents qui m'ont paru intéressants, et ceux aussi sur lesquels je n'ai pas eu d'explications suffisantes, j'ai eu soin de les mettre sous scellés ouverts et la Cour les a en main.

Le lundi 18 juillet, le lieutenant-colonel Henry, entre une heure et deux heures de l'après-midi, se présenta à mon cabinet porteur d'une lettre de M. le ministre de la guerre, l'accréditant pour vérifier les scellés, voir et emporter tous documents qui lui paraîtraient intéresser la défense extérieure de l'Etat.

Je fis observer au colonel Henry que la loi de décembre 1897 ne me permettait pas de lui donner immédiatement satisfaction, que nous allions ensemble choisir jour et heure, et que je notifierais la date de l'interrogatoire et de la réouverture des scellés aux défenseurs d'Esterhazy et de la fille Pays.

Il fut décidé que nous choisirions le 21 juillet.

Comme j'avais l'ordre de M. le procureur général de satisfaire à la demande de M. le ministre de la guerre, je me mis à causer des scellés avec le colonel Henry, dans mon arrière-cabinet.

Je lui montrai d'abord les scellés du n° 1, le Mémoire de M° Jeanmaire, la pièce anglaise, et la note sur laquelle on lisait le mot *Bâle* et le nom C.

En présence de ces documents, le colonel Henry éprouva une réelle émotion. Il me dit que je pouvais sauver l'honneur de l'armée, que je le devais.

Je lui fis remarquer que je ne serais jamais sourd à un pareil appel. Et je lui développai les charges écrasantes que ces documents apportaient contre Esterhazy et contre du Paty de Clam.

J'appelai son attention sur le mot *Bâle* et sur le nom de C. Ces deux mots étaient pour moi toute une révélation. C'était la preuve qu'Esterhazy avait trouvé au bureau des renseignements des concours coupables.

Henry, comprenant que la lumière s'était faite à mes yeux, cessa toute discussion, reconnut que *Bâle* voulait rappeler un voyage qu'il fit avec le capitaine Lauth pour entendre le sieur C., et finit par m'avouer que les auteurs des télégrammes *Blanche* et *Speranza* n'étaient autres qu'Esterhazy et du Paty de Clam.

Il me demanda de ne rien faire jusqu'à ce qu'il fût allé au ministère, rendre compte de notre conversation au général Roget, m'affirmant que ce général n'hésiterait pas à rendre aussitôt auprès de moi.

Je répondis que je serais à mon cabinet jusqu'à six heures et demie du soir, et j'ajoutai : *Je vous autorise à dire au général absolument tout ce qui s'est passé ici, entre vous et moi.*

Henry se leva pour se retirer.

A ce moment, en souvenir des relations courtoises, déjà anciennes, que j'avais eues avec Henry, je crus de mon devoir de le retenir et de lui dire : *Ce n'est pas tout. Esterhazy et du Paty sont coupables. Que du Paty se fasse sauter la cervelle ce soir, et qu'on laisse la justice suivre son cours contre Esterhazy, le faussaire, et non le traître. Mais il y a encore un danger, et ce danger, c'est vous. J'ai eu en main, pendant deux jours, une lettre signée Esterhazy, et cette lettre n'est pas la seule de ce genre. Dans cette lettre, adressée à M. Jules Roche, Esterhazy — qui fournissait à ce député certains renseignements circonstan-*

urs sur certains errements du ministère de la guerre — fait de votre caractère, de vos aptitudes, le plus détestable tableau.

Il dit aussi que vous n'êtes qu'un besogneux et que vous êtes demeuré son débiteur.

Tout cela remonterait à une date bien antérieure au procès Dreyfus.

Je lui fis remarquer que si pareils documents venaient à tomber dans les mains de ses ennemis, on en tirerait contre lui les conséquences les plus graves et que certains experts pourraient facilement aller jusqu'à soutenir que celui qui documentait Esterhazy n'était autre que lui, Henry.

Devant une pareille hypothèse, Henry s'effondra dans un fauteuil sans dire un mot.

Puis, tout à coup, il se mit à pleurer à chaudes larmes, pour ensuite se lever, venir à moi, m'enlacer de ses bras, puis me prendre la tête dans ses deux mains, m'embrasser au front et aux joues à pleine bouche, me répétant : *Sauvez-nous !*

Je poussai Henry dans son fauteuil ; je laissai ses sanglots diminuer ; puis, tout à coup, comme se réveillant, il me dit :

— *Esterhazy est un bandit !*

Sans lui laisser le temps de continuer sa phrase si tant est qu'il en eût le dessein, je lui ripostai :

— *Esterhazy est l'auteur du bordereau.*

Alors, Henry ne me dit ni oui ni non.

Il se contenta de me répéter :

— *N'insistez pas ! n'insistez pas ! Avant tout l'honneur de l'armée !*

Je ne crus pas devoir profiter davantage de la situation. Henry était dans un tel état de trouble et d'émotion que j'eus pitié de lui.

Il était suppliant, dans toute la force du mot. Je n'étais, en réalité, saisi que des faux « Speranza » et « Blanche ». Je n'avais pas à aller au delà.

Quand Henry voulut sortir de mon cabinet, il passa devant mon greffier, puis, me ramenant dans mon arrière-cabinet, il me demanda, comme une faveur exceptionnelle, de sortir avec lui jusque dans le couloir des témoins, pour que, disait-il, le monde vît bien dans quels termes nous nous quittions, et aussi pour qu'on pût constater que je ne l'arrêtais pas. Jamais pareille question ne s'était posée ; je n'en parle que pour bien montrer l'état d'esprit dans lequel se trouvait

Henry quand il m'a quitté. Je cédai à son désir.

Je restai à mon cabinet jusqu'à sept heures du soir. Personne du ministère ne vint.

Je ne revis Henry que le 21, jour fixé pour la réouverture des scellés. Dès qu'il arriva dans mon cabinet, je le fis passer dans mon arrière-cabinet et je lui demandai des nouvelles du général Roget.

Je trouvai Henry changé du tout au tout. Plus d'émotion, plus de gêne.

Il me répondit que, réflexion faite, tout ce que j'avais dans mon dossier était insuffisant.

Je n'insistai pas et je procédai à la réouverture des scellés. Henry ne trouva rien à revendiquer, même pas la pièce anglaise, même pas la note où il est question de Bâle.

Ce fut Esterhazy qui se paya le malin plaisir, quand Henry eut déclaré qu'il n'avait rien à prendre, de lui signaler les deux documents dont je viens de parler. Henry s'excusa, réclama ces deux documents, et je les lui remis.

A quelques jours de là, le ministère de la guerre demanda qu'une vérification nouvelle des scellés fût faite, cette fois par Henry et par le capitaine Junck.

D'accord avec les inculpés, j'y consentis.

Une vérification minutieuse eut lieu, mais ni Henry ni Junck ne revendiquèrent aucune pièce.

Après le départ de ces deux officiers, je dis à mon greffier : *Quelles pièces peuvent-ils bien chercher ?*

Alors, Esterhazy me répondit : *Oh ! je sais bien ! Ils cherchent la garde impériale, mais ils ne l'auront pas ; elle est en lieu sûr.*

En se servant de cette expression *garde impériale*, il faisait allusion à une pièce qu'il considérait comme sa suprême sauvegarde, du moins je le suppose.

J'ai su, depuis, par une demoiselle Barbier, et ceci à l'occasion de l'information actuellement ouverte contre Esterhazy pour escroquerie, que cette pièce, le soir de ma perquisition, se trouvait dans le fond d'un képi d'Esterhazy ; que j'ai eu ce képi en main, que j'en ai ouvert la coiffe, mais que je n'ai pas été jusqu'à oser enlever le cartonnage du fond, et que c'était là, dans ce cartonnage, que se trouvait la *garde impériale*. La demoiselle Barbier a ajouté que, pendant que j'avais ce képi en main, la demoiselle Pays a presque failli se trouver mal.

Voulant terminer ma procédure au sujet des faux *Blanche* et *Speranza*, je demandai à entendre une dernière fois le colonel Henry.

J'ai eu toutes les peines du monde à ce que cet officier supérieur reparût dans mon cabinet.

Il a fallu que je déclarasse que je ne com-

Un ami de la justice, **M. Francis de Pressensé.**

muniquerais mon dossier que quand Henry serait venu. J'ai fait prêter serment à Henry. Il a commencé par nier ses visites chez mademoiselle Pays et ce qu'il m'avait dit le 29 sur les télégrammes *Blanche* et *Speranza*.

J'ai été obligé de le prendre d'un peu haut avec lui ; et, par ce moyen, j'ai fini par obte-

nir la déposition que vous avez au dossier.

Avant de se retirer, Henry demanda expressément, pour le ministère, l'autorisation de prendre copie de la déposition qu'il venait de signer.

Pour continuer dans le cercle que vous m'avez tracé, je dois vous faire connaître que

LA DÉGRINGOLADE DES FAUSSAIRES

PROVERBE : « *Le danger loge au bord de la Sûreté.* »

j'ai saisi, ces jours derniers, dans les mains du secrétaire de M. Edmond de Rothschild, deux lettres d'Esterhazy.

Dans une de ces lettres, l'expression : *je pars* (ou *je vais partir*) *en manœuvres* se trouve tout entière. Ce sont deux lettres par lesquelles Esterhazy demande des secours d'argent à la maison de Rothschild, à la suite du duel Crémieux-Foa.'

Seconde déposition de M. Bertulus.

SÉANCE DU 10 DÉCEMBRE 1898.

LE PRÉSIDENT. — Avez-vous apporté à la Cour les deux lettres à M. de Rothschild dont vous avez parlé dans votre première déposition?

M. BERTULUS. — Oui, monsieur le président.

Non seulement je vous apporte les deux lettres écrites à M. de Rothschild par Walsin-Esterhazy, mais encore une autre lettre signée de Beauval, pièce qu'Esterhazy avait cru devoir joindre à l'appui d'une de ses demandes à MM. de Rothschild.

La vue de cette lettre, signée de Beauval, m'ayant fait concevoir des doutes sur son authenticité, je fis rechercher l'adresse de ce M. de Beauval, et je le priai de passer hier à mon cabinet : souffrant et trop affaibli par l'âge, M. de Beauval s'est excusé par lettre de ne pouvoir se rendre à ma convocation. Cette lettre, je vous la remets. Elle établit, à mon sens, indiscutablement que la lettre signée de Beauval et communiquée à MM. de Rothschild n'est pas de la main de M. de Beauval qui m'a écrit hier.

L'examen le plus superficiel ne laisse aucun doute sur la main qui a écrit la première lettre signée de Beauval : c'est évidemment celle d'Esterhazy.

J'appelle surtout l'attention de la Cour su la lettre du 29 juin 1894, dans laquelle on l ces mots : *Au moment de partir en manœuvre*

Cette mention s'applique à un fait ancie qui remonterait à 1888.

Comme elle est éloquente, cette dépos tion de M. le juge d'instruction Bertulu et comme elle éclaire d'un jour éblouissar les manœuvres louches des faussair aux abois !

Le lendemain du jour où elle fut publie par le *Figaro*, M. Yves Guyot l'appr ciait dans le *Siècle* de la manière su vante :

« Quoique juge d'instruction, M. Bertul n'avait pas compris que le langage du gén ral Gonse n'était qu'un simple chantage ; il présentait sous la forme de la séduction ; dissimulait la menace :

« — Mais si le colonel Picquart met la véri et la justice au-dessus de son intérêt et son ambition, nous nous acharnerons cont lui, nous briserons sa carrière militaire, no le mettrons en réforme. »

Gonse et ses complices ont encore fa mieux ; ils ont essayé de le faire tuer p Esterhazy et par Henry ; mais c'est Hen qui a été blessé. Il ne suffit pas d'être mauvaise bête pour être dangereux. Le g néral de Pellieux voit Esterhazy le 3 juille et, le même jour, celui-ci tente d'assomm Picquart. Ils l'ont fait arrêter le 13 juill l'ont fait accuser de faux et le tiennent to jours en prison, ô honte ! et ils en font héros, ô justice ! »

Un héros ! En effet.
Tel est le colonel Picquart.

Le Traître

Le traître est Esterhazy !

On l'a vu nettement par ce qui précède, on le verra encore mieux par ce qui va suivre.

Sa personnalité exécrable dominera ce chapitre où parleront tous ceux qui l'ont connu, tous ceux qui l'ont défendu — amis ou ennemis — et enfin lui-même.

Cyniquement, il avouera certains faits, opposera de faibles dénégations à d'autres, et niera l'évidence.

Dans les pages suivantes, le lecteur jugera l'homme qui a trouvé des officiers pour le protéger et des journaux pour le défendre — et même pour l'entretenir.

Les officiers qui l'ont protégé, nous connaissons déjà leurs noms.

Quant aux journaux qui l'ont défendu et dont il fut presque le rédacteur en chef, les voici de l'aveu même du traître.

Déposition d'Esterhazy.

23 janvier 1899.

J'ai, du reste, amené chez M. le général de Pellieux de nombreux journalistes, parmi lesquels je cite ceux du *Soir*, de *l'Echo de Paris*, de la *Libre Parole*, de la *Patrie*, de *l'Intransigeant*, du *Gaulois*, de *l'Éclair*, etc.

Le portrait du traître — portrait bien flatté encore — nous est donné dans la déposition suivante :

Déposition de M. Grenier.

7 janvier 1899.

M. GRENIER. — Le commandant Esterhazy a été officier d'ordonnance du général Grenier, mon père, qui avait connu le père et l'oncle du commandant, tous deux généraux.

Déjà, à cette époque, il était un homme à chagrins, à déboires, à rancunes contre la destinée qu'il gâtait déjà en menant la grande vie sans fortune suffisante, je crois, et en mangeant les héritages successifs qui lui étaient échus.

Quelques mois après la mise à la retraite de mon père eut lieu l'affaire Crémieu-Foa.

Rencontrant mon beau-frère, André Crémieu, le capitaine, rue de Provence, il lui offrit avec insistance d'être son témoin dans son duel avec M. Drumont.

Esterhazy prit une part prépondérante dans cette déplorable histoire. C'est lui qui a donné à mon beau-frère, Ernest Crémieu-Foa, le conseil de publier le procès-verbal du duel Lamaze, publication d'où est résultée la mort du capitaine Meyer et la disqualification d'Ernest Crémieu-Foa.

Dans la déposition faite en cour d'assises dans la poursuite contre Morès, à la suite de la mort du capitaine Meyer, Esterhazy ne dit pas un mot du conseil qu'il avait donné, ne prit aucune part de la responsabilité qu'il avait encourue.

Tous les détails de l'affaire des duels sont connus plus exactement que par moi, et peuvent être pour la plupart prouvés par M. Ernest Crémieu-Foa, 1, rue Piccini, et peut-être même encore par M. Vidal-Naquet, 3, place de la Bourse.

Ils pourraient établir, d'une manière indiscutable, les relations incessantes d'Esterhazy avec MM. Drumont, de Morès, Guérin, pendant toute la durée de l'affaire des duels, relations qui n'ont pas cessé depuis, avec la rédaction de la *Libre Parole*.

Ces relations avec Morès et Drumont remontent au printemps 1892 : il y a donc discordance entre cette constatation et la déclaration de M. Drumont, faite par lui dans les débats de l'affaire actuelle, qu'il ne connaissait pas Esterhazy.

En 1893 ou 1894, M. Jules Roche, rapporteur du budget de la guerre, me demanda de lui présenter un officier capable de lui donner quelques explications techniques dont il avait besoin. Nul ne pouvait être plus utile à feuilleter que le commandant Esterhazy, dont l'instruction générale et spéciale est absolument hors ligne.

Il parle toutes les langues de l'Europe ; il est au courant de toutes les inventions et de toute la science moderne, et nul mieux qu lui ne sait l'histoire générale et l'histoire m litaire de l'Europe.

C'est un laborieux, et il a, au point de vu du travail, des facilités exceptionnelles.

Malgré ces qualités, lorsqu'il fut questio de M. Roche pour le ministère de la guerr sans aucun délai je courus chez lui pour l'e gager à ne pas prendre Esterhazy comm officier d'ordonnance, déclinant toute re ponsabilité s'il passait outre à cet avis.

Si on me demande pourquoi cette restri tion, alors que je l'avais présenté, je répo drai que j'ai obéi à une sorte d'intuition in périeuse : je trouvais Esterhazy trop bes gneux et dénigrant trop l'armée françai pour occuper un poste au cabinet du m nistre de la guerre.

Malgré tout, malgré sa liaison avec ceu qui avaient écrasé les Crémieu-Foa, nous n pouvions nous défendre contre la séductio qu'il exerçait, attribuant à une inconscienc maladive ses actes parfois incompréhensible et ses propos presque toujours déplacés.

Esterhazy est fils de tuberculeux et tuber culeux lui-même ; c'est vers 1894-95 que s maladie de poitrine s'est enrayée, et c'est partir de la même époque qu'il y a aggrava tion décisive de sa folie.

Je dis bien *folie* ; c'est le terme exact, ca Esterhazy « causait incessamment de se lettres à madame de Boulancy, » je veux dir par là qu'il tenait des propos injurieu pour la France et l'armée, tels qu'à diverse reprises, j'ai dû, ainsi que ma mère, le rap peler au respect de l'uniforme qu'il por tait.

En 1895, je crois, son régiment est envoy à Rouen.

Nos relations s'éloignent un peu ; puis d ma nomination à Belfort, en mai 1895, elle sont finies, même avec ma mère qui habi Paris.

Quant à sa moralité... inconsciente, vou avez au Palais de justice même des rense gnements au sujet de deux affaires dont le dossiers pourraient élucider cette que tion ; il s'agissait, la première fois, d'un affaire désagréable, et la seconde, d'un question de remploi dotal.

Dans le même but, il me paraîtrait du pl intéressant intérêt d'interroger le comman dant Berger, président de la Dette ottoman

L'ENTREVUE DU PARC MONSOURIS : FAUSSES BARBES ET LUNETTES BLEUES !

actuellement à Paris, 58, rue de la Boétie, qui, à la suite d'un prêt d'argent, jugé insuffisant par Esterhazy, a été l'objet d'attaques violentes dans la presse.

En outre, le commandant Berger a été le chef d'Esterhazy pendant la campagne de Tunisie ; il pourrait donner, je crois, des renseignements très utiles quant à l'appréciation générale de sa moralité.

Bien des personnes, comme moi, ont été séduites par ce fou, d'intelligence merveilleuse et d'indéfinissable attraction.

Au printemps 1897, Esterhazy vint un jour me trouver, me disant qu'il fallait, pour qu'il pût passer lieutenant-colonel, qu'il entrât au ministère à un titre quelconque ; que diverses personnes, et, notamment, M. de Montebello, député, avaient fait démarches

sur démarches auprès du général Billot, mais
que celui-ci refusait, disant qu'il était ruiné,
besogneux ; personne n'en voulait dans aucun service.

Il m'apportait une énorme enveloppe bour-
rée de titres, de son contrat de mariage, de
créances (je crois, car je n'ai pas ouvert l'enveloppe), et me demandait de la porter au
ministère de la guerre, pour lui prouver
qu'il n'était ni ruiné ni besogneux.

Il évoquait les souvenirs de mon père, pour
me décider à faire sans délai cette démarche.

Il est à noter qu'il n'y a pas discordance
entre mon intervention, et mon avertissement à M. Jules Roche, car, cette fois, il
s'agissait d'un poste quelconque dans l'une
des directions, et non d'une situation de
confiance particulière.

Dès le lendemain donc, je me présentai
chez le général Billot, qui, au premier mot
que je lui dis d'Esterhazy, entra dans une
épouvantable colère, jetant en l'air les dossiers qu'il avait sur la table, bousculant les
meubles et me disant : « **Vous vous êtes donc
tous entendus pour vous faire rouler par
cette canaille, par ce gredin, par ce bandit ; d'abord, comment est-il à Paris ? Je
vais mettre aux arrêts Giovaninelli**, qui
le laisse s'absenter irrégulièrement pour
venir m'embêter. C'est trop fort que Giovaninelli, Montebello, vous maintenant**, et
bien d'autres, vous vous accrochiez à ce
vilain monsieur.** »

Naturellement, après cela, je n'ai pas insisté.

Il a tous les vices, mais aussi les qualités
d'un condottière du seizième siècle.

Il a toujours été, je crois, un homme à chagrins, à besoins, cherchant à attraper et y
réussissant toujours.

Sa pire victime est certes sa femme, digne
de toute pitié, de tout respect ; nous conser-
vons, à elle et à ses filles, une amitié complète.

Vous m'avez demandé ce que je pourrais
savoir des rapports d'argent entre Esterhazy
et Henry.

De rapports d'argent, je ne sais rien ; je
puis seulement vous conter le petit incident
suivant : Au moment où Esterhazy (printemps 1897) désirait entrer au ministère de
la guerre, il attribuait des résistances aux

uns et aux autres. Un jour, parmi ceux qui
étaient hostiles à son entrée au ministère, il
me cita le nom d'Henry.

Or, ce matin même, j'avais rencontré à la
Sûreté générale le colonel Henry, et lui ayant
dit : « Donnez donc un coup d'épaule à Esterhazy », il m'avait répondu : « Je l'aide de
tout mon pouvoir, et cela très affectueuse-
ment. »

Je répétai le propos à Esterhazy, qui s'é-
cria : « **Eh bien ! il ne manquerait plus
qu'Henry ne fût pas gentil !** » (1)

Le Président. — Esterhazy a dû vous écrire,
étant données vos relations avec lui ?

Quel papier employait-il, soit habituellement, soit exceptionnellement ?

Et, d'autre part, son écriture a-t-elle été de
votre part l'objet de remarques à un point de
vue quelconque ?

M. Grenier. — Il m'écrivait sur du papier
tout à fait ordinaire et rien, à cet égard, ne
m'a jamais frappé.

**En ce qui touche l'écriture, il me semble
qu'il y a eu changement notable postérieurement à la dénonciation de Mathieu
Dreyfus.**

Son écriture, très anguleuse et fine avant,
s'est arrondie et corsée depuis.

Le Président. — Depuis quelle époque au
juste connaissez-vous Esterhazy ?

M. Grenier. — Depuis 1872 ou 1873, je
crois, époque à laquelle il a été attaché à la
personne de mon père.

Voici ce que je puis dire de son passé :

Esterhazy est le fils d'un général français
qui s'est illustré au combat de Kanghill, en
Crimée ; il a perdu son père et sa mère de
bonne heure, et il fut élevé par un parent
d'Autriche, sans enfants, lequel le fit entrer
à l'Ecole militaire de Wiener-Neustadt (aux
environs de Vienne, en Autriche) ; il en sortit officier de cavalerie, prit part, en cette
qualité, à la campagne de 1866 en Italie, et
reçut un coup de lance dans la poitrine à
Custozza.

Pour des raisons que j'ignore, il quitta
l'armée autrichienne, fut admis comme sous-
lieutenant dans la légion d'Antibes et assista
à la bataille de Mentana.

_____

(1) Cette exclamation ouvre la porte à bien
des suppositions. Nous n'insisterons pas davantage.

Il vint alors en France et fit demander par son oncle, général de division aussi, à l'empereur, de l'admettre avec son grade dans la légion étrangère.

Il obtint ce grade, d'abord à titre étranger, puis à titre français, fit la campagne 1870-71 (armée de la Loire) et passa ensuite lieutenant dans un régiment d'infanterie de ligne.

LE PRÉSIDENT. — Sur la proclamation par Esterhazy de l'innocence de Dreyfus?

M. GRENIER. — J'ai entendu dire qu'à diverses reprises et dans des lieux publics Esterhazy avait proclamé l'innocence de Dreyfus.

Il me semble bien me souvenir qu'il me l'aurait affirmé ; je n'en suis pas absolument certain, parce que, à raison de ses originalités paradoxales, je n'attachais pas grande importance à ses propos.

Comme on a pu s'en rendre compte, M. Grenier, en raison des relations d'autrefois, n'a pas accablé Esterhazy, mais à qui veut lire entre les lignes de cette déposition, le traître apparaît nettement antipatriote, fourbe, besogneux, capable de tout.

Naturellement, il devait être faussaire.

Déposition de M. le général Guerrier.

25 janvier 1899.

LE PRÉSIDENT. — Vous avez été indiqué par la défense comme pouvant fournir des renseignements sur la conduite du commandant Esterhazy?

LE GÉNÉRAL GUERRIER. — Le commandant Esterhazy a été sous mes ordres pendant dix-huit ou vingt mois, d'octobre 1895 à mai ou juin 1897, époque où il a été mis en non-activité pour infirmité temporaire. Je n'ai rien de particulier à dire sur son compte.

Tous les renseignements le concernant doivent se trouver au ministère de la guerre, où je les ai transmis, quand il y a eu lieu, par la voie hiérarchique.

Je ne connais d'autre fait le concernant, et

qui vaille la peine d'être relevé, que le suivant :

Au moment de l'inspection générale de 1896, examinant les titres du commandant Esterhazy et les comparant à ceux de ses camarades, j'ai été frappé par une inscription sur ses états de service d'une citation à l'ordre de l'armée.

En voyant la date du fait auquel cette citation se rapportait, j'ai été certain que cette inscription ne pouvait être justifiée, par la raison péremptoire que cette affaire, qui avait été malheureuse, n'avait donné lieu à aucune citation pour personne.

J'en ai rendu compte, officiellement et par la voie hiérarchique, à mes chefs qui ont transmis mon rapport au ministre, et le ministre a ordonné la radiation de la citation.

Ce n'est évidemment ni vous ni moi qui avons inscrit cette citation fausse.

Dans la déposition que M. Guerrier a faite, il a cité M. Jules Roche comme pouvant fournir d'intéressants renseignements sur Esterhazy.

Voici en effet ce qu'a dit l'ancien ministre du commerce :.

Déposition de M. Jules Roche, ancien ministre.

1er décembre 1898.

M. JULES ROCHE. — Puisque vous m'avez appelé pour être entendu comme témoin et sous la foi du serment qui lie tout témoin, je me vois dans l'obligation de vous dire tout ce que je sais :

J'ai été mis en rapport avec le commandant Esterhazy par un de mes camarades (fils d'un général) (1), qui me l'a présenté comme un officier très intelligent.

Ceci se passait en 1894, à l'époque où je m'occupais de la question de la plénitude et de la permanence des effectifs de notre armée, que rendait plus que jamais importante la nouvelle loi allemande de 1893, qui

---

(1) M. Grenier.

LE FAUSSAIRE HENRY ET M. LE JUGE BERTLUS

avait augmenté l'armée de l'empire de 80,000 hommes.

L'officier ou plutôt l'ancien officier, fils d'un général, a amené ou envoyé Esterhazy chez moi ; il me semble, sans être sûr, que ce dernier n'était alors que capitaine. Depuis lors, il est venu me voir rue de Moscou, d'abord, puis square Monceau, et m'a écrit à différentes reprises, jusqu'au commencement de 1897.

Il est exact que dans une des dernières lettres qu'il m'a écrites, vers la fin de 1896, il fait allusion à un prêt qu'il aurait fait autrefois à Henry.

Je n'ai pas souvenir que dans cette lettre Esterhazy me parle de l'organisation des bureaux de l'état-major ; il me parle seulement, en tant que j'en ai souvenance, de l'insuffisance du chef de bureau des renseignements, qui était alors, je crois, ce même colonel Henry, ou du moins il me parle de l'insuffisance, quelle que fût alors la qualité de chef ou de sous-chef de celui-ci, du commandant ou lieutenant-colonel Henry.

Un Mystère. — On trouva Lemercier-Picard pendu à l'espagnolette de sa fenêtre, les genoux traînant à terre.

LE PRÉSIDENT. — Il est nécessaire que cette lettre nous soit remise, ainsi que les autres, en vue de l'enquête suivie devant la chambre criminelle.

M. JULES ROCHE. — Puisque les besoins de la justice l'exigent, j'obéirai.

En 1896, Esterhazy m'a demandé de le recommander au ministre de la guerre, parce qu'il désirait entrer dans les bureaux de l'état-major ; je l'ai recommandé, j'ai même fait les démarches nécessaires ; ces démarches n'ayant eu aucun succès, Esterhazy a demandé à entrer à la direction de l'infanterie.

Mes démarches en faveur d'Esterhazy ont cessé à la suite d'une fin de non-recevoir formelle et motivée qui m'a été opposée par le ministre de la guerre.

LE PRÉSIDENT. — Veuillez vous expliquer sur ce point.

M. JULES ROCHE. — Y suis-je obligé d'une manière absolue ?

LE PRÉSIDENT. — Vous avez prêté serment de dire toute la vérité.

M. JULES ROCHE. — Le ministre m'a fait comprendre d'une façon très nette, en me montrant un dossier, que je ne pouvais plus m'occuper d'Esterhazy, non seulement pour des motifs d'ordre privé, ni de droit commun, mais pour des raisons plus décisives encore.

La manière dont il s'est exprimé indiquait clairement qu'il s'agissait de la plus grave des suspicions qui pût frapper un Français.

Depuis lors, j'ai cessé absolument tous rapports avec Esterhazy.

LE PRÉSIDENT. — Avez-vous d'autres déclarations à faire dans l'intérêt de la vérité ?

M. JULES ROCHE. — Je ne vois plus rien à vous dire qui me paraisse utile à votre enquête. J'ajoute cependant qu'un ami d'Esterhazy m'a affirmé que lui-même, Esterhazy, proclamait tout haut, il y a un an, l'innocence de Dreyfus.

On a remarqué que M. le Président de la Chambre criminelle à la Cour de cassation demanda à M. Jules Roche de vouloir bien, à seule fin d'éclairer la justice, communiquer les lettres qu'Esterhazy lui adressa.

Cette correspondance est intéressante à plus d'un titre.

Nous détachons quelques passages de chacune de ces lettres pour l'édification de nos lecteurs :

Pièces annexées à la déposition de M. Jules Roche.

PREMIÈRE LETTRE DU COMMANDANT ESTERHAZY

Rouen, le 23 avril 1894.

Le commandant Esterhazy, major du 74ᵉ, à...

Monsieur le député,

Permettez-moi de vous dire combien votre article dans le *Matin* d'aujourd'hui nous a fait plaisir à tous.

Il n'est que temps, s'il en est temps encore, qu'une voix autorisée comme la vôtre fasse entendre pour venir exposer la situation déplorable dans laquelle va se trouver la pauvre infanterie.

Il faut étudier comme moi sans relâche, et avec toute la passion que m'y fait apporter mon profond amour de la France et de l'armée (1), ces questions (2), pour comprendre la douleur que j'éprouve devant de pareilles et de si insignifiantes mesures.

(*Sans signature.*)

DEUXIÈME LETTRE

3ᵉ corps d'armée. — 5ᵉ division.
9ᵉ brigade. — 74ᵉ régiment d'infanterie.

Paris, le 19 avril 1896.

Le commandant Esterhazy, du 74ᵉ,
27, rue de la Bienfaisance.

Monsieur le député,

Vous m'avez fait l'honneur de me témoigner une telle bienveillance, et l'affaire dont il s'agit a une importance si capitale que j'ose venir vous importuner en vous suppliant

_____

(1) C'est l'auteur des lettres à madame de Boulancy qui parle.

(2) Réorganisation de l'infanterie.

de vouloir bien lire jusqu'au bout et cette lettre et les documents que je me permets de vous envoyer en communication.

Je n'ai jamais été heureux et les lettres ci-jointes de mon ancien général de division, le général Martineau-Deschenez, du général Rebillard, mon ancien général de brigade, actuellement à Chalon-sur-Saône, vous prouveront combien peu j'avais mérité le dur traitement que m'infligea la commission de revision des grades, traitement qui eut sur ma carrière une si désastreuse influence.

. . . .

J'ai, il est facile de le vérifier, les meilleures notes qu'un officier puisse avoir (1).

. . . .

Mais j'ai quatre ans et demi de grade, j'ai quarante-huit ans et, si je ne suis pas débrouillé — pardon du mot militaire — si je reste dans un corps d'armée, malgré tout ce qu'on pourra faire, je suis perdu.

. . . .

La situation est pour moi de la dernière gravité. En effet, permettez-moi de vous faire un triste aveu : lorsque je me suis marié, mes chefs consultés m'avaient représenté comme un officier d'avenir. J'étais proposé pour chef de bataillon et on pouvait croire, en effet, que j'aurais une carrière satisfaisante.

Les années se sont passées, et lorsque le marquis de Nettancourt, mon beau-père, vit que je restais capitaine, il me fit un jour une scène des plus pénibles, à la suite de laquelle j'ai failli, comme vous pouvez le voir par la lettre du général Paquié, aller chercher ailleurs à faire voir que je valais quelque chose.

Aujourd'hui, mon beau-frère, le mari de la sœur de ma femme, officier de marine tout jeune, qui n'a jamais entendu le vent d'un coup de fusil, va être capitaine de vaisseau et officier de la Légion d'honneur, et la situation qui résulterait pour moi de la limite de ma carrière à mon grade actuel aurait pour moi, pour mon intérieur, les plus douloureuses, les plus humiliantes conséquences.

Je crois vous en avoir assez dit pour vous laisser deviner beaucoup de tristesses et je pense cependant que, toutes choses à part, je

mérite peut-être un peu mieux que de finir dans la peau d'un chef de bataillon en retraite (1).

. . . .

Pour me tirer d'affaire, pour me sortir de cette si difficile position et me faire échapper à cet avenir, il ne faut qu'une chose, c'est que M. le ministre de la guerre veuille bien, à la requête d'un personnage qui daigne s'intéresser à moi, non pas me prendre à son état-major — ce serait beaucoup trop demander, et je ne suis pas breveté — mais me faire entrer au ministère de la guerre, à la direction de l'infanterie, où il y a des officiers non brevetés. Je serais sauvé ; sinon je suis radicalement perdu.

Je vous supplie, monsieur le député, de vouloir bien me prendre sous votre protection ; je vous assure que je la mérite.

. . . .

ESTERHAZY.

TROISIÈME LETTRE

Paris, le 25 avril 1896.

Monsieur le député,

Je ne veux pas tarder un instant à vous dire combien je suis profondément touché de la lettre que vous avez bien voulu m'écrire.

Le général Billot passe pour se dérober volontiers aux lettres ; aussi vous suis-je doublement reconnaissant de l'assurance que vous voulez bien me donner de le voir et de lui parler de moi à votre retour.

Comme vous avez pu le voir, je n'ai guère été gâté par la fortune — et je vous ai une bien profonde gratitude d'avoir la bonté de venir à mon secours dans une circonstance d'où dépendent pour moi, à tous les points de vue, tant d'espérances ou de tristesses.

Veuillez bien croire, monsieur le député, à la très réelle et très vraie reconnaissance de votre profondément dévoué,

ESTERHAZY,
Chef de bataillon au 74ᵉ,
27, rue de la Bienfaisance.

---

(1) Voir plus haut, à ce sujet, la déposition du général Guerrier.

(1) Il est pourtant assez probable que le commandant Esterhazy ne passera pas lieutenant-colonel.

QUATRIÈME LETTRE

Sans date.

Mon cher député,

Merci de votre lettre, mais je suis désespéré de votre départ, car c'est ma dernière espérance qui disparaît. Le médecin m'a déclaré hier que, si ma femme ne pouvait éviter toutes ces émotions qui la tuent, si je ne pouvais lui procurer un peu de calme et de repos d'esprit, une *affreuse catastrophe mille fois pire que la mort était certaine.*

Vous pensez, moi qui prévois et qui vois venir cette horrible fin depuis de si longs jours (et c'est là l'excuse de l'insistance que j'ai mise à vous importuner), dans quel état je suis.

Je vois rouge contre ce Billot, d'où tout dépend et qui me berne comme on ne bernerait pas le plus vil laquais.

S'il avait eu, au moins, la franche cruauté de répondre « *Non* » dès le premier jour ; au lieu de cela, voilà cinq mois qu'il me traîne !

Si je n'étais pas ruiné et dans une position si difficile, je quitterais ce soir cette armée où, comme le dit Cassagnac, on ne peut compter ni sur l'équité, ni sur la pitié la plus banale, et où les destinées des braves gens sont, sans appel, à la merci du premier venu.

En songeant à l'affreuse position où je me trouve et que je n'ai en aucune façon méritée, dont — si un miracle ne survient pas — je ne puis sortir que par la pire des résolutions, vous pardonnerez les continuelles et incessantes démarches dont j'ai fatigué votre bienveillance.

. . . .

ESTERHAZY.

CINQUIÈME LETTRE

Sans date.

Cher Monsieur,

Pardon de venir encore, et vraiment vous allez bien regretter l'intérêt que vous avez eu la bonté de me témoigner, mais j'ai dû, en fin de compte, laisser entendre chez moi que j'allais être réduit à partir et à laisser là mon pauvre monde, et cette nouvelle a été d'autant plus douloureuse que j'avais fait bon visage et avais annoncé tout autre chose,

laissant croire que j'étais sûr de la réussite.

J'ai eu, ce matin, une scène désolante et le médecin dit que toutes ces émotions achèvent cette malheureuse.

Joignez à cela une situation matérielle très pénible et que cette position ne va faire qu'aggraver dans les plus douloureuses proportions.

Je suis dans une phase absolument atroce à tous les points de vue.

Ne serait-ce pas trop abuser de vous que de vous demander, quand vous aurez vu le ministre, de lui dire qu'il y aurait une question d'humanité à tenir cette fois la parole qu'il a donnée à Montebello, et qu'il est vraiment cruel de torturer des malheureux, comme disait ce brave Paul, dans d'aussi atroces angoisses ?

S'il veut mentir encore, il faut que je trouve n'importe où, n'importe comment le moyen de me tirer d'affaire, en dehors de l'armée que je quitterai avec douleur, mais où je n'aurais jamais cru qu'un ministre de la guerre pût agir de la sorte envers un pauvre diable méritant, somme toute, et à qui s'intéressent si généreusement tant de braves cœurs comme les vôtres, comme un de mes généraux, dignes, il me semble, d'être écoutés.

Comment me pardonnerez-vous toutes ces importunes et incessantes scies ? Si vous voyiez ma femme et mes pauvres petites filles, vous comprendriez que j'abuse de votre bonté.

Votre bien reconnaissant et dévoué,

ESTERHAZY,
27, rue de la Bienfaisance.

SIXIÈME LETTRE

Paris, le 21 novembre 1896.

Monsieur le député,

Je me suis permis, osant faire appel à votre bienveillance, une fois encore, de me présenter aujourd'hui chez vous.

Je voulais vous parler de la situation extrêmement pénible et douloureuse où je me trouve.

. . . .

Car je vous avoue bien confidentiellement, monsieur le député, que je suis dans la situa-

...ion la plus douloureuse et que je ne saurais ...que devenir si ceux qui ont bien voulu me ...émoigner quelque intérêt ne me viennent ...rès promptement en aide.

Veuillez, avec toutes mes excuses, agréer, monsieur le député, l'assurance de ma respectueuse reconnaissance.

. . . . Esterhazy. .

Esterhazy (*Fac-similé d'une photographie faite sur nature.*)

SEPTIÈME LETTRE

11 décembre 1896.

Monsieur le député,

Je ne veux pas aller encore abuser de la ...onté que vous avez bien voulu me témoigner ...t vous importuner, une fois de plus, de mes ...ristesses, mais je tiens à vous dire qu'ainsi ...ue je le redoutais, le ministre n'a rien ré-...ondu du tout à toutes les démarches si bien-...eillante faites en ma faveur et qu'il eût dû, ...e me semble, prendre en considération.

J'avoue que, quelque affreusement malheu-reux que je sois, j'avais eu espoir lorsque je me suis senti soutenu par vous et par Monte-bello, avec une chaleur dont je vous ai, je vous le jure, une bien vive reconnaissance; lorsque j'avais vu tous mes chefs, répondant à mon appel, agir avec tant de cœur, mon général en chef et le gouverneur eux-mêmes s'intéresser si vivement à moi.

Le ministre avait dit qu'il était prêt à me nommer si la direction m'acceptait; cédant à toutes ces généreuses sollicitations, le général Millet avait accepté, et le ministre, informé, ne bouge plus et semble ignorer tout ce qui a été tenté !

.   .   .   .

Je suis au désespoir, car je suis vraiment dans la plus atrocement douloureuse des positions et je ne sais que devenir et que vont devenir surtout les pauvres miens, et bien que je ne manque pas d'énergie, je vous le jure, j'ai vraiment perdu tout courage.

ESTERHAZY.

HUITIÈME LETTRE

15 décembre.

Monsieur le député,

J'ai vu M. de Montebello qui a été parfait. Malheureusement, je ne lui ai pas suffisamment expliqué ce que j'avais à lui dire, et je viens d'apprendre que le ministre, quand on lui a parlé de moi hier (un colonel Meunier), a répondu qu'il examinerait mon cas après le vote du budget.

C'est abominable.

Voilà un malheureux officier qui est bien noté, qui est dans la plus cruelle, dans la plus douloureuse situation du monde.

Il est digne d'intérêt, puisque, chose rare, le gouverneur, son propre commandant en chef, le général Giovianinelli, s'intéressent chaudement à lui et font tout ce qu'ils peuvent pour le faire réussir, puisque trois généraux écrivent en sa faveur, puisque deux députés, membres de la commission de l'armée, font pour lui les démarches les plus chaleureuses. Le ministre promet au gouverneur d'une manière précise que, si le général Millet, directeur de l'infanterie, l'accepte, il le nommera ; cédant à vos généreuses instances, à celles du général Giovianinelli, le général Millet consent et le ministre manque impudemment à sa parole.

Je ne suis rien, mais je suis très digne d'intérêt et de pitié ; je représente de longues générations de gloire et d'honneur, d'existences consacrées à la grandeur de la France et de vies données sur les champs de bataille ; je suis un bon officier, un bon soldat, j'ai les meilleures notes ; je voudrais savoir jusqu'à quel point le ministre entend se moquer de ce qu'il a promis pour moi. Je serais seul, cela aurait peu d'importance ; mais c'est pour ma femme et mes enfants que je lutte, c'es pour ces pauvres êtres que je me permets d'abuser de votre bonté et de votre bienveillance. Le ministre me renvoie jusqu'au vote du budget, parce que, jusque-là, il a peur de vous et de Montebello, et puis il m'enverra brusquement faire f... moi et les miens. Je vous supplie, monsieur le député, pardonnez-moi de vous accabler ainsi de moi ; un jour où vous aurez l'occasion de parler au ministre, il n'est pas possible qu'il ait aussi peu de cœur qu'on le dit et qu'il se joue ainsi d'un malheureux qui mérite cependant quelque intérêt ; ceux qui, comme vous, voulez bien le défendre, en sont la preuve.

Pardon encore, et de tout mon cœur, merci pour les miens (1).

ESTERHAZY.

NEUVIÈME LETTRE

Sans date.

Mon cher député,

Voulez-vous me permettre d'abuser encore de votre bonté et de résumer ce que j'ai été vous raconter ce soir?

Le ministre a repoussé toutes les instantes demandes qui lui avaient été adressées en ma faveur, en disant sur un ton fort peu bienveillant qu'il ne pouvait pas, prétextant que :

« J'étais dans une position *fort compromettante depuis longtemps*, parce que j'avais une maîtresse. »

Je proteste absolument contre ces assertions calomnieuses, qui seraient grotesques si elles ne me portaient préjudice, si elles ne causaient pas aux miens de si douloureux ennuis et qui sont acceptées soit avec une légèreté indigne d'un bonhomme qui est chef de l'armée, soit avec une insigne mauvaise foi.

Il est *faux* que je sois dans une situation fort compromise depuis longtemps.

J'ai subi, il y a quelque temps, comme

_____

(1) La sollicitude dont Esterhazy fait montre pour les siens dans ces lettres n'exista pas toujours... Depuis, M. Esterhazy a connu mademoiselle Pays ; et sa femme, digne de tous les respects et de toutes les sympathies, ainsi que ses enfants furent abandonnés par lui.

beaucoup de gens, de grosses pertes ; j'ai des immeubles de rapport difficile, mais aujourd'hui, 27 janvier 1897, ma situation est le suicide (je vous fais cette déclaration sur l'honneur, et m'engage à prouver tout ce que j'avance) : *je n'ai point de dettes, point de passif*, et me suis imposé de grands sacrifices pour arriver à ce résultat.

En revanche, j'ai un actif visible, composé de :

1° Deux maisons sises à Paris, rue des Cascades, 42 *bis* et 42 *ter*, gérées par M. Henry, architecte-expert, rue de la Pompe.

Elles ne sont pas dans un sac, on peut les voir et constater leur existence. Elles étaient grevées, lorsque je les ai achetées, d'une hypothèque au Crédit foncier de 50,000 fr. ; je les ai payées 148,000, elles sont donc d'un *revenu brut* d'environ 9,000 francs ; mais il y a beaucoup de vacances et la gérance aurait besoin d'en être surveillée de plus près, ce dont je m'occupe moi-même (biens dotaux) ;

2° Une propriété en Champagne, dite château de Dommartin, et comprenant, outre le château et ses dépendances, le parc, les prés, terres et bois qui composent le domaine de Dommartin-la-Planchette, près de Valmy (Marne). Ne pouvant la louer, j'ai un régisseur. Les terres sont inlouables et invendables dans ce pays, et je ne suis pas agriculteur (bien dotal) ;

3° 20 Paris-Lyon-Méditerranée chez Mᵉ Poirson, notaire à Sainte-Menehould (Marne) ;

4° Un compte courant au Crédit lyonnais, n° 50,233, s'élevant à environ 10,000 francs ;

5° Une créance de 15,000 francs (primitivement de 30,000 francs), plus les intérêts depuis 7 ans sur la succession de M. de Loqueyssie, ancien député, créance pour laquelle je suis en instance devant le tribunal de Périgueux ;

6° Un grand nombre de titres de mines d'or, sur lesquels je perds beaucoup d'argent, absolument improductifs, et dont la Banque française de l'Afrique du Sud a le détail, que je suis contraint de garder ;

7° Enfin, le mobilier *inaliénable* contenu dans le château de Dommartin, évalué par mon contrat de mariage établi par Mᵉ Le Villain, notaire à Paris, rue Boissy-d'Anglas, à la somme de 78,550 francs. L'inventaire de ce

mobilier est annexé à mon contrat et il est aisé d'en retrouver tous les objets à Dommartin où ils se trouvent ;

8° Le mobilier de mon appartement, évalué par l'agent de la Compagnie d'assurances la *Rouennaise*, à laquelle je suis assuré, à la somme de 20,000 francs.

Tout ceci est visible, facile à vérifier, et, si le général Billot veut en avoir la preuve, je suis prêt à la fournir dans le plus grand détail.

Évidemment les mines d'or, la créance Loqueyssie sont d'un rapport nul, de même que les collections et objets d'art, et il est fâcheux que je ne puisse les aliéner ; évidemment les maisons de la rue des Cascades et de la terre de Dommartin sont d'un fort mauvais rapport, mais de là à dire ce que dit le ministre, il y a loin ; je n'ai point de passif et j'ai un actif que je demande qu'on vérifie.

Il va de soi que ce n'est point avec ces ressources si diminuées que je puis dépenser beaucoup d'argent. Or, je n'ai point de dettes, je défie donc qu'on puisse établir que je mange de l'argent pour une femme et que j'aie compromis pour une femme ma situation.

On peut interroger ma famille, mes enfants, mes domestiques ; ils diront que je passe toutes mes soirées en famille, que je ne dîne jamais en ville, que je vis constamment avec les miens, promenant mes enfants, que je ne découche jamais.

La vérité est que depuis plus d'un an (le général Giovaninelli le sait mieux que personne) ma femme est gravement malade d'une maladie nerveuse compliquée d'accidents intérieurs et que, puisque ces misérables ne respectent rien et qu'il faut, pour se disculper de leurs ignobles outrages, toucher jusqu'aux sujets les plus intimes et secouer toute pudeur, les médecins m'ont fait à son égard certaines recommandations que vous comprendrez sans que j'insiste.

J'avais quarante-trois ans, à ce moment, et j'avais, j'ai encore le défaut de sentir que je suis un homme. Je suis surpris qu'on s'en étonne quand, la même année, on a vu le généralissime, presque septuagénaire, payer, ou ce qui est mieux, faire payer des grades de colonel, de général de brigade, de général de division, du logement dans les bâtiments de l'État, etc., les faveurs de madame X..., sa maîtresse, et il a fallu que son mari, sourd et infirme depuis de longues années, assassinât un officier pour qu'on le fît enfin quitter la garnison de Paris d'où il ne sortait pas, et où sa complaisance lui avait, en outre, valu les plus hauts grades dans la Légion d'honneur.

C'est à moi qu'on doit que ce scandale n'ait jamais éclaté...

(Ici se trouve une phrase que la décence nous interdit de reproduire.)

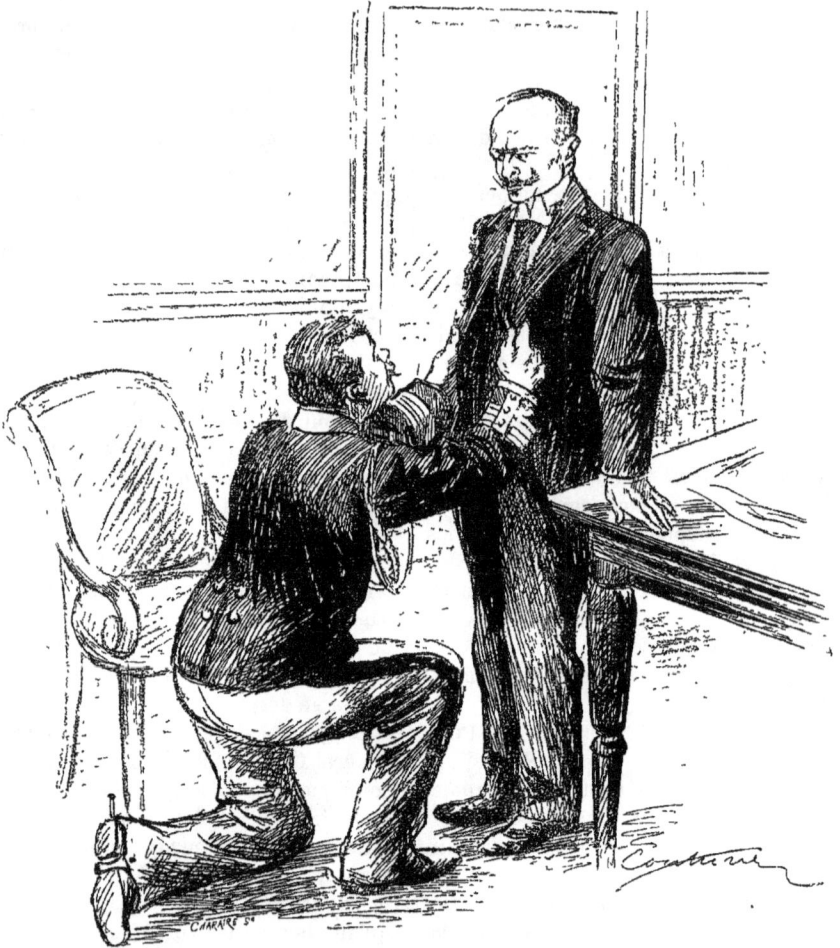

HENRY le Faussaire se traînant au genoux du juge BERTULUS.

... Vous avouerez que c'est une drôle d'armée que celle où on est exposé à entrer dans de pareilles explications, et que ce sont de drôles de chefs, pour ne pas dire des drôles, que ceux qui se servent de pareils arguments pour repousser la demande, chaudement appuyée par de braves gens, d'un bon soldat et d'un bon officier intéressant.

J'ai demandé à rester à Paris pour la santé de ma femme, impossible à soigner à Rouen de l'avis formel des médecins, pour toucher la solde de Paris supérieure de plus de 1,650 fr. à celle de Rouen, pour m'éviter les frais, extrêmement onéreux, d'un déplacement, alors que j'ai des dépenses considérables, et enfin pour surveiller mes affaires dont le

« ESTERHAZY Ier ! POURQUOI PAS? »

simple examen montre qu'elles exigent une grande surveillance que ma femme, en raison de son état, est incapable d'y apporter.

Je suis dans une situation à laquelle je m'efforce, malgré ses difficultés matérielles et ses tristesses morales, de faire honneur. Qu'un Billot, vainqueur à Frigolet, manque de pitié envers le fils du vainqueur de Kanghil, cela s'explique pour qui connaît le pèlerin et le méprise à sa juste valeur ; mais qu'il se contente, pour se débarrasser des démarches pressantes de gens de cœur, de se servir de pareils moyens, cela dépasse les limites permises.

Bien qu'il y ait furieusement de canailles, comme m'écrivait un jour le brave et bon général Grenier, sous l'épaulette, par le temps qui court, je me refuse à croire que de pareilles saletés aient été avancées à visage découvert contre un officier qui a des services comme les miens, et qui est noté comme je le suis ; mais j'ai tout lieu de supposer que cette ordure émane du service des renseignements.

Ce service, qui devrait renseigner sur ce qui se passe en Allemagne et qui laisse dépenser 200 millions par l'ennemi sans en trouver l'emploi, a parmi ses hauts chefs un chef de bataillon, *officier* de la Légion d'honneur (qui, par parenthèse, ne sait pas un mot d'allemand, d'italien ou d'anglais), qui emploie les fonds destinés à autre chose à faire le métier de mouchard et à faire surveiller par des agents louches de vingtième catégorie ses camarades. Quand on sait, par les aveux des magistrats eux-mêmes, comment, fait dans l'ordre judiciaire, ce service, à la préfecture de police, est sujet à d'incroyables erreurs, on est terrifié de penser que la réputation, l'avenir, les intérêts de bons officiers sont à la merci des délations sans appel d'un homme dont l'abject métier devrait être avant tout sujet à défiance, d'un homme qui colle ses épaulettes d'officier sur la défroque d'un argousin, et on a le droit d'être révolté quand, comme moi, on a obligé cet homme et qu'on sait aujourd'hui ce qu'il vaut. Le commandant Henry, en effet, est *mon débiteur depuis 1876 ;* je lui ai prêté quelque argent qu'il ne m'a jamais rendu, qu'il me doit encore : *cela explique bien des choses.*

En tout cas, avant d'accepter, comme article de foi, les relations de tels individus, le ministre ferait simplement son plus strict devoir s'il mettait à même l'officier ainsi traité de se défendre et de s'expliquer.

Il n'y a pas besoin d'avoir un chapeau avec des plumes sur la tête pour comprendre cela ; il suffit d'être un galant homme.

De pareils actes révoltent tous ceux qui en ont connaissance, et ils ont une singulière ironie quand on songe qu'ainsi que je vous l'ai dit, j'ai, il y a peu de temps, défendu ledit Billot contre des attaques qui lui auraient été fort sensibles. Je ne suis pas un résigné, je supporte mal les offenses, et la discipline n'a jamais consisté dans la bassesse et la servilité.

Servir veut dire être utile ; c'est dans ce sens que doivent le comprendre des gens d'épée et non pas dans le sens qu'y attachent des laquais ; mais je supporte encore plus mal les outrages quand il s'agit de la santé et des intérêts des êtres qui me sont le plus chers au monde et quand la vie et la raison de ma femme vont payer tout cela.

Je suis un très bon officier ; on n'a qu'à voir mes notes ; le sang versé par les miens, les services qu'ils ont rendus à la France valent qu'on s'en souvienne ; je suis dans une position extrêmement digne d'intérêt, et suis, moi aussi, tout comme un Romain de la bonne époque :

Au point de ne rien craindre, en état de tout faire.

Sur les promesses formelles, écrites, d'officiers généraux en qui j'avais droit d'avoir toute confiance, j'ai pris pour ma famille, pour ma femme, des dispositions qu'une modification aujourd'hui viendrait rendre dispendieuses au delà de mes moyens, et je suis prêt à m'en aller, s'il le faut, quitte à faire appel à l'opinion par d'autres moyens que le colonel Allaire.

Je ne veux rien précipiter dans une affaire aussi grave et demande à la bienveillance dont vous m'avez donné tant de preuves, et dont je suis bien touché, de me guider.

Vous pourrez, si vous le jugez bon, parler de tout cela à Montebello et lui donner mes éclaircissements ; je vous demanderai de n'en pas parler à Weill. C'est un excellent homme, mais il a supporté sans broncher les plus effrayants des soupçons et les plus abominables des outrages, et, comme je n'ai pas la même manière de voir, il ne comprendrait rien à ma colère que tous ceux qui me portent intérêt trouvent légitime, et parmi ceux-là sont des colonels et des généraux qui me connaissent depuis de longues années et qui ne me cachent pas leur indignation.

Pardonnez-moi, mon cher député, cette longue, trop longue tartine, et croyez à mon bien entier et reconnaissant dévouement.

ESTERHAZY.

P.-S. Drumont propose d'envoyer à Billot un exemplaire richement relié de *Charlot s'amuse !*

En tout cas, je suis bien résolu à faire quelque chose ; je suis le neveu d'un homme qui, général de division, provoqua le général de Castellane qui l'avait insulté ; le descendant par ma mère du colonel marquis de Pardaillan qui, sous Louis XIV, cassait son épée et en jetait les morceaux au nez du commissaire, représentant de Louvois, qui lui avait manqué d'égards, et je me souviens de cette phrase des recommandations admirables du maréchal de Belle-Isle à son petit-fils entrant dans l'armée : « Le respect des lois militaires et de leur discipline fait que vous ne devez jamais discuter un ordre, et, quelque absurde qu'il vous semble, vous devez l'exécuter jusqu'à la dernière goutte de votre sang, prêt à chaque instant à donner votre vie pour votre prince et la patrie ; mais la discipline ne peut, en aucun cas, vous faire faire un acte vil, ni vous faire supporter un outrage. »

Ces lettres suffisent à peindre ce qu'est Esterhazy.

Le rapport suivant donne des détails sur certaines de ses actions.

1ᵉ Document. — Rapport du colonel Kerdrain.

Rapport du colonel Kerdrain sur les faits reprochés à M. le comte Esterhazy, actuellement en non-activité pour infirmités temporaires et traduit devant un conseil d'enquête.

Paris, le 22 août 1898.

Avant de relater les faits qui amènent devant le conseil d'enquête M. le comte Walsin-Esterhazy, nous croyons devoir rappeler brièvement les services de cet officier supérieur.

Entré au service en 1870 comme sous-lieutenant, au titre étranger, provenant de la légion romaine, M. Esterhazy assiste à divers combats livrés par l'armée de la Loire et s'y fait remarquer par son entrain, sa bravoure. Lieutenant le 21 février 1874, il est promu capitaine au choix le 16 septembre 1880. Il est mis hors cadre, au titre des affaires indigènes de la Tunisie, par décision ministérielle du 17 février 1882 ; il reste dans ce service jusqu'au 29 février 1884, date à laquelle il est affecté au 7ᵉ bataillon de chasseurs à pied, puis au 18ᵉ, en garnison à Courbevoie.

Promu, toujours au choix, au 110ᵉ de ligne le 10 juillet 1892, cet officier passe avec son nouveau grade au 74ᵉ de ligne.

Son stage terminé, il est maintenu dans son corps comme chef de bataillon, du cadre complémentaire. Les notes obtenues par cet officier dans divers régiments où il a servi sont en général bonnes, souvent élogieuses, mais il y a lieu de retenir cette appréciation du lieutenant-colonel du 74ᵉ, appréciation qui figure au feuillet du personnel du commandant Esterhazy, à la date de juillet 1896 :

« Fait toujours partie du cadre complémentaire et n'est employé qu'à des services particuliers, où il ne paraît pas apporter la même exactitude que par le passé. Du reste, depuis le séjour du régiment à Paris, cet officier supérieur semble avoir une existence un peu brouillée. Est-ce dû à des dissentiments de famille ou peut-être à des difficultés d'argent ? Sans pouvoir rien préciser, puisqu'il ne m'est parvenu ni plaintes ni réclamations sérieuses pour dettes, j'estime qu'un changement important est survenu dans la vie privée du commandant Walsin-Esterhazy. »

Proposé pour la non-activité pour infirmités temporaires, il est placé dans cette position par décision présidentielle du 17 août 1897.

Il ne nous appartient pas de rappeler les tristes événements auxquels a été mêlé le nom de cet officier supérieur, le conseil de guerre l'ayant acquitté des accusations graves portées contre lui, la juridiction civile l'ayant renvoyé d'une plainte pour faux et usage de faux, mais d'autres faits graves ont été révélés ou se sont produits dans le cours des divers procès auxquels a été mêlé cet officier.

Nous les examinerons en essayant de suivre un ordre chronologique.

Au cours des années 1882, 1883, 1884, M. Esterhazy, alors capitaine aux affaires indigènes en Tunisie, échangea une correspondance suivie avec une de ses parentes, madame de Boulancy. Ces lettres, d'abord tenues secrètes par la destinataire, furent communiquées par elle en 1897 à diverses personnes, particulièrement au sieur X... qui, cédant un jour aux instances de M. Scheurer-Kestner, lui confia une lettre contenant des propos indignes d'un officier, d'un Français. Ce dernier crut devoir — pour les besoins d'une cause, dont il s'était fait le défenseur — informer l'autorité militaire de l'existence de ce document. Nous n'apprécions pas ici la conduite de madame de Boulancy et des tiers auxquels elle a confié un correspondance toute privée et compromettante pour son parent.

L'autorité militaire, qui procédait à cette époque à une instruction contre le commandant Esterhazy, se fit remettre le paquet de lettres que détenait madame de Boulancy.

Avant d'en faire connaître la contexture, nous devons déclarer que la plus compromettante, celle dite du « uhlan » et communiquée à M. Scheurer-Kestner en particulier, a été niée par le commandant Esterhazy, et soumise à l'examen de trois experts commis par l'autorité militaire. Ceux-ci ont déclaré :

« 1° La pièce litigieuse et l'enveloppe ne sont pas contemporaines ;

» 2° Cette pièce nous paraît être d'une origine très suspecte, et nous semble plutôt une imitation courante et à main-levée de l'écriture du commandant Esterhazy, qu'une pièce originale. »

Restaient maintenant les autres lettres que nous nous proposons d'examiner devant le conseil. Dans l'une d'elles, le capitaine Esterhazy s'exprime en ces termes sur ses supérieurs :

« C'est honteux de voir tout le remue-ménage que ces grotesques généraux font pour quelques cavaliers qui devraient les faire rougir en leur montrant l'exemple du courage et de la hardiesse. Tous ceux-là ont encore la botte prussienne marquée plus bas que le dos et ils tremblent de peur devant leur ombre. »

Dans d'autres correspondances, formulant toujours son opinion sur des officiers généraux de notre armée, dont un en particulier a occupé une des plus hautes situations, il s'exprime en ces termes :

« Certain officier général est résolu à faire le farceur, nous n'en avons jamais douté ici ; d'ailleurs, il a fait bien d'autres crasses. De grands événements se préparent, et à la première vraie guerre, tous ces grands chefs ridiculement battus, car ils sont à la fois poltrons et ignorants, iront une fois de plus peupler les prisons allemandes qui seront encore trop petites pour les contenir, car toutes les farces de ces sauteurs sont de peu de poids devant les beaux régiments prussiens si bien unis et si bien commandés, etc. »

Ce sont évidemment les récriminations d'un officier mécontent et frondeur qui ne se voit pas accorder la récompense qu'il croit avoir méritée ; mais peut-on admettre, même dans une correspondance privée, qu'un Français tienne un pareil langage ? Notre cœur de Français se révolte et rien ne peut excuser un pareil langage. En donnant un libre cours aux idées malsaines qui hantaient à cette époque son cerveau, le capitaine Esterhazy a commis une faute grave contre la discipline.

Nous passons maintenant à l'examen des trois lettres écrites par le commandant Esterhazy au président de la République les 29, 31 octobre et 5 novembre 1897.

A la suite d'une lettre adressée au commandant Esterhazy vers le mois d'octobre 1897 et signée « Espérance », lettre dans laquelle l'anonyme le prévenait des dangers qui le menaçaient, des machinations ourdies par ses ennemis pour le perdre, cet officier supérieur écrivit successivement trois lettres au président de la République, réclamant, sur un ton comminatoire, que le scandale fait autour du nom d'un descendant des Esterhazy soit arrêté, que justice soit faite contre l'infâme instigateur du complot tramé contre lui, sinon l'intervention du chef d'une nation étrangère serait son dernier et suprême recours.

Quel que soit l'état d'affolement, de surexcitation dans lequel se trouvait le commandant Esterhazy, jamais cet officier n'aurait dû avoir la pensée d'adresser de pareilles menaces au premier magistrat de la France ; son patriotisme aurait dû arrêter sa plume.

Nouvelle faute contre la discipline, de la part de cet officier qui semble, en outre,

UNE PAGE D'HISTOIRE

(*Le Prince d'Orléans félicitant Esterhazy lors du procès Zola.*)

avoir oublié que l'honneur faisait partie du patrimoine légué par ses ancêtres.

Vers la même époque, paraissaient, dans le journal la *Libre Parole*, certains articles signés Dixi qui, s'ils n'étaient pas rédigés par le commandant Esterhazy, étaient au moins inspirés par lui.

Cité à comparaître devant le juge d'instruction, cet officier s'est borné à déclarer qu'il avait donné divers renseignements pour la rédaction de trois articles parus dans le journal précité et intitulés : « Le Complot », « le Copain », et « M. Scheurer-Kestner ».

Il ne devait pas ignorer les ordres du ministre de la guerre, en collaborant à une feuille quotidienne ou en inspirant ses articles. Nouvelle faute contre la discipline à relever contre le commandant Esterhazy.

**

Tout dernièrement encore, cet officier supérieur, se voyant sous le coup d'un conseil d'enquête, manifesta son intention, au cours d'une entrevue que lui avait accordée le général commandant le département de la Seine, de peser sur l'esprit de ses chefs par des procédés inavouables. Nous devons reconnaître que, dans une lettre datée du 8 juillet 1898, c'est-à-dire trois jours après cet entretien, il exprima le regret des propos qu'il avait tenus et jura de ne pas se servir des papiers compromettants qu'il avait dans les mains.

**

Nous examinerons maintenant la conduite privée du commandant Esterhazy. Les documents sur lesquels nous nous appuyons sont : le résumé des rapports fournis au ministre de la guerre par la préfecture de police et des lettres du commandant.

Avant d'être dans la position de non-activité, M. Esterhazy, alors chef de bataillon au 74e de ligne, en garnison à Paris, installe, en janvier 1896, dans un appartement sis au 49 de la rue de Douai, dont le loyer est d'abord en son nom, une ancienne femme galante, mademoiselle Pays, dont il a fait sa maîtresse ; il habite avec elle.

Au mois de décembre 1897, ledit loyer a été transféré au nom de mademoiselle Pays. Nous nous bornons à relater le fait, laissant au conseil le soin d'apprécier les causes de cette substitution de nom sur les rôles des contributions.

Dans un autre rapport de police, qui revêt un caractère de haute gravité, le commandant Esterhazy est accusé d'avoir accepté de commanditer, pour une somme de 5,000 francs, une proxénète qui tenait une maison de rendez-vous dans le quartier de la gare Saint-Lazare. Dans une des entrevues, le commandant déclara se nommer « Rohan-Chabot », et, quelques mois plus tard, il déclara son véritable nom, « Walsin-Esterhazy », officier supérieur de l'armée française.

La correspondance lui était adressée au Jockey-Club, au château de Dommartin, à Sainte-Menehould.

A un certain moment, la proxénète, dont les affaires, paraît-il, étaient moins que prospères, fit part de sa situation précaire à celui qu'elle appelait « son associé ».

Le commandant Esterhazy lui proposa de se charger, moyennant une forte somme, de trouver une jeune fille pour marier son neveu, âgé de vingt et un ans, qui habite Bordeaux avec sa mère. La susdite tenancière le mit, déclare-t-elle, en rapport avec un certain Roussel, sorte d'agent matrimonial qui avait une jeune orpheline très riche à marier. Ledit Roussel posséderait des lettres du commandant.

Nous avons d'ailleurs retrouvé au dossier une lettre rédigée sous forme de billet, dans laquelle le signataire (une simple lettre alphabétique pour le désigner) l'engage à faire toutes les démarches nécessaires, lui assurant en cas de réussite la somme de 10,000 francs environ.

Au dossier, se trouvent également jointes les photographies de trois lettres écrites, d'après le rapport de police, par le commandant Esterhazy au sieur Lévy, autre agent matrimonial. La lecture de ces documents me permet de constater, non sans une certaine tristesse, que celui auquel ils sont attribués se montre peu scrupuleux dans le choix de la jeune fille destinée à son neveu. La moralité ne serait qu'une question secondaire et on passerait sur toutes espèces de choses scandaleuses, pourvu qu'elles ne crèvent pas les yeux de tout le monde. Une forte somme serait la récompense du service rendu.

De pareilles compromissions d'argent avec une proxénète et un agent matrimonial, véreux au suprême degré, dénotent chez leur auteur un abaissement de sens moral, incompatible avec la dignité d'un officier.

En résumé, il résulte des faits énumérés dans notre rapport que, pendant la période de 1882 à 1884 et plus récemment, de 1897 à 1898, M. le comte Esterhazy aurait commis des fautes graves contre la discipline et pouvant entacher son honneur, que sa cohabitation avec une ancienne femme galante et ses agissements avec certaines personnes véreuses établissent une inconduite habituelle.

KERDRAIN.

Voici maintenant les procès-verbaux des deux séances du « Conseil d'enquête de région » devant lequel a comparu « M. Walsin-Esterhazy (Marie-Charles-Ferdinand), chef de bataillon en non-activité pour infirmités temporaires ».

2º document. — Le Conseil d'enquête

Procès-verbal de la séance du Conseil d'enquête du gouvernement militaire de Paris, tenu le mercredi 24 août 1898, à Paris, et de la séance du même conseil tenu le samedi 27 août, à Paris.

PREMIÈRE SÉANCE

Mercredi 24 août 1898.

Ces personnes ainsi questionnées ont déclaré, savoir :

1º M. Mercier, colonel commandant le 133º régiment d'infanterie, à Belley.

A toujours eu de l'estime pour le commandant Esterhazy, lorsque cet officier était placé sous ses ordres, et le croit incapable de forfaire à l'honneur. N'a eu qu'à se louer des excellentes relations qui existaient entre les deux familles Esterhazy et Mercier, et n'a jamais constaté le moindre nuage dans le ménage Esterhazy.

2º M. Bergougnan, lieutenant-colonel de l'armée territoriale.

Confirme l'appréciation élogieuse du témoin précédent sur le commandant Esterhazy et sur sa vie intime. Ce ne serait, d'après le témoin, qu'au commencement de 1898 que le ménage se serait désuni, à la suite des révélations faites par la presse sur les relations du commandant avec la femme Pays ; néanmoins, celui-ci voyait journellement ses enfants, et madame Esterhazy eût probablement, dans un temps peu éloigné, désiré pardonner à son mari et reprendre la vie commune.

A propos de la question du duel Esterhazy-Picquart, le témoin déclare qu'il eût accepté, dans cette affaire, d'assister le commandant Esterhazy sur sa simple demande ; mais il ajoute qu'il avait été invité à remplir le rôle de témoin pour que l'armée nationale fût représentée. La priorité était acquise au commandant Esterhazy. En y renonçant en faveur du colonel Henry, qui avait l'ordre de ses chefs, Esterhazy a fait un gros sacrifice à ses chefs. Le témoin le croit incapable de manquer à l'honneur ; il a reçu beaucoup de témoignages du 74º de ligne confirmant son opinion.

3º M. le général de Pellieux, commandant le département de la Seine.

Déclare tout d'abord qu'étant chef d'état-major en Tunisie, il a connu le capitaine Esterhazy, qu'il tient pour un brave soldat. Sur la demande du commandant, qui désirerait fixer le conseil sur la proposition que lui aurait faite, en 1898, M. le général Billot de lui faire accorder sa retraite avec le maximum, le général de Pellieux, témoin, s'exprime ainsi :

« Oui, on lui a proposé le maximum ; mais le général Billot ayant déclaré, dans les couloirs du Sénat, qu'il allait chasser Esterhazy de l'armée, celui-ci a retiré sa demande de retraite. C'est donc parce qu'il n'a pas voulu qu'il n'est pas aujourd'hui en retraite. »

Le commandant Esterhazy ajoute qu'on lui avait offert, à plusieurs reprises, de le mettre en retraite ; que Mᵉ Tézenas voyait des généraux et que lui-même, Esterhazy, suivait deux directions : le cabinet et l'état-major ; en principe, les offres de retraite venaient du général Billot.

Le général de Pellieux, appelé à faire connaître au conseil si, dans des circonstances ordinaires, on eût relevé contre Esterhazy les diverses fautes qui constituent son dossier, répond qu'il ne le croit pas. En ce qui concerne l'entrevue du 3 juillet, entre Esterhazy et le général de Pellieux, celui-ci ajoute que cet officier était abattu physiquement, très surexcité, et que c'est à cet état d'esprit que doivent être attribuées les paroles incriminées ; mais qu'il ne croit pas à l'intention du commandant Esterhazy de faire chanter l'état-major.

Quant à la campagne de presse, le général de Pellieux engagea vivement le commandant

ESTERHAZY REMETTANT SES DOCUMENTS A L'AMBASSADE ÉTRANGÈRE

à la faire cesser ; celui-ci lui promit de l'arrêter et il tint sa parole. Le commandant lui a fait connaître que les juifs lui avaient offert 600,000 francs pour qu'il se déclarât l'auteur du bordereau, et qu'ils avaient également offert 150,000 francs à madame Pays. Le commandant aurait refusé. Ces offres étaient faites par l'intermédiaire d'un journaliste anglais, de la part de la famille Dreyfus, et elles furent renouvelées plusieurs fois (1).

_____

(1) Calomnie inepte et que n'appuie, naturellement, aucune preuve, aucun indice.

DEVANT LE CHERCHE-MIDI

Monsieur Lépine sortit de la séance du conseil de guerre en disant aux journalistes·
que l'acquittement de Dreyfus était certain.

M. Esterhazy confirme de nouveau cette déclaration du témoin et ajoute que c'était surtout à la condition qu'il révélât le rôle de l'état-major.

4° M. Mercier du Paty de Clam, lieutenant-colonel d'infanterie hors cadre, à l'état-major de l'armée.

M. Esterhazy ayant fait demander au témoin s'il le croyait capable d'avoir manqué à la discipline ou à l'honneur, celui-ci s'explique ainsi :

« J'ai appris, en octobre, qu'on cherchait à compromettre Esterhazy et qu'on n'avait rien relevé contre lui, si ce n'est des écarts peu sérieux. Je n'ai pas cru pouvoir le laisser étrangler sans défense ni le laisser s'affoler ; et puis, il fallait savoir qui était réellement Esterhazy. Plusieurs officiers, consultés, furent de mon avis. La première fois que je le vis, il était déjà prévenu : sa sincérité me fit voir de suite que ce n'était pas un homme de paille. Nous l'avons réconforté de notre mieux. Il était comme au secret moral, et bien des choses étaient admissibles de sa part. Pour Esterhazy, c'était le suicide ou la fuite, et il fallait éviter l'un et l'autre. »

Au sujet des lettres au président de la République, le dialogue suivant s'établit entre le général président, le témoin et Esterhazy, à peu près en ces termes :

LE LIEUTENANT-COLONEL DU PATY DE CLAM. — Esterhazy voulait écrire à l'empereur d'Allemagne ; je lui ai dit qu'il valait mieux écrire au président de la République, qui était le père de tous les Français. Cette lettre, je la connais, puisque j'en ai pris plus tard copie au ministère de la guerre. M. Esterhazy m'a dit qu'on la lui avait dictée.

M. ESTERHAZY. — Je tiens à ce que le lieutenant-colonel dise qui me l'a dictée.

LE LIEUTENANT-COLONEL DU PATY. — Ah ! je n'en sais rien !... Voudriez-vous dire que c'est moi ?

M. ESTERHAZY. — Dites la vérité.

LE LIEUTENANT-COLONEL DU PATY. — Ce n'est pas moi.

M. ESTERHAZY. — Alors comment les choses se sont-elles passées ?

LE LIEUTENANT-COLONEL DU PATY. — Il voulait chercher un secours à l'étranger, près de ses parents, et faire demander par eux à l'empereur d'Allemagne s'il avait jamais eu des relations avec lui et le prier de défendre son honneur de membre d'un ordre dont ce souverain était le grand-maître.

M. ESTERHAZY. — C'est cela ! J'en appelais à l'empereur d'Autriche comme vassal. Étant décidé à me tuer, je voulais auparavant en appeler à tous ceux qui avaient intérêt à défendre un Esterhazy.

LE LIEUTENANT-COLONEL DU PATY. — Oui, c'est alors que je l'en ai détourné et l'ai engagé à écrire au président de la République.

LE PRÉSIDENT. — Mais ces lettres contiennent un sentiment de menace ?

LE LIEUTENANT-COLONEL DU PATY. — A mes yeux, Esterhazy relevait plutôt du conseil de santé. J'ai vu au ministère la lettre, et lui ai dit que cette lettre, qu'il déclarait lui avoir été dictée, était charentonnesque. Ce n'est pas moi, certainement, qui la lui ai dictée.

LE PRÉSIDENT. — Mais, alors, qui lui a dicté cette lettre ? Et d'ailleurs, si elle lui a été dictée, que pouvait bien faire son état d'esprit à la rédaction de la lettre ?

LE LIEUTENANT-COLONEL DU PATY. — Ce n'est pas moi. Esterhazy était admirablement renseigné ; mais tout ce qu'on lui faisait savoir était toujours de nature à le décourager. On voulait, disait-il, faire sauter surtout du Paty et le général de Boisdeffre. Quant à faire connaître au conseil si mes relations avec Esterhazy étaient ordonnées ou n'étaient qu'un fait personnel, je me refuse à répondre devant Esterhazy.

LE PRÉSIDENT. — En tout cas, qu'avez-vous fait personnellement, et dans quelle mesure êtes-vous intervenu ?

LE LIEUTENANT-COLONEL DU PATY. — En ce qui concerne les articles de journaux, on l'a aidé à répondre à l'article « Vidi ». J'ai même corrigé la réponse.

LE PRÉSIDENT. — Il n'a donc pas agi seul, mais avec le concours d'officiers de l'armée active ?

LE LIEUTENANT-COLONEL DU PATY. — Oui.

LE PRÉSIDENT. — Nous avons besoin de savoir dans quelle mesure il était guidé et, par conséquent, responsable.

LE LIEUTENANT-COLONEL DU PATY. — Esterhazy n'a jamais su qu'il était défendu par l'État-Major, mais seulement par des individualités ; j'étais un des plus intéressés à la manifestation de la vérité, et c'est pourquoi je l'ai aidé. Je n'ai vu la lettre au président de la République qu'au ministère, après qu'elle a été reçue.

LE PRÉSIDENT. — Vous avez approuvé l'envoi de cette lettre ?

LE LIEUTENANT-COLONEL DU PATY. — Oui, et je lui en ai donné la carcasse; mais, après avoir lu la lettre, j'en ai blâmé la rédaction.

M. ESTERHAZY. — Mais, dites donc la vérité! Dites comment ces lettres ont été dictées!

LE LIEUTENANT-COLONEL DU PATY. — Je dis ce que je sais.

LE PRÉSIDENT. — Est-ce vous qui avez inspiré celle qui contient la menace ?

LE LIEUTENANT-COLONEL DU PATY. — Il m'a parlé en effet de l'écrire.

LE PRÉSIDENT. — Vous ne savez pas qui l'a dictée ?

LE LIEUTENANT-COLONEL DU PATY. — Non.

LE PRÉSIDENT, à Esterhazy. — Où ont-elles été écrites?

M. ESTERHAZY. — Une, derrière le pont Caulaincourt; une autre, au pont des Invalides; la troisième, je ne sais plus où. Je les ai écrites au crayon, sous la dictée de quelqu'un ; je les ai recopiées tranquillement chez moi.

LE PRÉSIDENT, à Esterhazy. — Savez-vous si du Paty connaît ce quelqu'un?

M. ESTERHAZY. — Oui, le colonel le sait.

LE LIEUTENANT-COLONEL DU PATY. — Je le connaîtrais, je ne le dirais pas, n'étant pas un mouchard. D'ailleurs, je ne sais que par Esterhazy qu'on la lui a dictée.

M. ESTERHAZY. — J'adjure le colonel de dire qu'il connaît l'auteur de la lettre, qu'il le connaît aussi bien que moi, qu'il est absolument exact que ces lettres ont été dictées par quelqu'un qu'il connaît, de même que l'article « Dixi ».

LE PRÉSIDENT, au témoin. — Je vous pose la question.

LE LIEUTENANT-COLONEL DU PATY. — J'ai dit tout ce que j'avais à dire.

LE PRÉSIDENT. — Alors, si vous ne le savez que par Esterhazy, ce n'est plus un témoignage de vous. Vous ne faites que rééditer les affirmations de M. Esterhazy?

LE LIEUTENANT-COLONEL DU PATY. — Il est impossible que l'article « Dixi » ait été fait par Esterhazy; donc, on le lui a donné.

LE PRÉSIDENT. — Ce n'est pas un témoi-

gnage, mais une appréciation. Nous n'en avons pas besoin.

LE LIEUTENANT-COLONEL DU PATY. — Je n'ai rien à dire.

LE PRÉSIDENT. — En résumé, vous aidiez le commandant Esterhazy. Est-ce sur votre initiative?

LE LIEUTENANT-COLONEL DU PATY. — Je ne veux pas le dire devant Esterhazy.

LE PRÉSIDENT. — Esterhazy ment-il en disant que la lettre lui a été dictée ?

LE LIEUTENANT-COLONEL DU PATY. — Il ne ment pas... ou plutôt... Je retire ce que j'ai dit.

M. ESTERHAZY. — J'affirme que l'article m'a été apporté tout écrit, et que les lettres m'ont été dictées.

LE LIEUTENANT-COLONEL DU PATY. — Je suis sûr qu'il ne ment pas, en ce qui concerne l'article. Quant aux lettres, je ne sais pas... Je n'ose pas confirmer le dire du commandant, je ne dis pas le contraire.

LE PRÉSIDENT, à Esterhazy. — Invoquez-vous sur autre chose le témoignage du colonel du Paty?

ESTERHAZY. — Plus maintenant, après ce qui vient de se passer.

LE LIEUTENANT-COLONEL DU PATY. — Je n'ai revu Esterhazy qu'en avril dernier. Il m'a dit : « On m'a fait des propositions, je n'ai pas dix francs dans ma poche, mes bottes sont percées; j'aimerais mieux crever de faim que de faire du tort aux gens qui m'ont aidé. »

ESTERHAZY. — Non, je ne veux rien leur faire, mais je voudrais bien qu'on agît de même à mon égard!

LE PRÉSIDENT, au témoin. — Avez-vous quelque chose à dire?

LE LIEUTENANT-COLONEL DU PATY. — Non, je n'ai plus rien à dire.

5° M. de Boisandré, publiciste.

Le témoin déclare qu'à la rédaction de la *Libre Parole* on n'a jamais cru que l'article « Dixi » fût du commandant Esterhazy. Les communications faites à ce journal par le même officier étaient transmises par ordre. Un document vu par le témoin en fait foi : cet officier n'était qu'un intermédiaire entre le journal et l'État-Major. En tout cas, il n'a jamais cherché à compromettre ses chefs. Le témoin l'affirme sur l'honneur. Il ajoute, sur la demande du président, que les renseignements sur les agissements du syndicat étaient fournis par deux journalistes anglais. Le témoin, interrogé sur les motifs qui ont empêché le commandant Esterhazy de faire un procès à ses accusateurs, déclare que cet officier en a été dissuadé par le ministre, et surtout par son avocat. Il termine en faisant l'éloge du commandant, et fait connaître au conseil que cet officier envoyait de l'argent à sa famille, à ses enfants, pour lesquels il avait une profonde affection.

Les cinq témoins, dont les dépositions sont ci-dessus rapportées, ont été entendus sur la demande de l'officier objet de l'enquête.

Le commandant Esterhazy.

Toutes les personnes appelées devant le conseil étant entendues, le président a demandé : 1° à l'officier supérieur objet de l'enquête, s'il désirait que de nouvelles questions fussent adressées à ces personnes, qui attendaient dans une salle voisine ; 2° aux membres du conseil, s'ils avaient de nouveaux éclaircissements à demander aux personnes entendues.

Sur leurs réponses négatives, le président a alors donné la parole à l'officier objet de l'enquête, pour présenter ses observations.

Au sujet du mariage de son neveu, le commandant Esterhazy déclare qu'il aimait beaucoup ce neveu, dont le grand-père avait été sauvé de la banqueroute par son père, le général Esterhazy. Il l'avait aidé souvent, et enfin, pour l'empêcher de compromettre une jeune fille de bonne famille, il avait cherché à lui faire faire un mariage d'argent par l'intermédiaire de M. Roussel, lequel est le même qu'un juif, nommé Lévy. Il reconnaît les lettres et cherche à les expliquer par l'idée de sauvegarder l'honneur de la jeune fille en question, et il dit les avoir écrites sur les instances de son neveu, qui voulait se marier à tout prix.

En ce qui concerne les lettres Boulancy, Esterhazy nie celle du « uhlan » ; il rappelle que les autres ont été écrites en 1882, il y a seize ans, sous l'impression d'une grande déception. Il en regrette les termes. Interrogé sur ses rapports avec la fille Pays, il dit l'avoir connue à Rouen, alors qu'il avait des déboires intimes de famille ; il a caché cette liaison tant qu'il est resté en activité au point qu'elle est restée ignorée de ses camarades aussi bien que de madame Esterhazy. Ce n'est que lors de la dénonciation de Mathieu Dreyfus — laquelle eut pour conséquence la divulgation de ses rapports avec madame Pays — qu'il fut obligé, à la suite de scènes violentes avec sa femme, de quitter le domicile conjugal et de se réfugier rue de Douai. Il fait l'éloge de madame Pays qui, malgré des offres considérables d'argent qui lui auraient été faites, ne l'a pas abandonné. Il passe ensuite au récit des événements qui sont déroulés en 1897. Etant à la campagne à cette époque, il reçoit une lettre signée « Speranza ». Il arrive à Paris et descend rue de Douai. Le lendemain, à sept heures du soir, un monsieur demande à le voir. La concierge ayant répondu que le commandant était inconnu à ce numéro, le monsieur insiste encore ; finalement, il revient le lendemain, et attend dans la rue. Il portait de grosses lunettes bleues. Le commandant descend et tous deux se rendent derrière le parc de Montsouris. Le commandant fait part à ce monsieur de la lettre étrange qu'il a reçue, et lui demande si cet entretien se rapporte à cette lettre. Ledit personnage répond affirmativement, ajoutant :

— Vous serez soutenu par des protecteurs très influents.

Rendez-vous est pris pour le lendemain. A ce nouveau rendez-vous, le commandant voit arriver un fiacre contenant trois personnages. Deux d'entre eux en descendent. L'un, personnage de la veille, toujours avec ses lunettes bleues ; l'autre, avec une fausse barbe. On lui parle des affaires Scheurer-Kestner, Picquart, etc., qui se trament depuis seize mois, et on ajoute qu'on croit devoir le prévenir à cause de la future interpellation, « qu'il faut maintenant exécuter les ordres ». Le lendemain, le commandant et le premier personnage décoré, mais sans ses lunettes, se retrouvent au Cercle militaire. Rendez-vous est pris pour le lendemain, place Vintimille. De là, ils vont ensemble au cimetière Montmartre, où le commandant présente la fameuse lettre « Speranza ». Ledit personnage insiste vivement auprès du commandant pour qu'il demande une audience au ministre, en lui indiquant ce qu'il devra dire. La demande d'audience est refusée. Dans une autre entrevue, ledit personnage lui dit :

— Je suis le lieutenant-colonel du Paty, l'autre le colonel Henry ; le troisième, je n'ai pas besoin de vous le nommer. Comptez sur moi et sur vos protecteurs.

Le lieutenant-colonel du Paty conseille au commandant d'écrire au président de la République ; un certain jour il l'emmène au pont Caulaincourt où la lettre est dictée. L'article

Un ami de la justice : **M. Georges Clémenceau.**

« Dixi », ajoute le commandant, lui a été remis tout entier par le lieutenant-colonel du Paty, qui également l'a engagé à écrire au ministre de la guerre pour dénoncer le lieutenant-colonel Picquart. Cette lettre est entre les mains de Mᵉ Tézenas. Les relations se poursuivent ainsi.

Quelques jours après, le lieutenant-colonel arrive, avec une femme voilée, au pont Alexandre III et fait connaître au commandant qu'il ne peut plus avoir avec lui de rela-

tions directes. Il le prie de désigner une intermédiaire, et madame Pays est acceptée pour ce rôle. De nombreuses entrevues ont lieu, soit chez madame Pays, soit chez le lieutenant-colonel. C'est dans ces conditions que se fait l'échange des correspondances. Le lieutenant-colonel Henry se serait également rendu chez madame Pays. Le commandant affirme de nouveau que toutes les lettres qu'il a écrites lui ont été dictées, même celles envoyées à Sousse à Picquart :

— Elles m'ont été dictées mot à mot. C'est moi, Esterhazy, qui ai demandé à passer devant le conseil de guerre, sans subir aucune influence.

Survient alors la lettre de M. Zola. L'état-major entre de suite en relations directes avec Mᵉ Tézenas, que du Paty voyait déjà ; mais, visiblement, il n'agissait pas en son nom propre. Le gendre du général Billot est venu de la part du ministre voir Mᵉ Tézenas pour tout concerter avec lui, et il faisait dire en même temps au commandant de demander sa retraite.

Le commandant voulait, à ce moment, faire un procès au *Figaro*. Il signale les avantages pécuniaires qu'il en aurait retirés. Il en a été dissuadé. Il fait ensuite allusion à la campagne très vive qu'on lui avait conseillé de mener, avant la promesse de ne pas être lâché par l'état-major, le général de Pellieux ayant lui-même déclaré qu'il ne le lâcherait pas.

Il aurait également des documents plus graves à présenter, entre autres les fameux télégrammes : mais il ne veut compromettre personne. Après un instant de vive hésitation, il rappelle la pièce dont il a été question dans la déposition de M. de Boisandré et dont il fait ressortir l'importance. Il regrette de ne pouvoir la reproduire, ne l'ayant pas entre les mains. Elle est détenue par Mᵉ Tézenas, absent de Paris.

Le président fait retirer l'officier supérieur objet de l'enquête. Le conseil délibère et, comme la séance commencée à neuf heures du matin a duré jusqu'à sept heures du soir et que le conseil estime qu'il y a lieu de se faire présenter le document dont il vient d'être question, il s'ajourne à une prochaine séance, pour permettre à l'officier objet de l'enquête de se le procurer.

DEUXIÈME SÉANCE
Samedi 27 août 1898.

L'officier supérieur objet de l'enquête est introduit ; il continue ses explications. Invité par le président à faire connaître les ressources avec lesquelles il pourvoyait à des dépenses qui semblent au-dessus de ses moyens, Esterhazy donne les explications suivantes : Madame Esterhazy possède

deux maisons et lui-même encore un peu d'argent déposé chez un banquier, M. Rousseau. Des amis de Mᵉ Tézenas lui ont remis 18,000 francs, dont 4,000 fournis par le *Gaulois* pour sa défense. Il a donné à madame Esterhazy environ 1,000 francs par mois et a vécu avec madame Pays le plus modestement possible. Cette dernière fait elle-même sa cuisine. Il a passé un contrat avec un éditeur, M. Fayard, qui lui a remis 5,000 francs et promis 1,000 francs par mois pour un ouvrage intitulé : *l'Affaire Dreyfus*, par le commandant Esterhazy, pour lequel il doit demander au ministre l'autorisation de publication. Sur l'observation du président, le commandant ajoute que cette publication ne lui paraît pas être une mauvaise action ; que, du reste, il se propose d'y défendre l'armée.

Sur demande du président, il dit que, s'il n'a pas voulu dévoiler au conseil certains faits graves et compromettants, ce n'est pas qu'il fût lié par serment, ni même pour tenir une promesse, ni encore à cause des membres du conseil, mais en raison de ce que le procès-verbal devait être lu ultérieurement par d'autres personnes et des conséquences qui en pouvaient résulter.

Sur une observation du président au sujet de l'ensemble de sa conduite, le commandant produit une lettre de M. de Faultier, parent de son neveu, qui désapprouve ce dernier et témoigne au commandant sa haute estime Au sujet des lettres relatives au mariage de son neveu, le commandant, qui les avait reconnues à la première séance, fait des réserves, basées sur l'authenticité de ces lettres, en se fondant sur quelques inexactitudes de détail et sur des erreurs de situation de famille qu'il y relève. Tout en continuant à ne pas contester le fait de sa participation au projet de mariage, il prétend qu'on imite si bien son écriture qu'il s'est déjà trompé à diverses reprises sur des lettres qui lui ont été présentées.

Le président demande alors la communication de la note confiée par le commandant à Mᵉ Tézenas et dont il avait été question à la fin de la séance précédente. Esterhazy la remet au président, qui en fait donner lecture au conseil. Par cette note, qui paraît avoir une grave importance, on donne au commandant des instructions en vue de sa comparution devant le général de Pellieux.

Elle commence à peu près en ces termes : « Dans le cas où le général de Pellieux me demanderait si j'ai eu des rapports avec vous, j'ai l'intention de dire, *ce qui est sensiblement vrai* (ces mots sont d'une autre écriture) : « Je suis étranger à la campagne contre Pic- » quart... » Voici le terrain sur lequel je me placerai... Pénétrez-vous bien de ce qui est souligné à l'encre rouge... La personne qui a été chercher les fameuses lettres de Picquart, en style convenu, est précisément l'auteur du télégramme signé « Blanche »...

Interrogé sur la provenance de cette note, dont quelques fragments viennent d'être cités approximativement, le commandant dit l'avoir reçue par la même voie que les autres communications et que ces deux écritures proviennent de la famille du Paty. Cette pièce a été entre les mains de M. de Boisandré qui pourra être interrogé à ce sujet. Le président fait observer qu'il est regrettable que cette pièce soit connue d'un journaliste. Le commandant ajoute :

— J'en ai bien d'autres et je n'ai montré que celle-là... En ce moment même je me retiens...

Le conseil fait ensuite introduire successivement les témoins suivants, pour être entendus de nouveau :

1° M. de Boisandré, journaliste.

Le président montre au témoin la note « aux deux écritures » dont il a été question plus haut. Celui-ci déclare la reconnaître, l'avoir eue entre les mains et savoir, par une autre personne, le nom de l'auteur principal.

Le témoin ajoute que le commandant Esterhazy avait toujours été considéré par la presse comme le délégué de ses chefs. Il est très étonné qu'après s'en être servi on l'abandonne : « Aussi la presse, dit-il, est humiliée de voir maintenant flétrir celui qui a été accrédité auprès d'elle. »

2° M. du Paty de Clam.

Le témoin reconnaît que ses rapports avec Esterhazy ont eu lieu d'abord directement, puis par l'intermédiaire de madame Pays, de Christian Esterhazy, puis de nouveau de ma-dame Pays, et enfin de Me Tézenas. En ce qui concerne madame Pays, les communications ont eu lieu chez elle et chez le témoin.

Le président présente la note « aux deux écritures » au lieutenant-colonel du Paty. Celui-ci dit qu'il connaît ce document, il en reconnaît également l'écriture.

Passant aux lettres au président de la République dont il avait été question dans la précédente séance, le témoin demande à revenir sur sa déclaration. Il reconnaît que la lettre a été inspirée à Esterhazy et que ce dernier n'a pas menti en disant que la rédaction n'est pas de lui.

Le témoin ajoute : — Je ne veux pas suggérer quel est l'auteur de la lettre. J'ai tout dit au ministre actuel : il est au courant de tout, sauf de certains noms impossibles à dire.

Le président ne s'expliquant pas que, dans ces conditions, on ait fait de ces lettres une charge contre Esterhazy, le témoin reconnaît qu'il n'a pas parlé de ces lettres au ministre.

Sur la demande du président, le témoin reconnaît qu'Esterhazy a en sa possession un certain nombre de documents « gênants et ennuyeux » pour des personnalités militaires; il n'en a jamais fait usage; il ne les a jamais montrés au témoin.

M. du Paty termine en disant : — Dans ce que j'ai vu et ce que je sais, il n'y a rien à la charge d'Esterhazy. Mon témoignage personnel est tout à son honneur et rien de sa part ne mérite la flétrissure de la réforme.

3° Le général de Pellieux.

Interrogé sur les propos qu'il aurait tenus à Me Tézenas : « Nous avons lié partie avec Esterhazy, nous ne le lâcherons pas », le général nie l'avoir tenu. Le témoin ignore le rôle d'Esterhazy comme intermédiaire de l'état-major avec la presse; il reconnaît cependant que ce dernier lui a amené des journalistes qui sollicitaient une direction d'ensemble; il en a rendu compte.

Au sujet de l'imitation facile de l'écriture d'Esterhazy, le témoin déclare avoir vu des lettres de lui remarquablement imitées, et M. Belhomme lui aurait dit que pour 10 fr. la ligne on pouvait avoir l'imitation de toute espèce d'écriture.

LE RÊVE DU UHLAN
(*Voir la lettre à Mme de Boulancy.*)

Quant à la situation pécuniaire d'Esterhazy, le témoin n'a aucune espèce de renseignement. Il estime que celui-ci a dû être aidé
par les journaux (1).

Le commandant Esterhazy.

Les trois témoins dont la déposition vient

d'être rapportée, ont été entendus sur l'ordre
donné, d'office, par le président.

Toutes les personnes appelées devant le
conseil entendues, le président a demandé :

1° A l'officier supérieur objet de l'enquête,
s'il désirait que de nouvelles questions
fussent adressées à ces personnes, qui attendaient dans une salle voisine ;

2° Aux membres du conseil s'ils avaient de
nouveaux éclaircissements à demander aux
personnes déjà entendues.

(1) M. Drumont, M. Rochefort et M. Arthur
Meyer versaient des mensualités au traître.

"Une Bonne Journée"

— Dix mille pour avoir avoué, vingt mille pour avoir rétracté : décidément, le bordereau est une bonne affaire pécuniaire, sinon morale.

Sur leur réponse négative, le président a donné la parole à l'officier objet de l'enquête pour présenter ses observations.

Celui-ci a alors exposé, que dans le duel Crémieu-Foa avec de Morès (?), il avait servi de témoin au premier sur l'instance de madame Grenier, veuve du général de ce nom, dont il avait été longtemps l'officier d'ordonnance. Il revient ensuite sur les faits dont il a déjà parlé, ses rapports avec l'état-major qui lui aurait même fourni des témoins pour son duel avec Picquart. A ce moment, il n'élait pas considéré comme indigne, et madame Pays elle-même était acceptée comme relation. On l'abandonne maintenant, lui, qu'on soutenait, quand on avait besoin de ses services. « Je n'ai jamais cessé de remplir mes devoirs de famille. Je me réclame des généraux mes ancêtres et j'en appelle des rapports de police à toutes les notes de mes chefs militaires. »

Et, lorsqu'il a déclaré qu'il n'avait rien à ajouter, le président a consulté le conseil pour savoir s'il se trouvait suffisamment éclairé. Sur la réponse affirmative de chaque membre, il a déclaré l'enquête terminée et a fait retirer l'officier supérieur objet de l'enquête.

L'avis du conseil d'enquête.

Le conseil ayant à émettre son avis, le président a posé les questions ci-après, exposées dans l'ordre spécial du ministre de la guerre.

1° M. Walsin-Esterhazy (Marie-Charles-Ferdinand), chef de bataillon d'infanterie en non-activité pour infirmités temporaires, est-il dans le cas d'être mis en réforme pour inconduite habituelle ?

2° M. Walsin-Esterhazy est-il dans le cas d'être mis à la réforme pour faute grave contre la discipline ?

3° M. Walsin-Esterhazy est-il dans le cas d'être mis en réforme pour fautes contre l'honneur ?

Pour la solution de chacune de ces questions, chacun des membres a voté au bulletin secret en déposant chaque fois, dans une urne, une des deux boules qu'il a reçues, sur l'une desquelles était inscrit « oui » pour l'affirmative, et sur l'autre « non » pour la négative.

Le dépouillement de chaque scrutin a donné le résultat suivant :

« **Oui**, à la majorité de 3 voix contre 2 sur la première question.

» **Non**, à l'unanimité sur la deuxième question.

» **Non**, à la majorité de 4 voix contre 1 sur la troisième question (1). »

(1) La troisième question était : « M. Walsin-Esterhazy est-il dans le cas d'être mis en réforme pour fautes contre l'honneur? et M. le colonel Kerdrain ayant affirmé sans avoir été contredit

Le président a déclaré, en conséquence, que l'avis du conseil est qu'il y a lieu de mettre en réforme M. Walsin-Esterhazy.

Aussitôt après cette déclaration, le président a prononcé la dissolution du conseil d'enquête.

3° Document.

Lettre du gouverneur de Paris.

Paris, le 28 août 1898.

Le général Zurlinden, gouverneur militaire de Paris, à monsieur le ministre de la guerre.

CABINET

Monsieur le ministre,

J'ai l'honneur de vous transmettre ci-joint le procès-verbal ainsi que le dossier du conseil d'enquête devant lequel a été envoyé, par votre ordre, M. le chef de bataillon en non-activité Walsin-Esterhazy.

Le procès-verbal mentionne des révélations graves sur le rôle de certains officiers de l'état-major de l'armée dans la première affaire Esterhazy.

Ces révélations ont fortement impressionné le conseil d'enquête et ont eu une grande influence sur le résultat de ses votes.

Le résultat est négatif pour deux questions et affirmatif — mais seulement à la majorité de trois voix contre deux — pour la question de l'inconduite habituelle.

En se reportant aux usages de l'armée, il y aurait donc lieu d'user d'indulgence à l'égard du commandant Esterhazy, ou de se contenter d'une punition disciplinaire, la non-activité par retrait d'emploi.

Dans le cas où vous voudriez néanmoins prononcer la réforme de cet officier supérieur, je me permets d'émettre l'avis que le rapport, accompagnant le décret de réforme, devrait spécifier loyalement que la réforme est prononcée pour inconduite habituelle, le conseil d'enquête ayant repoussé les questions de fautes contre la discipline ou contre l'honneur.

Général ZURLINDEN.

« qu'il commanditait pour une somme de 5,000 francs une proxénète de la rue Saint-Lazare. » la réponse des officiers-juges déclarant qu'Esterhazy n'a pas forfait à l'honneur, est vraiment extraordinaire. Que faut-il donc faire pour porter atteinte à l'honneur quand on est officier?

Les documents ci-dessus, sont, comme on a pu s'en rendre compte, fort instructifs.

La personnalité d'Esterhazy y apparaît très nette, comme très évidentes aussi les manœuvres qui furent exécutées pour le sauver.

Comment Picquart découvrit le véritable traître.

HISTOIRE DU « PETIT BLEU »

Ce qu'est un petit bleu, tout le monde le sait. *Petit bleu* est à Paris le terme familier par lequel on désigne une certaine catégorie de cartes télégraphiques réservées à la correspondance rapide *intra muros*. Elles sont expédiées d'un bureau à l'autre, enfermées dans des boîtes métalliques, que l'air comprimé fait circuler avec une grande vitesse dans un réseau de conduites spéciales. Les *petits bleus* coûtent 50 centimes. Ils sont faits d'un papier mince de couleur bleu-de-ciel. Lorsqu'on a écrit sur la face dont la lisière est gommée, on plie la carte par moitié, cette face en dedans, et on en colle les bords. Trois de ses bords sont accompagnés de pointillés, le quatrième formé par le pli ne l'est point. Une des faces porte l'adresse. Lorsque le destinaire reçoit le *petit bleu*, il doit, pour en prendre connaissance enlever par une déchirure, que guide le pointillé à jours, la double lisière collée qui forme trois des côtés, et déplier ensuite le papier.

Le « petit bleu » de l'affaire.

C'est le général de Luxer, président du Conseil de guerre devant lequel passa le commandant Esterhazy, en janvier 1898, qui a, dans l'interrogatoire de l'accusé, rendu public le contenu du fameux *petit bleu* accusateur.

Le voici :

> « *M. le commandant Esterhazy,*
> » *27, rue de la Bienfaisance, Paris.*

> » J'attends avant tout une explication plus détaillée que celle que vous m'avez donnée, l'autre jour, sur la question en suspens. En conséquence, je vous prie de me la donner par écrit, pour pouvoir juger si je puis continuer mes relations avec la maison R... ou non. »
>
> C.

Ce petit bleu était déchiré en morceaux, lorsqu'il fut remis au bureau des renseignements de l'Etat-Major général par un agent.

Or, cet agent était le même que celui qui avait apporté en 1894 le bordereau attribué à Dreyfus ; il apportait le *petit bleu* du même endroit que le bordereau, c'est-à-dire de l'ambassade d'Allemagne.

De plus, la signature C. était la première lettre du nom de passe *Claude* employé pour sa correspondance secrète par M. le colonel Schwarzkoppen, attaché militaire de l'ambassade, et ce faux nom était connu du bureau des renseignements.

Ce fut ce « petit bleu » qui détermina l'enquête du colonel Picquart.

Ecoutons cet officier :

Déposition du colonel Picquart.

28 novembre 1898.

La première chose que je fis quand j'eus le *petit bleu* en ma possession fut de chercher dans l'*Annuaire* à quel régiment appartenait Esterhazy.

Je vis qu'il appartenait au 74e, à Paris ; j'avais dans ce régiment un ami et camarade de promotion, le commandant Curé ; je le fis venir à mon bureau et lui demandai ce que c'était qu'Esterhazy.

Le commandant Curé ne parut nullement étonné de ma question ; je suis certain même qu'il m'a parlé, à ce moment, d'un pressentiment qu'il aurait eu au sujet du motif pour lequel je l'ai appelé. Il me donna sur Esterhazy des renseignements défavorables.

J'englobe immédiatement en un seul tous les renseignements qu'il m'a donnés dans cette première entrevue et dans la promenade à cheval qui a suivi, parce qu'il me serait impossible de vous dire exactement ce qu'il m'a donné le premier jour et exactement ce qu'il m'a donné les jours suivants.

Au point de vue de la conduite privée, il fut assez sévère ; au point de vue spécial qui pouvait m'intéresser , il me dit qu'Esterhazy avait des allures singulières ; il avait demandé deux ans de suite, en 1893 et en 1894, à aller aux écoles à feu ; il l'avait demandé encore une troisième année, en 1895, et comme on lui objectait que ce n'était plus son tour, il avait demandé un jour à Curé : « Vous qui êtes de l'état-major, pouvez-vous me renseigner sur la mobilisation de l'artillerie ? » Ce fait a été confirmé par Curé à l'instruction Tavernier.

Curé me dit encore qu'Esterhazy faisait constamment copier des documents chez lui (1).

Il me cita l'homme qui, à ce moment même, copiait chez Esterhazy un document relatif au tir ; c'est un nommé Ecalle. J'ai donné son nom au général de Pellieux ; je l'ai donné au commandant Ravary, et il n'a pas été appelé.

Je crois me souvenir, mais ma mémoire est moins précise et j'ai besoin d'être contrôlé, qu'Esterhazy ayant reçu du capitaine Daguenet, du même régiment, un document relatif au tir, n'a pu le lui rendre et a dit qu'il l'avait égaré.

Plus tard, c'est encore Curé qui m'a indiqué le mois d'août 1894 comme l'époque à laquelle il avait été avec Esterhazy aux écoles à feu.

C'est lui qui m'a procuré un exemplaire du rapport du régiment, qui était sa propriété personnelle, que j'ai joint au dossier et où Esterhazy est désigné pour prendre part aux

manœuvres de brigade avec cadres, fin mai 1894.

Enfin, je crois bien que c'est Curé qui m'a averti qu'Esterhazy s'était rendu deux fois à une ambassade étrangère à Paris, pour y faire une démarche en faveur de son colonel.

J'avais toujours cru avoir consulté Curé, très peu de temps après l'arrivée du *petit bleu* et avant d'exercer aucune surveillance sur Esterhazy.

Cependant, d'après le dossier de mon enquête sur Esterhazy que je viens de revoir ces jours-ci, pour la première fois depuis deux ans, le premier rapport de mon agent est du 17 avril et Curé croit se souvenir que je ne l'ai interrogé que fin avril.

Il est possible que j'aie confondu, mais cela me semble extraordinaire.

Pour avoir des renseignements sur Esterhazy, je m'adressai non pas à Guénée, que je ne croyais pas discret, mais à un agent de la Sûreté générale, qui est très bon et qui était à ma disposition.

Je lui demandai simplement des renseignements sur la vie privée d'Esterhazy et me gardai bien de lui faire voir qu'il s'agissait d'une affaire d'espionnage ; il l'a reconnu à l'instruction Tavernier.

Les investigations de cet agent se poursuivirent avec beaucoup de tranquillité et de discrétion jusqu'à mon départ de Paris. Elles furent interrompues, à certains moments, par des déplacements d'Esterhazy et, je crois, aussi par une absence de l'agent, qui avait d'autres services à assurer.

Je vous donne immédiatement le résultat d'ensemble de ses investigations, résultat qui est consigné dans un compte rendu détaillé qu'a fait l'agent après mon départ et qui est extrêmement instructif, parce qu'il n'y avait pas un fait qui ne puisse être contrôlé et prouvé. Ce compte rendu est au dossier établi contre moi par le capitaine Tavernier.

En résumé, Esterhazy était dans une situation pécuniaire précaire ; on voyait souvent du papier timbré arriver chez lui.

Un jour, on était à la veille d'une saisie ; il entretenait une maîtresse rue de Douai, et l'agent m'a indiqué les dépenses que cela lui occasionnait ; je n'ai plus aucun chiffre dans la tête à ce sujet.

Depuis plusieurs années, Esterhazy se livrait vis-à-vis de ses fournisseurs à des

---

(1) Voir plus loin les dépositions de MM. Ecalle et Bousquet.

Du Paty rencontre Esterhazy sur l'esplanade des Invalides, et le décide à écrire au général de Boisdeffre.

actes indélicats. Il fréquentait des gens d'argent.

J'ai su qu'il faisait partie du conseil d'administration d'une société financière anglaise ; il donna d'ailleurs sa démission vers l'époque où je l'ai appris.

L'agent m'a fait également un rapport sur les manœuvres auxquelles il se serait livré pour s'approprier une partie de la dot de sa femme. Là se bornèrent les investigations au sujet d'Esterhazy.

Instruit par l'exemple de l'affaire Dreyfus,

je ne voulais le signaler comme pouvant être un traître que si j'avais des raisons suffisantes pour cela ; et jusque-là je n'avais, en dehors du *petit bleu* qui pouvait être un piège, que des présomptions.

Ma surveillance sur Esterhazy fut ralentie, puis interrompue tout à fait, du 15 mai jusque vers le milieu de la première quinzaine de juillet, par un deuil de famille très cruel, à la suite duquel je pris une permission, puis j'allai à un voyage d'état major.

A mon retour se place une série de faits graves qui changent la tournure de l'enquête (1).

Le colonel Picquart affirme ci-dessus qu'Esterhazy faisait copier des documents chez lui.

Le fait a été reconnu exact grâce aux témoignages suivants :

Déposition de M. Ecalle.

29 décembre 1898.

M. ECALLE. — En qualité d'ouvrier d'art ayant satisfait aux examens, je n'ai fait qu'un an de service militaire.

J'ai fait ce service au 74ᵉ de ligne, en garnison à la caserne de la Pépinière, à Paris, du mois de novembre 1895 au mois de septembre 1896, date de ma libération.

En février ou mars, le commandant Esterhazy, renseigné sur mes aptitudes par le service de semaine du régiment, me fit appeler, dans la cour de la caserne, et, après avoir obtenu de moi la réponse que j'étais dessinateur, il m'invita à aller, le même jour, à midi, à son domicile, 27, rue de la Bienfaisance, où il désirait me commander un travail.

Je me rendis rue de la Bienfaisance.

Le commandant me montra deux planches où se trouvaient représentées les diverses pièces d'un fusil, et, en réduction, la figure

_____
(1) Nos lecteurs connaissent ces faits qui constituent le chapitre du présent volume ayant pour titre : « *Les machinations contre Picquart et le sauvetage du traître.* »

du fusil lui-même ; ces diverses figures paraissaient avoir été fixées au moyen d'un procédé mécanique (sans pouvoir préciser si c'était de la lithographie ou de la photogravure).

Chacune des feuilles avait environ soixante centimètres de large sur cinquante de haut.

Le commandant me fit connaître que les dessins de ces planches représentaient un fusil autrichien, auquel il avait apporté une amélioration, et il se dit très pressé, craignant une chute très prochaine du cabinet, de soumettre son travail à M. Cavaignac, ministre de la guerre.

Le commandant m'ayant demandé de reproduire ces deux planches, je lui ai présenté quelques objections, en lui faisant valoir qu'il s'agissait là de dessin linéaire et que je ne connaissais que le dessin d'ornement.

Il me demanda alors si parmi mes anciens camarades de l'Ecole des arts décoratifs ou parmi mes amis du régiment ou autres, il ne s'en trouverait pas un qui pourrait se charger de la partie du travail qui n'était pas dans mes aptitudes.

A cette question j'ai répondu affirmativement et le commandant me confia les deux planches que je portai à mon ami M. G. Bousquet, actuellement élève à l'Ecole centrale et demeurant 4, rue de la Bienfaisance.

M. Bousquet et moi nous nous sommes mis à l'œuvre et en trois ou quatre séances nous avons terminé notre travail. J'ai rapporté aussitôt au commandant les planches et la reproduction que nous en avions faite.

Ce que je puis dire, c'est que l'aspect du dessin représentant, sur la planche, le fusil reconstitué, donnait l'idée du fusil Lebel, avec cette différence que le magasin à cartouches avait, dans ce modèle nouveau, reçu une grande transformation. Les cartouches, au lieu d'être, comme dans le fusil Lebel, placées à la suite les unes des autres, paraissaient au contraire être réunies près de la détente.

Déposition de M. Bousquet.

3 février 1899.

LE PRÉSIDENT. — Vous rappelez-vous avoir fait, avec votre ami Georges Ecalle, la reproduction d'une planche contenant le dessin d'un fusil et de ses diverses pièces ?

M. Bousquet. — Vers le mois de mars 1896, mon ami Ecalle faisait son année de service à la caserne de la Pépinière. Il m'a demandé si je voulais l'aider à faire un travail de dessin dont le commandant Esterhazy lui avait demandé de se charger. Nous sommes allés l'un et l'autre chez le commandant Esterhazy qui nous a remis deux planches, avec mission de les reproduire. Chacune de ces planches contenait le dessin d'un même fusil, à une petite échelle, et le dessin du mécanisme de ce fusil à une plus grande échelle.

J'ai fait le dessin tout entier d'une des planches et le lavis des deux, mon ami ne sachant pas faire ce dernier travail.

Quand Esterhazy, forcé par l'évidence, ne put nier avoir eu en sa possession des documents qu'il aurait dû ignorer, il fit courir et essaya d'accréditer le bruit qu'il avait été attaché au bureau des renseignements du ministère de la guerre.

Cela a été démenti par plusieurs témoins et en particulier par le colonel Picquart, le 31 décembre 1899 :

Déposition du colonel Picquart.

Le président. — Comment expliquez-vous les affirmations faites à de nombreuses reprises par Esterhazy qu'il n'aurait été que l'homme de l'état-major, qu'il n'aurait fait qu'obéir et, d'autre part, les menaces de divulgation qu'il a faites dans de nombreuses circonstances, et encore dans sa lettre à M. le garde des sceaux du 14 septembre dernier ?

Le lieut.-colonel Picquart. — Étant chef du service, je connaissais absolument toutes les personnes dont se servait l'état-major pour des choses secrètes. Jamais Esterhazy n'a été employé à ce moment.

La meilleure preuve, c'est qu'il se disait recommandé par le général Saussier et par divers députés pour venir au ministère, au service des renseignements, ou à la section technique d'infanterie, où il aurait eu beaucoup de documents à sa disposition.

Je pense qu'Esterhazy, en faisant allusion à ses relations avec l'état-major, veut parler des relations toutes récentes qu'il a eues, tout au moins avec le général de Pellieux, Henry et du Paty.

Ces relations, le commandant Esterhazy s'en vante avec éclat tout en égratignant ceux qui tentèrent de le sauver.

Déposition d'Esterhazy.

23 janvier 1898.

Walsin-Esterhazy, Marie-Charles-Ferdinand, cinquante-et-un ans, chef de bataillon d'infanterie en réforme (pas de domicile).

Le commandant Esterhazy. — Je jure de dire toute la vérité sous les réserves exprimées en ma précédente lettre (13 janvier courant) à M. le premier président, relativement aux faits jugés par le conseil de guerre de 1898 et à ceux qui ont fait l'objet d'un arrêt de la Chambre des mises en accusation.

LES GRANDES MANŒUVRES DE L'ÉTAT-MAJOR

Le président. — Vous avez dit que vous aviez eu avec un agent étranger, pendant dix-huit mois environ, de 1894 à 1895, à la demande du colonel Sandherr, des rapports grâce auxquels vous avez pu fournir à cet officier des renseignements du plus haut intérêt et combattre utilement certains agissements. Voudriez-vous donner à la Cour des explications sur la portée de cette déclaration ?

Le commandant Esterhazy. — C'est avec la plus profonde douleur que je me suis résolu à demander à la Cour de m'entendre. Tant que j'ai été ouvertement ou tacitement couvert par mes chefs, je n'ai rien dit. J'ai, conformément à leurs ordres, tout supporté et tout souffert avec cette discipline de soldat d'il y a deux cents ans, que je suis. Reître, lansquenet, condottière, m'appellent les journaux dreyfusistes. C'est

M. MÉLINE AFFIRME A SES COLLÈGUES QU' « IL N'Y A PAS D'AFFAIRE DREYFUS !!! »

possible, et je m'en vante. Avec des soldats comme moi on gagnait des batailles et ils n'abandonnaient pas les leurs dans la mêlée.

Du jour où j'ai été indignement abandonné et sacrifié avec autant de lâcheté que de bêtise, je persistai dans cette attitude.

LES RENDEZ-VOUS BOURGEOIS

1° A la campagne.

En octobre 1897, j'étais à la campagne quand j'ai reçu le 18 octobre (on m'avait prescrit de dire que c'était le 20) une lettre ; cette lettre était signée « Espérance ».

Au reçu de cette lettre dont je ne connais pas l'écriture, je fus très surpris, et je partis pour Paris.

2° Rue de Douai.

Je descendis rue de Douai ; je ferai remarquer que, jusque-là, j'avais caché, de la façon la plus absolue, mes relations avec madame Pays, et que je pensais que personne, à part un très petit nombre de gens au ministère de la guerre, et dans des conditions que j'expliquerai plus tard, ne pouvait les connaître.

J'avais télégraphié à madame Pays, en Normandie, de revenir.

LUI !   24

Le lendemain de mon arrivée, j'étais très occupé de cette lettre, et le soir, en rentrant vers l'heure du dîner, j'appris par la concierge qu'un monsieur était venu me demander. J'en fus très surpris, personne, en effet, ne connaissant cette adresse.

La concierge me dit qu'elle avait déclaré à ce monsieur que j'étais inconnu ; celui-ci avait répondu qu'il savait très bien que j'étais dans la maison ; que, du reste, il venait dans mon plus grand intérêt et qu'il avait absolument besoin de me voir. Il avait annoncé qu'il reviendrait dans la soirée.

3° Rue de la Bienfaisance.

Je me rendis alors à mon véritable domicile, 27, rue de la Bienfaisance, où je ne pouvais pas entrer, ayant laissé les clefs à Dommartin.

Je demandai à ma concierge si on était venu s'informer de ma présence ; je pensais, en effet, que quelqu'un qui eût eu à me voir se serait d'abord rendu à mon seul domicile connu.

La concierge me dit qu'elle n'avait vu personne.

Je rentrai alors rue de Douai, et j'attendis toute la soirée.

Personne ne vint.

4° Au square Vintimille.

Le lendemain matin, de très bonne heure (sept heures du matin), le concierge monta et me dit que le monsieur qui était venu la veille attendait dans la rue, près du square Vintimille.

Je descendis et je trouvai quelqu'un avec des lunettes bleues et dont la tournure, malgré ses efforts, dénotait un militaire.

Ce monsieur m'aborda et me dit :

— Commandant, je suis chargé d'une très grave communication, dans votre intérêt urgent.

La tournure de ce monsieur, la certitude que j'avais que personne ailleurs qu'au ministère ne pouvait savoir que je pouvais être rue de Douai, me fit tout de suite penser que j'étais en présence d'un envoyé du ministère de la guerre.

Je répondis à ce monsieur que je croyais savoir le motif de sa démarche, et que j'avais reçu à la campagne une lettre contenant un avertissement très singulier. Cette personne me dit alors :

— Ne vous préoccupez pas, mon commandant ; on sait ce qu'il y a dans tout cela ; vous avez des défenseurs et des protecteurs tout-puissants et au courant de tout. Voulez-vous venir ce soir au rendez-vous que je vais vous indiquer ?

Je lui dis : — Très volontiers.

5° Au Parc Montsouris.

Et alors il me montra un bout de papier, indiquant l'angle du réservoir des eaux de la Vanne, en face du parc de Montsouris.

Le rendez-vous était pour cinq heures.

Je me rendis au lieu indiqué, et à cinq heures précises je vis s'arrêter, à une centaine de mètres du point où j'étais, une voiture dans laquelle il y avait trois personnes.

Deux de ces personnes descendirent, la troisième resta dans la voiture ; les deux autres vinrent à moi ; dans l'une je reconnus le monsieur que j'avais vu le matin ; l'autre avait une fausse barbe et des lunettes ; cette dernière personne m'adressa brusquement la parole et me dit :

— Commandant, vous savez de quoi il s'agit :

Et, très rapidement, avec beaucoup de volubilité, elle se mit à me raconter tout ce qui avait été fait depuis 1893 contre moi par le colonel Picquart, entrant dans de très nombreux détails sur les manœuvres de beaucoup de personnages importants, toutes choses qui, à cette époque, étaient absolument nouvelles pour moi.

Ce monsieur m'assura encore, devant la profonde surprise que je lui témoignais de toutes ces nouvelles, que toutes ces machinations étaient connues, prévues ; me répéta que j'avais les défenseurs les plus puissants, et que je devais seulement obéir strictement aux instructions qui me seraient données ; que mon nom ne serait même pas prononcé.

Je cherchai, à diverses reprises, à faire dire

à mon interlocuteur qui il était, sans pouvoir y arriver.

Je voyais bien que c'était un officier ; j'aurais bien voulu savoir qui il était et de la part de qui il venait.

Il me dit, au bout d'une conversation d'une demi-heure, de ne point me préoccuper ; qu'on me tiendrait au courant, et que j'eusse à me trouver, tous les jours à cinq heures, dans le salon d'attente du Cercle militaire, où le premier monsieur passerait si on avait quelque chose à me dire.

Ils me quittèrent, me disant de m'en aller dans telle direction ; eux, repartirent du côté de leur voiture, de sorte que je ne pus voir la figure de la troisième personne restée dans la voiture.

Le lendemain matin, à la même heure que la veille, le concierge me monta un mot au crayon me disant :

« Dans le fiacre devant tel numéro de la rue Vintimille. »

J'y allai en toute hâte ; je trouvai le monsieur à fausse barbe qui me dit : « Montez vite ! » et me demanda de lui indiquer un endroit où on pourrait parler longtemps sans être dérangé.

Je lui dis :

6° Au Cimetière Montmartre.

— Je ne vois pas d'autre endroit par ici que le cimetière Montmartre si vous voulez y aller.

Nous nous y rendîmes, et alors, là, ce monsieur me dit :

— Il faut demander tout de suite une audience au ministre de la guerre et nous allons établir ce que vous lui direz (parce que je lui avais dit : « Demander une audience au ministre, pour quoi lui dire ? Pour lui montrer cette lettre que j'ai reçue ? » Il m'avait répondu alors : « Non ! Nous allons établir ce que vous lui direz. »).

Alors, je lui dis :

— Mais tout cela est très bien. Je vois que vous êtes officier. Je prévois que vous venez du ministère ; je voudrais bien savoir qui vous êtes ?

Ce monsieur me dit :

— Je suis le colonel du Paty de Clam, de l'État-Major de l'armée. Et vous n'avez qu'à faire ce que je vous dirai.

Je ne connaissais pas le colonel du Paty de Clam.

Je l'avais rencontré une fois pendant une heure, il y a seize ou dix-sept ans, dans une rencontre de deux colonnes en Afrique ; devant son grade et sa qualité, je lui dis :

— Ça suffit, mon colonel. Vous pouvez compter sur mon obéissance absolue.

Alors le colonel du Paty de Clam me dicta, dans le cimetière même, une demande d'audience au ministre, me laissa entendre qu'il avait besoin de rendre compte de ce qui venait de se passer et me donna rendez-vous pour le même soir.

7° Au Cercle militaire.

Comme il ne m'avait pas parlé du rendez-vous du Cercle militaire, je m'y rendis néanmoins ; je trouvai le premier monsieur qui me fit monter dans une voiture et m'emmena, au pas, jusqu'au Cirque d'hiver.

Il me raconta, avec beaucoup de détails, toutes les machinations que j'ignorais, et insista beaucoup sur ce que j'étais parfaitement connu et sur les très hautes protections dont il m'avait parlé la veille.

J'avais adressé ma lettre au ministre.

Le soir, je revis, au rendez-vous indiqué, le colonel du Paty, qui me fit écrire sous sa dictée des notes sur ce que je devais dire à M. le général Billot. Le même soir, je trouvai devant ma porte, dans une voiture, le colonel Henry.

Le colonel Henry était un de mes camarades ; j'avais été avec lui depuis près de vingt ans au service des renseignements, peu de temps après la création de ce service ; j'y étais comme lieutenant, et Henry y était également avec le même grade et le même emploi que moi ; je l'avais revu très fréquemment depuis.

J'ai su, plus tard, que la troisième personne restée dans la voiture, au parc de Montsouris, était le colonel Henry. Henry me dit alors très brièvement de ne pas me tourmenter ; que tout ce que m'avait dit le colonel du Paty était parfaitement exact, et que, en haut lieu, on savait très bien tout ce qu'il en était et qu'on était résolu à me défendre à outrance contre ce qu'il appelait « d'abominables manœuvres ».

Le lendemain je fus averti que je serais

reçu le surlendemain par M. le général Millet,
directeur de l'infanterie, au nom du ministre.

Je vis le colonel du Paty et je lui dis :

— Pourquoi le général Millet ? Un chef
de direction d'arme n'a rien à voir en pareille matière. Si le ministre ne veut pas
me recevoir, il aurait dû me faire recevoir
ou par son chef de cabinet, ou, plutôt, par
le chef de l'État-Major de l'armée !

En effet, la tête même de ma demande
d'audience expliquait que c'était une affaire
qui relevait du chef d'État-Major.

Le colonel me répondit qu'il ne fallait pas
engager M. le général de Boisdeffre ; par
conséquent, il fallait qu'il restât en réserve,
indiquant ainsi que le général de Boisdeffre
ne voulait pas prendre position pour pouvoir agir.

8° Au Ministère.

Je me rendis chez le général Millet ; je lui
présentai la lettre et lui fis le récit que j'avais
reçu l'instruction de faire.

Le général m'écouta et me dit qu'il trouvait
fort étrange ce que je venais de lui dire ;
que c'était la première nouvelle qu'il en
avait ; qu'il ne comprenait pas du tout
cette histoire ; que j'attachais, à son avis,
bien de l'importance à une lettre anonyme,
et qu'il n'avait qu'un conseil à me donner :
c'était de faire par écrit le récit que je venais
de lui faire, d'y joindre la lettre anonyme
que j'avais reçue et d'adresser le tout au ministre.

Je rendis compte le soir même à M. le colonel du Paty de Clam de la réponse de M. le
général Millet, et il me dicta le texte de la
lettre à adresser au ministre ; cette lettre,
ainsi que tout ce que j'ai écrit en 1897, a été
donné mot à mot et ordonné.

Cette lettre m'a été dictée mot à mot.

Elle contient une série d'explications con-
venues, et on m'a donné le texte pour que je
l'approuve, ainsi que le prescrit une *note* de
la main du colonel du Paty. (Je vous dépose
ce texte qui m'a été donné, et je vais vous
déposer la note.)

En même temps, le colonel du Paty me
disait : « Le ministre ne peut pas faire autrement que de saisir le général de Boisdeffre de cette lettre, et alors, nous allons
marcher. »

9° Au Bureau de poste de la rue du Bac.

Le lendemain, au bureau de poste de la
rue du Bac, en face du *Bon Marché*, le
colonel Henry me prévint que le général de
Boisdeffre n'avait pas encore reçu de M. le
général Mercier communication de ma lettre.

J'insiste sur ce fait, parce que si le colonel
Henry était informé que le général de Boisdeffre, n'avait pas été prévenu par le ministre
de la lettre que j'avais écrite à ce dernier, il
n'avait pu en être averti que par le général
de Boisdeffre, attendant donc l'effet de ma
lettre, et par conséquent en connaissant
l'envoi.

Henry me dit :

— Le ministre va garder ça pendant cinq
ou six jours avant de prendre une décision,
suivant son habitude. On vous dira ce soir ce
qu'il faut faire.

10° Sur l'Esplanade des Invalides.

Le soir, je vis le colonel du Paty sur l'esplanade des Invalides et il me dit :

— Il est décidé que vous allez écrire au
général de Boisdeffre directement ; votre
lettre permettra alors au général de Boisdeffre d'intervenir personnellement et de
parler au ministre de la lettre que vous avez
adressée à ce dernier.

Autrement dit, on provoquait la remise de
ma lettre au général de Boisdeffre pour que
cet officier général pût entrer en scène lui-
même, grâce à la lettre que je lui écrivais.

Les Commissionnaires.

A cet époque le colonel du Paty me dit un
soir :

— Les grands chefs se préoccupent d'avoir
avec vous des moyens de communication qui
ne soient pas dévoilés, parce qu'il est probable que vous êtes filé ; étant donné tout ce
qui se prépare, il serait préférable d'avoir, au
besoin, une transmission indirecte. Le gé-

HENRY ET M. LE JUGE BERTULUS

néral de Boisdeffre a pensé au marquis de Nettencourt votre beau-frère.

Je lui dis :

— Non. Mon beau-frère est à la campagne ; je ne veux pas du tout lui demander de revenir pour pareil service.

Alors il me dit :

— On a pensé aussi à un de vos camarades de régiment.

Et il me demanda de lui en indiquer un. Je dis :

— Vraiment, on ne peut pas demander à un ami de courir comme cela à toute heure du jour et de la nuit.

Et je pensai, inspiration malheureuse, du reste, à mon cousin Christian ; mais, comme il était à Bordeaux et que je ne pouvais pas le faire venir, je dis :

— Je vous proposerais bien quelqu'un du dévouement de qui je suis sûr ; mais je n'ose vraiment vous faire cette proposition.

Et je nommai madame Pays.

Le colonel du Paty m'a dit qu'il en rendrait compte, et le lendemain il me dit qu'on acceptait madame Pays comme intermédiaire.

Au cours de ces différentes entrevues, le colonel du Paty me présenta, un soir, à une dame que je crois inutile de nommer, et qui a également servi d'intermédiaire à diverses reprises.

A ce moment, je vis le colonel Henry qui me dit :

— Tous ces gens-là ne marchent pas ; Méline et Billot et tout le gouvernement sont pris par l'approche des élections et par les voix que représentent MM. Scheurer-Kestner, Reinach, etc., etc.

Il fut même très violent ; je ne répéterai pas les termes militaires avec lesquels je fis chorus ; il termina en me disant :

La Baïonnette dans le « derrière »
Sabre à la main ! Nous allons charger !

— Si on ne met pas la baïonnette dans le derrière de tous ces gens-là, ils sacrifieront toute l'armée française à leur siège de sénateur ou de député.

Il me dit en me quittant :

— Sabre à la main ! Nous allons charger !

Ceci se passait à la veille de ma première lettre au président de la République, c'est-à-dire le 28 octobre.

On se rend compte par cette déposition de l'étrange et extravagant pot-bouille que cuisinèrent Esterhazy, l'État-Major et mademoiselle Pays.

Quelques témoins nous ont d'ailleurs initiés aux « mystères de la rue de Douai » :

Déposition de madame Gérard.

RECUEILLIE PAR M. LE CONSEILLER DUMAS

16 décembre 1898.

MADAME GÉRARD. — Le commandant Esterhazy et madame Pays sont venus habiter la maison dont je suis la concierge depuis le 1er janvier 1896.

Le bail était d'abord au nom de M. Esterhazy ; mais, dans le courant de l'année dernière, le propriétaire a consenti à substituer madame Pays à Esterhazy comme locataire. Après cette substitution, le bail ne devait avoir effet que jusqu'au 1er janvier 1899, le gérant du propriétaire se réservant à cette date de continuer à louer à madame Pays de trois mois en trois mois.

Au commencement de mon entrée en fonctions comme concierge, je n'ai pas d'abord connu beaucoup le commandant ni madame Pays.

Mais peu à peu je suis entrée en relation avec eux et une certaine intimité s'était même établie entre madame Pays et moi. A telle enseignes qu'il arrivait souvent au commandant et à madame Pays de dîner avec nous dans la cuisine de la loge (1).

Nous avons même, le 14 août 1898, déjeuné avec eux dans leur appartement qui est au premier étage, juste au-dessus de la loge.

Au cours de mes relations avec madame Pays, celle-ci m'a raconté bien des choses que j'ai consignées dans un carnet que j'ai apporté et que je suis prête à vous remettre. Ce carnet contient à peu près tout ce que je sais sur l'affaire Esterhazy.

(Le témoin remet le carnet.)

M. DUMAS. — Nous allons lire attentivement

_____

(1) Ce détail est évidemment touchant.

ment ce carnet et nous vous inviterons, dans quelques jours, à venir nous fournir les explications que nous jugerons utiles sur les faits qui y sont consignés.

MADAME GÉRARD. — Je suis à votre entière disposition.

Où on lit le carnet.

SÉANCE DU 23 DÉCEMBRE 1898

M. DUMAS. — J'ai examiné votre carnet et je vous en lis le contenu en vous demandant de me dire si c'est bien exact, et de compléter par vos indications les abrévations qu'il contient.

Le 12 août 1898, jour où le commandant et madame Pays sont sortis de prison, ils ont dit qu'il n'y avait pas de justice, car on les avait mis en liberté, alors qu'on savait très bien que c'étaient eux qui avaient fabriqué le faux *speranza ;* que c'était elle qui avait écrit la dépêche, sur l'ordre du colonel du Paty de Clam, et que c'était du Paty lui-même qui avait fait le faux signé *Blanche,* le tout pour perdre Picquart.

Au moment où le commandant et madame Pays ont dit ces choses, ils étaient à table et mangeaient un poulet. Il était neuf heures du soir.

M. DUMAS. — Le commandant et mademoiselle Pays étaient-ils à table chez eux ou dans votre loge?

MADAME GÉRARD. — Ils étaient dans leur appartement. J'étais allée chercher leur dîner et j'avais préparé leur table. Mon mari était présent. La loge était gardée par une jeune femme que j'ai l'habitude d'employer pour les besoins de mon service.

M. DUMAS. — Continuant la lecture du carnet :

Le 14 août, en déjeunant, le commandant a parlé de nouveau de ces choses.

Il a dit que c'était le ministre de la guerre Cavaignac qui avait donné l'ordre de les faire renvoyer des fins de la poursuite, pour ne pas perdre le colonel du Paty de Clam, son parent. Dans le commencement de juillet, il nous a dit, dans notre cuisine, que Cavaignac se débarrasserait de lui pour pouvoir sauver les autres.

Dans une conversation, madame Pays a dit qu'il n'avait jamais existé de dame voilée; que toutes les pièces lui avaient été remises par du Paty de Clam; que tous les jours, durant les mois de novembre et de décembre, elle avait des conciliabules avec du Paty, soit au pont Alexandre-III, soit devant les Invalides; qu'une fois du Paty lui avait dit : « Vous savez, madame, on a bientôt fait de se débarrasser d'une femme, si vous veniez raconter ce que nous faisons »; qu'elle avait eu plusieurs entrevues avec le général de Boisdeffre, aux Champs-Élysées, à minuit ou une heure du matin.

Une fois, en quittant le général de Boisdeffre, elle est allée au ministère de la guerre; elle avait eu plusieurs entretiens avec les généraux Mercier et de Pellieux, toujours en secret.

M. DUMAS. — Avez-vous vu quelquefois M. du Paty venir voir le commandant ou madame Pays?

MADAME GÉRARD. — Non.

M. DUMAS, continuant la lecture :

Les papiers qui étaient importants pour le commandant ou madame Pays ont été cachés dans un bonnet de bains en caoutchouc, et placés dans une caisse de fleurs chez la maîtresse de M. de Boisandré. Me Tézenas avait été désigné au commandant comme défenseur par l'état-major. Le commandant est parti le 2 septembre pour la Belgique et, cinq jours après, il est passé en Angleterre sur les instances de M. Strong.

Quel est ce M. Strong?

MADAME GÉRARD. — C'est un correspondant de journaux anglais qui se trouvait souvent avec le commandant en compagnie de deux autres Anglais, MM. Cherold et Oscar Wilde.

M. Cherold était également un journaliste anglais.

Quant à M. Oscar Wilde, c'est celui dont la condamnation a occupé l'opinion publique, et madame Pays m'a raconté avec quelques détails les faits qui ont motivé cette condamnation.

M. DUMAS. — Pourriez-vous nous indiquer le nom de la maîtresse de M. de Boisandré chez laquelle se trouvait le bonnet de bain?

MADAME GÉRARD. — Je ne connais pas cette personne, ni ne sais son adresse.

M. DUMAS, continuant la lecture :

C'est M. Strong qui apportait à madame Pays sa correspondance ; ensuite la correspondance a été adressée à M. Ponchon de Saint-André (qui habite, 22, rue Pigalle, et qui est un ancien amant de madame Pays) ; après à M. Max Touret ; une seule fois à madame Caroline d'Entègre (7, cité Véron, près la place Blanche), et en dernier lieu, à ma connaissance, à madame Henry, 16, rue de Bruxelles.

Connaissez-vous madame Henry ?

MADAME GÉRARD. — Madame Henry, qui est visée dans le carnet, n'existe pas. Ce nom sert à désigner madame Hennechard qui habite ma maison, 49, rue de Douai, où elle tient un magasin d'antiquités.

UN AMI DE LA JUSTICE : **M. Henri Brisson**.

Cette dame avait habité pendant quelque temps le 16 de la rue de Bruxelles ; elle avait conservé de bonnes relations avec les concierges de cette maison où elle était appelée madame Henry, du nom d'un monsieur avec lequel elle vivait alors.

Les concierges de la rue de Bruxelles ont consenti à recevoir et à lui remettre la cor-

respondance arrivée à son ancien nom. Madame Hennechard avait été autrefois la maîtresse d'Esterhazy, alors qu'il était lieutenant.

M. DUMAS, continuant :

Les lettres parties de Paris étaient adressées à M. Newton. Le commandant se faisait appeler le comte de Bécourt en Belgique et en Angleterre.

DIRE QU'ILS ONT DÉCLARÉ QUE JE N'AI PAS FORFAIT A L'HONNEUR

Madame Pays est partie pour l'Angleterre le 22 octobre. Dès le 8, les papiers importants avaient été expédiés à M. Newton. Madame Pays emporta avec elle certains papiers cousus dans le fond de son chapeau ; elle a emporté également la lettre écrite par Boisandré au juge Manau, qu'Esterhazy a recopiée et envoyée le jour de la rentrée de la Chambre, espérant du tumulte.

Ici, madame Gérard déclare que son mari, sur l'ordre de madame Pays, est allé chercher cette lettre chez M. de Boisandré et l'a remise à cette dernière sur le quai de la gare du Nord ; et M. de Boisandré, en donnant à son mari la lettre dont il s'agit, lui a dit de bien recommander à madame Pays de la cacher soigneusement.

M. de Boisandré demeure 130, rue du Faubourg-Saint-Denis.

Madame Pays nous a un jour affirmé que le duc d'Orléans avait offert à Esterhazy de passer chez Ménélik pour aller commander par là. Et un moment, Esterhazy espérait un changement de gouvernement, car il disait que ce serait sa fortune.

Le commandant avait, au moment de son conseil d'enquête, feint d'avoir un autre domicile. Il avait payé le concierge de la rue Blanche, 73, pour qu'il dise qu'il habitait cette maison. Et ce concierge lui apportait ses lettres. Cela s'est produit pendant trois semaines.

Un jour, il s'est passé une scène terrible entre le commandant et madame Pays.

Le dimanche 21 août, madame Pays menaçait le commandant d'aller trouver le ministre et de tout lui dire. Lui, la suppliait à genoux de n'en rien faire.

Ce qui avait mis madame Pays dans cette fureur, c'est qu'elle avait surpris le commandant consultant l'indicateur des chemins de fer pour l'étranger ; elle l'a appelé : « Sans cœur ! lâche ! canaille ! » devant moi.

Un jour elle nous a avoué avoir donné un démenti à M. Autant au conseil de guerre, alors cependant qu'elle ne disait pas la vérité.

M. DUMAS. — Pouvez-vous nous fournir quelques renseignements sur cette dernière indication ?

MADAME GÉRARD. — Je fais allusion à ce que m'a raconté à ce sujet madame Pays elle-même.

M. Autant est le gérant de la maison et c'est à lui que le commandant se serait adressé pour faire passer son bail sur la tête de madame Pays ; il lui aurait écrit à deux reprises à cet effet.

Le fils de M. Autant aurait remis les deux lettres d'Esterhazy à M. Stock qui les aurait données au *Figaro*.

M. Autant hésitait à faire droit à la demande d'Esterhazy et madame Pays s'est alors décidée à aller le voir. Au cours de l'entretien qu'elle a eu avec lui, elle lui aurait dit : « Je ne sais pas si je parviendrai à empêcher le commandant de se tuer chez moi. »

C'est là, probablement, les faits à raison desquels M. Autant a été appelé à déposer devant le conseil de guerre qui a jugé Esterhazy ; et c'est sur ces faits que madame Pays a déclaré lui avoir infligé, bien à tort, un démenti. J'ajoute que les craintes de madame Pays étaient sincères, la suite de mon carnet l'indique.

M. DUMAS, *continuant la lecture du carnet :*

Une fois, elle n'avait pas eu le temps d'enlever des mains du commandant une fiole de poison ; à chaque instant elle était obligée de le surveiller.

Elle nous a dit que le bail n'avait été mis sur son nom à elle que sur les conseils du général de Pellieux pour qu'on ne pût pas reprocher au commandant de loger une femme.

Vous a-t-elle fait savoir comment elle avait connu ces conseils du général de Pellieux ?

MADAME GÉRARD. — Elle les avait reçus directement de ce général qu'elle était allée voir plusieurs fois au cours de l'enquête contre le commandant avant sa comparution devant le conseil de guerre.

M. DUMAS, *continuant la lecture du carnet.*

Madame Pays a plusieurs amants, dont un est à Orléans...

Un autre amant était un jeune homme de bonne famille, M. Max Touret (6, rue Roquépine), qui, d'après elle, aurait fait diverses courses relatives à l'affaire du commandant avant la comparution de celui-ci devant le conseil de guerre : la mère de ce jeune homme en aurait fait également (toujours d'après madame Pays).

Madame Pays nous a affirmé que l'ancienne concierge (celle qui nous a précédés dans la loge) n'avait pas tout raconté à M. le juge d'instruction Bertulus lorsqu'elle a été appelée à déposer devant ce magistrat. Elle aurait pu dire qu'elle avait plusieurs fois reçu des papiers à six ou sept heures du matin d'un monsieur qui la priait de les monter immédiatement et lui donnait cinq francs pour son dérangement. Et ce monsieur n'était autre que le général de Bois-deffre, avec une fausse barbe (toujours d'après madame Pays). Elle nous a dit aussi que le mari de la concierge avait été plusieurs fois place Vendôme.

M. Dumas. — Madame Pays ne vous a-t-elle pas donné d'autres détails sur ce point?

Madame Gérard. — Non.

M. Dumas. — Comment s'appellent vos prédécesseurs et où demeurent-ils?

Madame Gérard. — M. et madame Choinet, 7, cité Véron.

Le lendemain de la démission du ministre Cavaignac, mon mari est allé porter une lettre au ministre de la guerre.

Sur interpellation le témoin ajoute :

Cette lettre était d'Esterhazy et arrivait d'Angleterre. Elle avait été remise à mon mari par madame Pays, avec la mission de la déposer chez le concierge du ministère de la guerre.

Elle était parvenue à madame Pays par l'entremise d'une des personnes qui étaient chargées de recevoir la correspondance de Londres.

Madame Pays nous a encore dit que les articles parus sous le nom de *Dixi* étaient du commandant, mais qu'on les lui avait donnés tout rédigés pour les faire paraître, et que celui-ci n'était que l'instrument de l'état-major.

Sur interpellation :

Madame Pays était à dîner chez nous, lorsqu'elle a fait cette dernière communication; mais elle n'y a ajouté aucune explication et nous ne lui en avons pas demandé.

Le jour de l'arrestation du colonel Henry, il est arrivé trois messieurs, à deux heures du matin.

Le commandant était couché.

Madame Pays nous a dit que c'étaient trois officiers de l'état-major.

Le jour du suicide, les trois mêmes personnes sont revenues voir le commandant qui est sorti derrière elles.

Le commandant aurait été trouver du Paty et aurait eu avec lui un entretien de trois heures.

Madame Pays nous a dit : « Faut-il qu'il

(Henry) soit bête pour avoir avoué cela! » Et elle a ajouté : « Nous savions bien que c'était lui qui avait fait cette pièce. »

Le témoin interpellé déclare avoir compris qu'il s'agissait de ce qu'on appelle le *faux Henry*.

M. Dumas, continuant la lecture :

Quand madame Pays est rentrée de Londres le 19 novembre, elle est revenue par le Havre avec un sollicitor anglais qui s'appelle Pleyt et sa maîtresse.

Ces derniers sont repartis le 21, à 6 h. 50 du soir. Le 20, madame Pays nous a dit que le commandant avait gagné 10,000 francs dans son procès avec l'*Observer* et avait obtenu 10,000 autres francs contre l'auteur d'une chanson faite contre lui et le directeur d'un café-concert où cette chanson avait été chantée.

Le 21, à onze heures et demie, elle nous a nommé les auteurs du bordereau, et, le soir à dix heures, elle nous a dit que, pour que Christian ne puisse rien toucher de son argent, le commandant avait fait une fausse vente du livre qu'il faisait paraître, à MM. Fayard et Boisandré, et M. Fayard lui aurait, d'après elle, versé 10,000 francs.

Puisque madame Pays vous a désigné les auteurs du bordereau, quelles personnes vous a-t-elle nommées?

Madame Gérard. — Le colonel Henry et le colonel Sandherr.

Madame Pays ne m'a jamais dit que le commandant ait participé au bordereau; elle se garde bien d'ailleurs de dire quoi que ce soit qui puisse compromettre le commandant; elle s'évertue, au contraire, à le défendre de son mieux, en toute circonstance.

Elle ne cache pas les sentiments de reconnaissance qui la lient envers lui; elle lui sait gré de l'avoir tirée de la fâcheuse situation dans laquelle elle se trouvait : avant de connaître Esterhazy, elle occupait une chambre garnie rue Victor-Massé et vivait au jour le jour; c'est lui qui l'a installée dans un appartement et lui a acheté un mobilier.

Le commandant ne m'a jamais non plus parlé du bordereau et personnellement je ne sais rien au sujet de cette pièce.

M. Dumas. — Madame Tournois, que nous avons entendue dernièrement, nous a dit cependant que vous lui auriez déclaré avoir vu les papiers d'Esterhazy et croire que celui-ci avait écrit le bordereau par ordre. Vous auriez même ajouté que pour cela on payait au commandant 2,000 francs par mois ?

Madame Gérard. — Madame Tournois a fait une confusion.

J'ai pu lui parler de papiers que j'avais entre les mains, car madame Pays, le 20 août, nous en avait remis un certain nombre, en priant mon mari de les déposer dans l'appartement de madame Hennechard, ce que mon mari a fait avec madame Pays ; mais je n'ai plus ces papiers et n'ai pu, par conséquent, en viser le contenu dans une conversation avec madame Tournois.

D'autre part, j'ai bien pu dire à cette dernière que, dans notre opinion, Esterhazy avait dû tremper dans l'affaire du bordereau ; mais c'était là une impression toute personnelle et qui ne reposait sur aucun fait précis.

Quant aux 2,000 francs par mois payés à Esterhazy, je lui en ai parlé au moment où nous expliquions en quoi consistait la pièce que le colonel Picquart est accusé d'avoir fabriquée.

Dans cette pièce, Esterhazy est menacé de perdre l'indemnité mensuelle qu'il recevait et qu'on disait être de 2,000 francs.

Une chose me revient en mémoire : c'est que le lendemain de sa sortie de Saint-Lazare, madame Pays nous disait qu'elle savait bien qu'elle était passible de cinq ans de travaux forcés, mais qu'elle ne se serait pas laissé condamner sans faire prendre les plumes d'autruche, comme elle disait à chaque instant (1).

M. Dumas, continuant la lecture du carnet :

Elle a un jour affirmé une chose qui nous paraît extraordinaire : c'est au sujet de la mort d'Henry.

Elle nous a dit qu'il ne s'était pas du tout suicidé ; qu'elle savait bien que c'était une comédie montée pour tromper les dreyfusards et que c'était pour cela qu'on n'avait pas fait l'autopsie.

Elle nous a, ce jour-là même, nommé celui qui lui avait dit la chose : mais je ne me le rappelle pas.

Le lendemain de la comparution du commandant devant le conseil d'enquête, j'ai vu sur la cheminée de la chambre à coucher une lettre de Christian disant fait à son oncle. J'ai vu aussi deux télégrammes de M. Tézenas : dans l'un, il disait que deux dépêches lui étaient re-

venues, dont l'une avait été envoyée à sa mère, et que c'était une grande imprudence.

J'ai tenu dans mes mains une lettre du colonel Kerdrain qui lui disait : « Soyez sans crainte. Nous ferons notre possible pour vous tirer de là. »

Quant au colonel Henry, je l'ai vu deux fois chez madame Pays.

(Le témoin ajoute qu'une de ces visites a eu lieu au moment de son duel avec Picquart ; elle ne peut préciser si l'autre visite a été antérieure ou postérieure à celle-là.)

Au sujet de la mise en réforme du commandant, madame Pays dit qu'on l'avait accablée (en accumulant contre elle les plus mauvais renseignements) ; qu'il y avait contre elle un immense dossier de la police et que c'était pour elle que le commandant avait été mis en réforme.

Le jour de la première comparution du commandant devant le conseil d'enquête, madame Pays est partie à Quiberville avec son amant M. T..., et elle est rentrée le lundi ; elle a pour autre amant un sénateur, M. X..., et en outre, elle faisait, suivant son expression, des hommes chez une certaine Mariette qui demeurait cité Gaillard, où une fois le commandant est allé la chercher et lui a flanqué une volée de coups de canne parce qu'il connaissait la réputation de cette femme.

Le commandant nous a affirmé, dans le courant du mois de juin, qu'il avait été prévenu par l'état-major, au mois d'août, qu'il allait être dénoncé comme ayant écrit le bordereau ; et dans le même mois, il nous a dit que toutes les lettres à madame de Boulancy étaient bien de lui, et qu'elles étaient bien telles qu'il les avait écrites ; que les experts ne savaient pas leur métier, et qu'ils avaient été payés pour dire qu'il y avait une falsification au sujet de celle qui parle de uhlans auxquels, ajoutait-il, il voudrait que la France appartînt.

M. Dumas. — Le commandant vous a-t-il désigné l'officier d'état-major qui l'avait prévenu ?

Madame Gérard. — Non.

Il nous revient encore une chose en mémoire. C'est que le commandant et madame Pays ont dit plusieurs fois, devant moi et mon mari, que cela ne les dérangeait nullement que Dreyfus revînt en France, car ils savaient bien qu'il (Dreyfus) était innocent.

M. Dumas. — Le commandant vous a-t-il dit sur quoi il se fondait pour affirmer l'innocence de Dreyfus ?

_____

(1) Les généraux compromis.

MADAME GÉRARD. — Mon mari a fait observer qu'il était bien malheureux que cet homme soit à l'île du Diable, s'il n'est pas coupable, et il a demandé au commandant quel était, alors, l'auteur du bordereau.

A cette question, le commandant n'a pas répondu nettement.

Toutes les fois, d'ailleurs, que la conversa-

UN AMI DE LA JUSTICE : **M. Duclaux**, Membre de l'Institut,
Directeur de l'Institut Pasteur.

tion tombait sur le bordereau, le commandant et madame Pays éludaient la question et prenaient des faux-fuyants.

Quand le commandant a donné une roulée, selon lui, au colonel Picquart, et qu'appelé devant le commissaire de police il a dû porter la canne dont il s'était servi, je suis sûre que la canne qui a été déposée n'est pas celle qu'il avait eue ce jour-là, mais une canne qui a été achetée par madame Pays, le jour même de la comparution devant le commissaire.

Elle l'a achetée passage du Havre, et mon mari, la veille, avait trotté dans plusieurs magasins pour en trouver une identique, mais non plombée. C'est mon mari qui a abîmé le bout de la canne achetée, pour faire croire qu'elle avait servi.

M. DUMAS. — Vous n'avez rien à ajouter ?
MADAME GÉRARD. — Non.

Tous les amusants détails révélés par madame Gérard ont été confirmés par une voisine.

Déposition de madame Tournois.

16 décembre 1898.

MADAME TOURNOIS. — Après mon mariage avec M. Tournois, il y a trois ans, je suis venue tenir le magasin de bijouterie qu'avait mon mari, dans un local du rez-de-chaussée du 49 de la rue de Douai. Notre logement particulier était également dans la maison.

Je connaissais le commandant Esterhazy et madame Pays, que je voyais très souvent l'un et l'autre passer devant la porte de mon magasin, et que je rencontrais quelquefois dans la loge de la concierge.

Je suis même allée, de temps à autre, chez madame Pays lui porter des bijoux qu'elle nous avait donnés à réparer. Mais ces relations étaient trop superficielles pour amener entre madame Pays et moi des confidences ; et lorsque, en rentrant de la promenade, nous passions, mon mari et moi, par la loge, et y trouvions le commandant et madame Pays, nous arrivions au milieu d'une conversation que notre présence avait pour effet de faire cesser.

Cependant, un soir (c'était, je crois, quelques jours après sa sortie de Saint-Lazare), madame Pays était dans un tel état d'irritation qu'elle n'a pas craint de parler devant nous.

Elle s'indignait contre le colonel du Paty de Clam, qui avait osé prétendre devant le juge d'instruction qu'il ne la connaissait pas et ne l'avait jamais vue, alors cependant qu'elle affirmait avoir été plusieurs fois chez lui, où elle se présentait sous un pseudonyme et avec un titre d'emprunt, où madame du Paty l'accueillait devant son personnel domestique, en se livrant à son égard à des manifestations amicales, pour donner le change ; alors qu'elle avait été plusieurs fois dans divers quartiers de Paris, que je ne puis pas

très bien préciser, à des rendez-vous que lui donnait du Paty.

C'est au cours de cette sortie que j'ai entendu madame Pays dire qu'elle avait écrit, sous la dictée de du Paty, soit la lettre *Speranza*, soit le télégramme *Blanche* — je ne sais plus au juste.

Arrêtons là cette déposition, qui nous exposerait à des redites, et parcourons celle de mademoiselle Pays. « l'amie » du commandant Esterhazy.

Mademoiselle Pays oppose des dénégations aux assertions de madame Gérard. Elle est dans son rôle. Cependant, comme on a pu contrôler la véracité de la plupart des dires de madame Gérard, il est évident que celle-ci n'a pu inventer toutes ses révélations.

Déposition de mademoiselle Marguerite Pays.

29 décembre 1898.

LE PRÉSIDENT. — Nous avons entendu comme témoin madame Gérard, concierge de la maison que vous habitez, et, de son témoignage, il résulte que, à différentes reprises, vous lui auriez fait des communications, même des confidences, touchant l'affaire Dreyfus-Esterhazy. C'est ainsi que, le 12 août dernier, jour où vous avez été mise en liberté, vous lui auriez dit chez vous, en dînant, qu'il n'y avait pas de justice, qu'on avait mis le commandant et vous en liberté alors qu'on savait très bien que c'était vous qui aviez fait les faux, ou plutôt que c'était vous qui aviez écrit, sur l'ordre de du Paty de Clam, la dépêche signée *Speranza*, et que c'était du Paty de Clam lui-même qui avait fait le faux signé *Blanche*.

Nous ajoutons que le propos rapporté par madame Gérard serait assez conforme à la déclaration que vous avez faite au juge d'instruction Bertulus.

MADEMOISELLE PAYS. — Je proteste sur les deux points. Je n'ai personnellement rien dit de semblable à madame Gérard. Lorsque nous dînions, le commandant et moi, madame Gérard nous servait, et M. Artigues, attaché à la rédaction du *Petit Journal*, était présent (1).

Le commandant, dans un mouvement de colère, a dit :

— Ce n'était pas la peine de nous garder pendant trente jours pour aboutir à une ordonnance de non-lieu, alors que nous sommes étrangers aux choses qu'on nous reproche. On nous a fait payer pour d'autres, qu'on a voulu ménager.

Quant à moi, j'étais anéantie et je n'ai rien dit.

Je n'ai jamais reconnu devant M. Bertulus avoir écrit le télégramme signé *Speranza ;* il y a eu confusion à cet égard.

LE PRÉSIDENT. — D'après madame Gérard, vous auriez déclaré qu'il n'a jamais existé de dame voilée ; que c'est vous qui auriez eu avec du Paty des conciliabules au pont Alexandre-III ou devant les Invalides, et que c'est à vous que des pièces auraient été par lui remises ? Vous auriez même eu plusieurs entrevues avec le général de Boisdeffre, de même que vous auriez eu des entretiens avec le général Mercier et le général de Pellieux ?

MADEMOISELLE PAYS. — Je n'ai vu le colonel du Paty que deux fois.

Une première fois, quelques jours avant la réunion du conseil de guerre qui a jugé Esterhazy, je suis allée lui demander de me dispenser de me faire comparaître comme témoin au procès ; il m'a répondu que la chose n'était pas de sa compétence et m'a remis un mot, sous enveloppe fermée, pour Esterhazy.

La seconde fois, c'était le 2 janvier : je suis allée demander au colonel du Paty de me rassurer sur l'issue du procès ; à quoi il a répondu que je pouvais être tranquille, qu'il n'y avait aucune charge contre Esterhazy. En me congédiant, il m'a recommandé de ne plus venir le voir, tant à cause de ses domestiques qu'à cause des conséquences que pourraient avoir mes visites au point de vue de l'opinion. Après l'acquittement d'Esterhazy, je suis, malgré cette recommandation, allée le voir chez lui, avenue Bosquet ; mais je n'ai pas été reçue ; j'ai laissé un

petit mot de remerciement dans une enveloppe à son adresse.

Quant aux généraux de Boisdeffre, Mercier et de Pellieux, je ne les connais pas, je ne les ai jamais vus.

LE PRÉSIDENT. — Un témoin, madame Tournois, nous a déclaré qu'un soir, vous trouvant irritée de ce que du Paty avait déclaré devant le juge d'instruction qu'il ne vous connaissait pas et ne vous avait jamais vue, vous avez dit non seulement avoir vu M. du Paty de Clam chez lui, mais encore madame du Paty, et que celle-ci, devant un de ses domestiques, vous accueillait en amie ?

MADEMOISELLE PAYS. — Cela est à peu près exact. Cependant, ce n'est pas au cabinet d'instruction, mais au conseil d'enquête que du Paty a déclaré ne m'avoir jamais vue.

Chaque fois que j'ai vu M. du Paty, j'ai vu également madame du Paty qui venait à moi en me tendant la main et en saluant, ou tout au moins en me rendant mon salut.

J'imagine que cet accueil était fait pour donner le change à ses domestiques, car je ne connaissais pas madame du Paty. Cette attitude avait sans doute une raison : je ne la connais pas.

LE PRÉSIDENT. — Madame Gérard nous a déclaré que, lorsqu'au mois d'octobre vous êtes partie pour l'Angleterre, vous auriez emporté, avec certains papiers cousus dans le fond de votre chapeau, la lettre qu'Esterhazy a adressée à M. le procureur général Manau et dont la minute avait été écrite et vous avait été remise par M. de Boisandré.

MADEMOISELLE PAYS. — Je n'ai jamais cousu aucun papier dans le fond de mon chapeau. A mon départ pour Londres, je n'avais sur moi aucun papier que j'aie considéré comme important.

Quant à la lettre à M. Manau, ce n'est pas M. de Boisandré qui a écrit la minute, c'est une autre personne que je ne connais pas, mais qui, d'après ce qu'on m'a dit, appartient au monde du Palais et serait magistrat.

LE PRÉSIDENT. — Est-il vrai que le lendemain de la démission de M. Cavaignac, le mari de la concierge soit allé porter une lettre au ministère de la guerre ?

MADEMOISELLE PAYS. — Ce n'est pas le lendemain, mais la veille de la démission, que M. Esterhazy m'a envoyé une lettre fermée,

---

(1) Le *Petit Journal* fut toujours dévoué à la cause du traître.

LA LOGE DE MADAME GÉRARD

LE UHLAN EUT L'AUDACE DE DONNER UN RENDEZ-VOUS AU COLONEL PICQUART

en me chargeant de la faire porter à M. Cavaignac.

Le président. — Le commandant vous a-t-il jamais déclaré qu'il était l'instrument de l'état-major ?

Mademoiselle Pays. — A ce sujet, il ne m'a jamais rien dit de bien précis ; cependant, je l'ai entendu souvent se plaindre d'*eux* (qu'il ne désignait pas autrement), en ajoutant qu'il fallait qu'ils fussent des misérables, après les services qu'il leur avait rendus, pour lui faire toutes les infamies qu'il a subies.

Le président. — Vous auriez déclaré à madame Gérard que vous connaissiez les auteurs du bordereau, et vous les lui auriez même nommés.

Mademoiselle Pays. — Je ne crois pas avoir fait jamais à madame Gérard une déclaration semblable.

Le président. — Madame Gérard dit avoir eu entre les mains une lettre du colonel Kerdrain, qui disait au commandant : « Soyez sans crainte ; nous ferons notre possible pour vous tirer de là ».

Mademoiselle Pays. — Le colonel Kerdrain était, je crois, rapporteur au conseil d'enquête, et il écrivait au commandant pour lui faire connaître la composition du conseil, en même temps qu'il lui renvoyait diverses pièces que celui-ci lui avait confiées.

Cette lettre, qui constituait un pli de service marqué d'un sceau et qui avait été apportée par un planton, ne contenait nullement la phrase que madame Gérard y a lue.

Je crois d'ailleurs d'autant moins aux dispositions bienveillantes du colonel Kerdrain, que le commandant, appelé par lui avant la réunion du conseil d'enquête, a, sur une demande de ma part, tendant à connaître son appréciation sur les membres du conseil, répondu : « Ces gens-là sont aussi des misérables ; ils ont reçu l'ordre de me tuer ; ils me tueront. »

Le président. — Avez-vous vu plusieurs fois le commandant Henry ?

Mademoiselle Pays. — Oui, deux fois à l'occasion de son duel avec Picquart ; mais jamais avant.

Le président. — Le commandant Esterhazy aurait dit plusieurs fois devant madame Gérard et son mari que le retour de Dreyfus en France ne vous dérangerait nullement, parce

que vous saviez bien qu'il était innocent ?

Mademoiselle Pays. — En ce qui me concerne, je n'ai jamais tenu un pareil propos. Mais j'ai entendu plusieurs fois le commandant s'expliquer sur l'affaire Dreyfus et dire notamment : « Je suis sûr qu'ils auront fait à Dreyfus des monstruosités comme à moi, et celui-ci rentrera en triomphant, grâce aux efforts de ses vaillants défenseurs, tandis que moi, je serai dans l'opinion publique le moralement condamné ; la voilà, l'erreur judiciaire. »

Le président. — Le commandant aurait affirmé qu'il avait été prévenu par l'état-major, au mois d'août, qu'il allait être dénoncé comme ayant écrit le bordereau ?

Mademoiselle Pays. — Le commandant ne m'a jamais dit qu'il eût été prévenu par l'état-major.

Le lendemain ou le surlendemain de son arrivée chez moi, dès le début de l'affaire, un monsieur dont vous a parlé madame Gérard, et sur le compte duquel madame Choinet, ancienne concierge, pourra vous renseigner, s'est présenté à mon domicile entre six et sept heures du matin et m'a remis, dans l'entre-bâillement de la porte, un papier dans une enveloppe fermée et sans adresse, en me disant de le donner au commandant. Ce monsieur aurait donné cinq francs à la concierge.

Vers la même époque (et dans la même semaine), la concierge est montée, vers six ou sept heures du matin, me remettre pour le commandant un pli sans adresse, et elle a ajouté : « Je voudrais bien être réveillée souvent dans les mêmes conditions ; on m'a encore donné cinq francs ! »

J'ai tout lieu de croire que c'est après avoir pris connaissance de ces deux billets que le commandant est allé au ministère ; il m'a dit que le ministre ne l'avait pas reçu et qu'il avait chargé le général Millet de l'entendre ; c'est après cet entretien que le commandant a écrit au ministre.

Madame Choinet — la dame aux cinq francs — est venue confirmer ce fait :

Déposition de madame Delabarre.
(Épouse Choinet)

Le président. — On nous a dit que vous

étiez femme de ménage ou concierge au n° 49 de la rue de Douai. Vous auriez, à deux reprises, été chargée de remettre au commandant Esterhazy un pli de la part d'un monsieur qui se serait présenté chez vous entre six et sept heures du matin ?

MADAME CHOINET. — Le fait est exact. Une première fois, un monsieur, qui avait, je crois, de la moustache, est arrivé à la maison vers six ou sept heures du matin et m'a remis un papier sous enveloppe, en me recommandant d'aller tout de suite le porter à M. Esterhazy et de lui rapporter sa réponse ; j'ai accompli ma mission et, de la part de M. Esterhazy, j'ai répondu à ce monsieur que M. Esterhazy allait venir. Le monsieur est parti dans un fiacre qui attendait devant la porte. A quelques jours de là, cette même personne est revenue à la même heure, et m'a remis un autre pli à porter dans les mêmes conditions. J'ai reçu de cette personne 5 francs pour mon dérangement.

LE PRÉSIDENT. — Madame Pays nous a déclaré que, lors de la première visite de ce monsieur, c'est lui-même qui est monté à son appartement et qui lui a remis le pli destiné au commandant ; elle nous a dit également que vous auriez reçu de lui 5 francs à chacune de ses deux visites.

MADAME CHOINET. — Je crois que madame Pays se trompe ; c'est moi-même qui, chaque fois, ai remis le papier à madame Pays, qui venait toujours ouvrir, et je n'ai reçu que 5 francs pour ce service.

— Je n'ai reçu *que* cinq francs pour ce service, dit madame Choinet.

L'État-Major payait mal ses agents à cette époque !

On a pu remarquer au cours de ces dépositions que l'aveu avait échappé plusieurs fois au commandant que le bordereau n'était pas de Dreyfus.

Il n'y a plus de doutes aujourd'hui.

Le bordereau est d'Esterhazy.

Au plus fort des dénégations d'Ester-

hazy, alors qu'on l'accusait énergiquement d'avoir écrit le bordereau, et qu'il niait avec non moins d'énergie que les lignes incriminées fussent son œuvre, on saisit chez un huissier de Paris, à la requête de la Chambre criminelle de la Cour de Cassation, quelques lettres d'affaires écrites par le commandant, et — coïncidence fâcheuse — il se trouva justement que ces lettres étaient écrites sur un papier pelure identique à celui du bordereau.

M. Atthalin, conseiller à la Cour de Cassation, commit à l'expertise MM. Putois, Choquet et Marion, trois spécialistes, qui adressèrent au magistrat un rapport circonstancié dont voici les conclusions :

Les divers examens, expériences et recherches qui précèdent nous ont amenés à formuler les conclusions suivantes :

1° Les mesures extérieures des trois documents examinés sont les mêmes, représentant la feuille pliée in-octavo coquille du format français façonné ;

2° Les mesures du quadrillage sont les mêmes et dites à quatre millimètres, mesures usuelles en France faites au canevas ;

3° La nuance du papier du bordereau et celle de la lettre de Rouen du 17 août 1894 sont identiques ;

4° La nuance du papier de la lettre de Courbevoie du 17 avril est d'une nuance plus légèrement blanche ;

5° Au toucher nous n'avons pas trouvé de différence appréciable ;

6° Ces papiers ont la même transparence ;

7° L'épaisseur ne varie sur chaque échantillon que de deux centièmes à deux centièmes un quart de millimètre et est le même pour les trois ;

8° Le poids peut être considéré comme identique ;

9° Le collage est le même ;

10° Les matières premières employées à la fabrication sont composées dans les trois pièces de cellulose de bois chimique avec un très faible mélange de chiffon ;

11° Quant à la provenance, il ne nous est

pas possible de la préciser exactement, toutefois nous la supposons française.

En résumé, la pièce dite du « bordereau », la lettre du 17 août 1894 et la lettre du 17 avril 1892 nous présentent les caractères de la plus grande similitude.

Nous, arbitres soussignés, avons dressé le présent rapport en toute bonne foi et équité, à Paris, le 26 novembre 1898.

Signé : PUTOIS, CHOQUET, et MARION.

D'ailleurs, le commandant Esterhazy ne nie plus — il l'a nié assez longtemps — avoir écrit le bordereau.

UN AMI DE LA JUSTICE : **M. Grimaux**, Membre de l'Institut.

A ce sujet, un rédacteur du *Figaro*, M. Chincholle, a déposé en ces termes, le 17 décembre 1890, devant la Chambre criminelle.

Déposition de M. Ch. Chincholle.

LE PRÉSIDENT. — Vous êtes appelé devant la Cour à l'occasion d'un incident qui se serait produit dans les couloirs du Palais de justice au cours du procès Zola. On prête au commandant Esterhazy une déclaration d'après laquelle il se serait reconnu l'auteur du bordereau imputé à Dreyfus ?

M. CHINCHOLLE. — En effet, j'ai entendu deux propos qui devaient avoir pour moi d'autant plus d'importance que la situation d'Esterhazy dans les deux premières journées m'avait particulièrement intéressé.

Certains avocats placèrent eux-mêmes les officiers venus pour applaudir le traître
Esterhazy.

Le premier jour, dans la salle des Pas-Perdus, tous les officiers sans exception semblaient le fuir, et il se promenait seul avec des amis civils.

Dans la deuxième journée, au contraire, il est venu encadré de deux officiers ; avant l'audience, d'autres officiers ont causé avec lui, l'ont admis près d'eux. Pendant la suspension d'audience, au contraire, il s'est retrouvé seul et a semblé fort irrité.

Le troisième jour (je le crois), son abandon fut encore plus complet, son irritation encore plus vive.

Pendant la suspension d'audience, il s'élança dans la galerie Marchande, où des amis civils allèrent au-devant de lui, semblant lui dire de se calmer ; ces personnes étaient au nombre de quatre ou cinq.

Passant tout près du groupe, j'entendis fort distinctement d'abord cette phrase:

— Ils m'embêtent, à la fin, avec leur bordereau ! Eh bien ! oui, je l'ai écrit ; mais ce n'est pas moi qui l'ai fait ; je l'ai fait par ordre.

J'allais et venais dans la galerie Marchande ; quelques minutes après, je l'entendis prononcer les propos suivants :

— On connaît la ladrerie de Billot. S'il m'a donné 80,000 francs en une année, cela a bien été pour faire quelque chose.

Un publiciste anglais, M. Rowland Strong, confirme cet aveu échappé à Esterhazy, en d'autres circonstances.

Le récit de M. Strong est piquant et montre le traître sous un jour curieux :

Déposition de M. Rowland Strong.

2 février 1899.

M. STRONG. — Dans le mois d'octobre 1898, un journaliste anglais, M. Sherard, m'a prié d'interviewer M. Esterhazy pour un des journaux dont je suis le correspondant. Un rendez-vous a été organisé dans les bureaux de la *Libre Parole* par M. Scherard et je m'y suis rendu.

Je devais interviewer Esterhazy. De la *Libre Parole* nous l'avons, M. Scheurer et moi, conduit à l'hôtel Continental, où était descendu M. Murray, correspondant spécial du *Daily News*, lequel devait aussi interviewer Esterhazy.

La conversation que nous avons eue avec Esterhazy a été publiée dans le *Daily News* et dans la *Pall Mall Gazette*.

Mon article, paru dans ce dernier journal, a été traduit et a été reproduit dans le *Figaro*. A ce moment, Esterhazy n'a pas dit qu'il fût l'auteur du bordereau.

Il disait que, comme preuve de la culpabilité de Dreyfus, l'état-major était en possession de 153 documents et il ajoutait que, si Dreyfus venait à remettre le pied sur la terre de France, 150,000 hommes descendraient dans la rue, que lui, Esterhazy, se mettrait à leur tête, et qu'il y aurait 5,000 cadavres de juifs.

Six semaines à peu près s'étaient écoulées

sans que je me fusse occupé de nouveau d'Esterhazy, lorsqu'un soir il est venu sonner chez moi, 20, rue Saint-Vincent-de-Paul.

On allait, m'a-t-il dit, lancer un pétard contre lui et contre l'état-major, dans un journal anglais, et il désirait savoir quel serait ce journal.

A ce moment même, je lisais dans la *Patrie* cette annonce d'un pétard, mais je ne savais pas quel il devait être.

Toutefois, j'avais précisément dîné la veille avec un homme de lettres anglais, M. Melmoth, qui connaissait M. Blacker, ami de Conybeare.

M. Melmoth m'avait, à ce dîner, raconté l'histoire de la scène entre l'agent d'une puissance étrangère et Esterhazy, scène au cours de laquelle Esterhazy avait menacé cet agent de lui brûler la cervelle et de se tuer lui-même après, si l'agent dont il s'agit n'affirmait pas la culpabilité de Dreyfus.

J'ai supposé que la publication de ce fait pourrait bien être le pétard que craignait Esterhazy, et alors je mis Esterhazy en rapport avec M. Melmoth.

De cette façon, Esterhazy a été renseigné.

Plus tard, il m'a dit, mais j'ignore si c'est exact, avoir communiqué (*sic*) ce renseignement à M. le général de Pellieux.

Esterhazy venait souvent chez moi ; j'ai le téléphone : il s'en servait pour parler à la *Libre Parole* habituellement et aussi fréquemment à M. Arthur Meyer, du *Gaulois*.

A la même époque, je le voyais assez souvent dans un café, 1, boulevard Denain. Il me disait des choses si peu intéressantes, à cette époque, que je ne les envoyais même pas à mon journal.

Puis, Esterhazy a été arrêté et a été détenu pendant quelque temps.

A sa sortie de prison, je lui ai fait savoir que, s'il avait quelque chose à me dire, il me trouverait au café du boulevard Denain, mais il m'a fait répondre qu'il était très fatigué et qu'il me priait de passer le voir, 49, rue de Douai.

Pour le remonter un peu, j'avais apporté deux bouteilles de champagne.

Je note ici que, ce jour-là, j'allais pour la première fois chez lui.

Je l'ai trouvé dans un état d'excitation extrême. Il annonçait qu'il allait tout dire, car il savait bien, ajoutait-il, que le ministre de la guerre allait le traduire devant un conseil d'enquête, qui allait briser son épée.

« Je dois tout dire, annonçait-il, ce sera la ruine de du Paty de Clam et de tous ceux qui m'ont abandonné. »

Il ne m'a donné cette fois aucun détail intéressant pour mon journal.

Il était très monté contre le juge d'instruction et exaspéré de son arrestation.

Je l'ai quitté sans avoir réussi à le calmer, et après lui avoir donné le conseil de ne rien faire de déloyal.

Esterhazy est revenu le lendemain et le surlendemain chez moi. Son excitation ne cessait de grandir.

Il répétait que, si on lui arrachait ses épaulettes, il ferait tout pour entraîner la ruine de ceux qui le « lâchaient. »

Après sa première comparution devant le conseil d'enquête, il est venu me rejoindre au café.

Le même jour, sur sa demande, j'avais écrit, à Drumont de même que quelques jours avant à Rochefort, en les priant de s'occuper un petit peu plus d'Esterhazy : en effet, ce dernier se plaignait de ce que Drumont était allé à la campagne et Rochefort aux bains de mer, au lieu de s'occuper activement de le défendre dans leurs journaux.

Le soir donc, au café, sortant du conseil d'enquête, Esterhazy continua à m'annoncer qu'il dirait tout ce qu'il savait sur tout le monde.

Il traita d'abominables les procédés de l'état-major, non pas seulement à l'égard de lui, Esterhazy, mais également à l'égard de Dreyfus.

Entendant cela, l'idée m'est venue, naturellement, que ce qu'il disait pourrait s'appliquer peut-être au bordereau.

J'ai alors rappelé à Esterhazy que, suivant sa prière, lorsque j'avais fait une démarche auprès de mon ami, M. Léon Daudet, pour que celui-ci fût favorable, M. Daudet m'avait répondu qu'il se pourrait bien qu'Esterhazy ne fût ni un traître ni un bandit, mais qu'il était certainement l'auteur du bordereau.

Je n'ai pas, cependant, par une question formelle, prié Esterhazy de me dire ce qu'il en était, je me suis borné à lui rappeler ce que m'avait raconté M. Léon Daudet.

Esterhazy m'a écouté en silence (sic) et s'est

tu encore, pendant un moment, lorsque j'ai eu cessé de parler.

Puis il s'est exprimé comme suit :

— Eh bien! écoutez donc. Si j'allais dans une rédaction de journal à l'étranger (car je ne puis le faire ici), et si je disais que je suis tel et tel, et que je l'ai écrit dans telle et telle condition, ne croyez-vous pas que cela ferait sensation?

— Sensation, oui, lui répondis-je, mais je crois que cela n'étonnerait pas beaucoup de monde.

Esterhazy n'avait pas dîné. Je l'ai accompagné chez Brébant.

Pendant qu'il dînait, je lui ai demandé :

— Mais pourquoi avez-vous écrit ce bordereau?

Sans nulle hésitation, il m'a répondu :

— Je l'ai écrit sur l'ordre exprès du colonel Sandherr.

Ensuite, il s'expliqua :

« Si, dit-il, j'ai écrit le bordereau sur l'ordre du colonel Sandherr, c'est que l'état-major désirait posséder une preuve matérielle contre Dreyfus à l'égard duquel on n'avait que des preuves morales.

Aveu d'Esterhazy.

Du reste, depuis, en juin 1899, Esterhazy a formellement avoué, dans plusieurs journaux, être l'auteur du bordereau. Le *Matin* de Paris et le *Daily chronicle* de Londres, notamment, ont publié à ce sujet des déclarations du traître qui ne laissent aucun doute.

Mais on sait qu'Esterhazy avait déjà fait, à plusieurs reprises, des aveux analogues qu'il avait ensuite démentis. Aussi, cette fois, le *Matin* et le *Daily chronicle* ont-ils exigé qu'Esterhazy signât son aveu.

C'est donc un fait acquis. Esterhazy se reconnaît l'auteur du bordereau pour lequel Dreyfus a été condamné. Sa déclaration écrite et signée, qu'a publiée le *Daily chronicle*, dit textuellement :

« C'est moi qui, sur l'ordre que j'en ai reçu

LES DEUX COMPÈRES

ET MAINTENANT QU'ON ME PASSE BOISDEFFRE !

du colonel Sandherr, AI ÉCRIT LE BORDE-REAU. Depuis 1893, les preuves morales de fuites, ne pouvant émaner que d'un officier appartenant au ministère de la guerre, étaient acquises. Depuis de très longs mois déjà on en avait la preuve par les renseignements venus au service, par les agents du ministère à Berlin et ailleurs. Il fallait prendre matériellement le coupable. D'où le bordereau. »

Donc Esterhazy avoue être l'auteur du bordereau. Quant à cette restriction qu'il l'aurait écrit par ordre, elle tombe devant les dépositions formelles de MM. de Bois-deffre, Gonse et Mercier, qui attestent que le « Uhlan » n'a jamais fait partie du contre-espionnage, et devant le témoi-gnage suivant du général de Gallifet :

Le général de Boisdeffre a déclaré qu'il croyait que le dossier secret avait été brûlé
après le procès de 1894.

Déposition du général de Gallifet.

5 novembre 1898.

Au mois de mai 1898, le général anglais Talbot — qui avait été, comme colonel, attaché militaire en France pendant six ans, et avec qui j'étais en relation depuis de longues années — est venu me voir, à son retour d'Egypte, et m'a dit : « Mon général, je ne sais rien de l'affaire Dreyfus. Pendant tout le temps que j'ai été employé en France, je ne l'ai jamais connu ; mais, *je suis étonné de voir le commandant Esterhazy en liberté, parce que nous tous, attachés militaires en France, nous savions qu'avec un ou deux billets de 1,000 francs, le commandant Esterhazy nous procurerait les renseignements que nous ne pouvions nous procurer directement au ministère.* »

Sur interpellation d'un conseiller. — M. le général de Galliffet, lorsqu'il a entendu le général Talbot lui parler du fait dont il vient de parler, l'a-t-il fait connaître au ministre de la guerre ?

Le général de Gallifet. — *Les relations d'Esterhazy avec les attachés militaires étaient connues de tous.* Je n'étais plus en activité de service, je n'avais aucune relation avec le ministère de la guerrre, et j'étais convaincu que je n'aurais appris que ce que tout le monde savait.

Le président. — Le propos qui vous a été tenu par le général Talbot est-il intervenu à la suite d'une conversation dans laquelle il aurait été question de l'affaire Dreyfus?

Lé général Gallifet. — Le général Talbot, revenant d'Egypte, est venu me voir, et l'un de ses premiers propos a été :

« Oh ! mon général, dans quelles tristes affaires êtes-vous plongé en ce moment? »

Et il ajouta :

« Je ne vous parlerai pas de Dreyfus, je ne l'ai pas connu pendant les six années que j'ai passées en France ; mais ce qui m'étonne, c'est que le commandant Esterhazy soit encore en liberté. Car nous tous, les attachés militaires, nous savions parfaitement que pour un ou deux billets de 1,000 francs M. Esterhazy nous fournirait les renseignements que nous ne pouvions avoir directement du ministère de la guerre. »

Quand les défenseurs d'Esterhazy apprirent, par quelques indiscrétions, combien était lumineuse l'enquête à laquelle s'était livrée la chambre criminelle de la Cour de cassation (1), ils tentèrent, par une dernière manœuvre, de s'opposer à l'œuvre de justice. Aidés par les anciens débris du Boulangisme, par les antisémites, par les réactionnaires de tous genres et par tous les cléricaux, ils entreprirent une nouvelle campagne de calomnies, dans le but de déconsidérer les magistrats qui avaient été légalement saisis de la demande en revision du procès Dreyfus. Par une série d'articles injurieux, les adversaires de la revision arrivèrent à faire planer un soupçon dans l'esprit de quelques gens timides, sur l'impartialité des conseillers composant la chambre criminelle de la Cour.

Cédant à ce prétendu mouvement d'opinion, le gouvernement fit procéder à une enquête minutieuse qui démontra l'inanité et la monstruosité des calomnies colportées et entretenues par les journaux. Toutefois, sous prétexte de faire l'apaisement et de rendre inattaquable le jugement à intervenir, le ministre Dupuy céda aux injonctions de ces fauteurs de scandales. Il consentit donc à présenter au Parlement et à défendre devant lui une loi de circonstance, destinée à confier le jugement des procès en revision à la Cour de cassation entière, toutes chambres réunies, lorsqu'une de ces chambres aurait cru devoir, pour s'éclairer, procéder à une instruction préliminaire.

En vertu de cette loi, promulguée le

---

(1) C'est cette enquête que nous avons analysée et dont nous avons publié ci-dessus les parties les plus importantes.

1ᵉʳ mars 1899, la Cour de cassation, toutes chambres réunies, fut saisie de la revision du procès Dreyfus. Après un supplément d'enquête, destiné à recueillir des témoignages complémentaires et à confronter des témoins dont les dires étaient contradictoires, la Cour de cassation se réunit en audience solennelle publique le 29 mai 1899.

M. Ballot-Beaupré, président de la Chambre civile, qui avait été nommé rapporteur de l'affaire, a pris le premier la parole. Son volumineux rapport, dont la lecture a occupé toute l'audience du 29 mai et la première partie de l'audience du 30 mai, est l'étude approfondie des arguments mis en avant par les partisans de la revision comme de ceux présentés par les adversaires de cette mesure ; il se termine ainsi :

Voilà un document dont on cherche l'auteur. Deux personnes ont été accusées à raison des ressemblances de leur écriture, Dreyfus et Esterhazy ; on hésite entre les deux, les experts n'étant pas d'accord, mais on découvre que le 17 août 1894, Esterhazy écrivait sur un papier qui n'était pas ordinaire, qui n'était pas d'un usage courant, et qu'il prétendait en 1894 n'avoir jamais employé.

N'Y A-T-IL PAS DANS LA RÉUNION DE CES DEUX ÉLÉMENTS MATÉRIELS, L'ÉCRITURE ET LE PAPIER DES DEUX LETTRES SAISIES EN 1898, UN FAIT JE NE DIS PAS ÉTABLISSANT, MAIS DE NATURE A ÉTABLIR QUE LE BORDEREAU EST DE LA MAIN NON PAS DE DREYFUS, MAIS D'ESTERHAZY, CONSÉQUEMMENT UN FAIT DE NATURE A ÉTABLIR L'INNOCENCE DU CONDAMNÉ ? PARCE QU'ON N'APERÇOIT PAS QUANT A PRÉSENT DU MOINS, COMMENT, ESTERHAZY AYANT ÉCRIT LE BORDEREAU, DREYFUS AURAIT COMMIS LE CRIME DE HAUTE TRAHISON.

Si, par hypothèse, les deux lettres sur papier quadrillé saisies en 1898 étaient signées Dreyfus, ne serait-ce pas une charge accablante contre lui ? La justice veut que ce soit en sa faveur un argument d'une force et d'une énergie considérables lorsqu'elles sont signées Esterhazy.

Encore une fois l'article 443, paragraphe 3 du Code d'instruction criminelle ne subordonne nullement son application à la démonstration immédiate définitive de l'innocence du condamné. EN MON AME ET CONSCIENCE, IL NE M'EST PAS POSSIBLE DE CONTESTER L'EXISTENCE D'UN FAIT QUE NE CONNAISSAIENT PAS LES MEMBRES DU CONSEIL DE GUERRE QUAND ILS ONT, LE 22 DÉCEMBRE 1894, PRONONCÉ LA CONDAMNATION.

Messieurs,

La solution que je propose semblerait, j'en suis persuadé, naturelle à tout le monde si cette lamentable affaire se présentait dans des conditions normales.

Hélas, il n'en est rien. Le bruit qui, depuis plus de deux ans, s'est fait autour d'elle, les discussions passionnées auxquelles elle a donné lieu, les commentaires quotidiens de la presse, les indiscrétions, les divulgations de documents secrets, le débat porté en quelque sorte sur la place publique avant l'audience même, nous prouvent que malheureusement l'affaire n'est pas ordinaire. Et puis, la cause de la revision a eu des défenseurs bien dangereux pour elle, qui, par leurs criminelles attaques contre l'armée, ont blessé profondément et irrité jusqu'à l'exaspération le sentiment national.

Elle a eu aussi des adversaires qui, de leur côté, ont poussé jusqu'aux plus grossières violences de langage les excès de leurs polémiques. Et cette campagne, dans laquelle l'armée d'une part, la magistrature de l'autre, ont été l'objet d'abominables outrages, n'a pas eu pour résultats seulement de jeter dans notre pays entre honnêtes gens qui étaient faits pour s'estimer, entre amis, entre membres d'une même famille, entre enfants d'une même patrie, des germes inquiétants de discorde et de haine.

Elle a eu pour résultat encore de troubler et de fausser les esprits, à tel point que, aux yeux de bien de personnes aujourd'hui, la question est pour nous de savoir, non pas si nous considérons Dreyfus comme coupable ou non, mais si nous rendrons un verdict en faveur de l'armée ou contre elle.

C'est un état d'esprit qui n'a plus rien de commun avec la justice.

Et en vérité l'on ne peut faire ni à l'armée ni à nous-mêmes une plus cruelle injure.

Non, l'armée devant nous n'est pas en cause, non, elle n'est pas notre justiciable ; elle est, Dieu merci, bien au-dessus de ces discussions qui ne sauraient l'atteindre, et son honneur, assurément, n'exige pas qu'on maintienne en prison un innocent.

L'innocence de Dreyfus, messieurs, je ne vous demande pas de la proclamer ; mais

Mᵉ ALBERT CLEMENCEAU, défenseur du journal l' « Aurore » au procès Zola.

je dis qu'un fait inconnu des juges de 1894 est de nature à l'établir. Cela suffit aux termes de l'article 443, et par suite il y a lieu, en vertu de l'article 445, d'ordonner le renvoi devant un nouveau Conseil de Guerre pour statuer définitivement en pleine connaissance de cause.

Je le dis avec une conviction ferme, avec le sentiment très vif du devoir qui m'incombe et de la responsabilité que j'assume ; je mentirais à ma conscience si je vous proposais une autre solution.

Me trompé-je dans mes appréciations?

Vous le déciderez, messieurs ; je m'incline d'avance respectueusement devant votre arrêt, quel qu'il soit.

Mon rapport est terminé.

Quand l'émotion causée par la lecture de cette péroraison fut calmée, la parole

IL Y A DES TACHES DIFFICILES A LAVER

fut donnée à M. le procureur général Manau pour développer ses conclusions dont la teneur suit :

M. le procureur général près la Cour de cassation expose que des pièces du dossier et notamment de l'enquête à laquelle il a été procédé par la chambre criminelle et par les chambres réunies, ressortent les faits suivants qui résument les éléments principaux de la demande en revision du jugement du conseil de guerre en date du 22 décembre 1894, condamnant Dreyfus à la déportation et à la dégradation pour crime de trahison.

Les voici :

1° Le faux Henry rendant suspect le témoignage sensationnel fait par Henry devant le conseil de guerre ;

2° La date du mois d'avril assignée au bordereau à l'envoi des documents produits tant dans le procès Dreyfus que dans celui d'Esterhazy, c'est-à-dire qui a servi de fondement à la condamnation de l'un et à l'acquittement de l'autre. Attendu qu'aujourd'hui cette date est reportée au mois d'août 1894, ce qui enlève au jugement de 1894 toute base solide ;

3° La contradiction manifeste de l'expertise du procès Dreyfus et de celle du procès Esterhazy, la divergence de conclusions des experts ayant pour résultat de déplacer la majorité de l'expertise de 1894 ;

4° La similitude absolue avec le papier pelure sur lequel est écrit le bordereau et du papier pelure ayant servi à Esterhazy pour deux lettres écrites en 1892 et 1894 par Esterhazy et reconnues par lui ;

5° La preuve absolue résultant pour Esterhazy de ce fait qu'il a assisté aux manœuvres d'août à Châlons, en 1894, et d'autres documents de la cause que c'est lui qui a pu écrire cette phrase du bordereau : « Je vais partir en manœuvres », tandis qu'il résulte d'une circulaire officielle de mai 1894, non produite au procès Dreyfus, que Dreyfus n'est pas allé à ces manœuvres ni à d'autres postérieures et qu'il ne pouvait pas ignorer qu'il ne partirait pas ; et qu'il n'a pu écrire cette phrase ;

6° Les rapports officiels de police non produits aux débats en 1894 établissant que,

contrairement aux renseignements fournis par Guénée et retenus par l'accusation comme arguments moraux, ce n'était pas Dreyfus qui fréquentait les cercles et qu'il y avait eu confusion de nom ;

7° La scène qui s'est produite dans le cabinet de M. Bertulus et qui justifie les présomptions les plus graves sur les agissements coupables d'Henry et d'Esterhazy ;

8° La dépêche de 1894 sur le sens de laquelle tout le monde est d'accord aujourd'hui, non produite au procès de 1894, se référant à une autre dépêche et d'où il résulte que Dreyfus n'avait eu aucune relation avec la puissance étrangère visée dans cette dépêche ;

9° Les documents officiels qui établissent que Dreyfus n'avait eu aucune relation avec aucune puissance étrangère ;

10° Enfin, les protestations et les présomptions graves d'innocence, les pièces restant au dossier établissant que Dreyfus n'a jamais avoué et n'a pu avouer ;

Et attendu que, aux termes de l'article 443 du Code d'instruction criminelle, la revision peut être demandée au cas où un fait nouveau viendrait à se produire ou à se révéler, ou lorsque des pièces inconnues lors des débats sont produites ou représentées par des faits de nature à les établir ;

Étant donné qu'il y a faits nouveaux et pièces nouvelles ; que c'est donc le cas de les connaître et de casser le jugement du 22 décembre 1894 ;

Par ces motifs :

Le procureur général : vu les pièces du dossier et de l'enquête ;

Vu les articles 443, § 4, 444 et 445 du Code d'instruction criminelle,

Requiert qu'il plaise à la Cour :

Admettre les faits nouveaux et les pièces nouvelles ci-dessus visés comme étant de nature à établir l'innocence de Dreyfus ; ce faisant déclarer recevable au fond, comme légalement justifiée, la demande en revision du jugement du conseil de guerre en date du 22 décembre 1894, casser et annuler ledit jugement et renvoyer la cause de Dreyfus en l'état d'accusé devant tel Conseil de guerre qu'il lui plaira de désigner.

Fait au parquet le 27 mai.

Le procureur général, MANAU.

Dans le réquisitoire qu'il a prononcé les 30 et 31 mai 1899 pour développer ces conclusions, M. le procureur général Manau a, lui aussi, passé en revue les arguments présentés en faveur de la revision comme les arguments en faveur de son rejet. Il a conclu en ces termes :

Messieurs,

Nous avons terminé notre laborieuse tâche. Nous croyons vous avoir démontré que des faits nouveaux, de nature à établir l'INNOCENCE DE **Dreyfus**, abondent dans la cause.

Nous n'avons plus qu'à formuler nos dernières réquisitions.

Mais auparavant, laissez-nous appeler

Un ami de la Justice : **M. Jean Jaurès**.

votre attention sur le parallèle saisissant qui s'impose à notre souvenir.

Au mois de décembre 1887, soutenu par deux remarquables et consciencieux rapports, qui sont l'honneur de la carrière des magistrats qui les avaient rédigés, nous avons eu l'immense joie d'obtenir de la Chambre criminelle, si exclusivement inspirée, alors comme toujours, par l'esprit de Justice, la réhabilitation de la mémoire du martyr, mort au bagne après 23 ans de souffrances aussi cruelles qu'imméritées. Nous voulons parler de **Pierre Vaux**, le condamné de Longepierre.

Ce crime, commis par deux magistrats, empêcha la réparation de l'erreur judiciaire commise de bonne foi en 1892.

Aujourd'hui, nous voici en présence d'un

témoignage plus que suspect, ayant contribué, pour la plus grande part, à la condamnation, un faux rejaillissant sur ce témoignage, un suicide, enfin la découverte de plusieurs faits nouveaux, de plusieurs pièces non produites au procès et révélées ou détruites depuis, et qui rendent inutile l'aveu de celui que tout semble indiquer comme le véritable auteur du crime.

Dans cette affaire, nous trouvons un faux

M. Charles Dupuy : — Je crois que nous avons été victimes d'une mystification.

témoignage, le suicide d'un des coupables ; enfin, la rétractation de l'aveu de l'autre coupable. Mais, chose monstrueuse : on supprime la pièce officielle qui, en établissant cette rétractation et cet aveu, devait amener de son vivant la réhabilitation de l'innocent.

Mais, à la différence des magistrats de 1897, vous ne pouvez qu'ouvrir la porte à la revision. Vous n'avez pas qualité pour la prononcer définitivement. Vous pouvez juger de nouveau Dreyfus. Il ne vous est pas permis de le réhabiliter.

Il sait, du reste, qu'il n'a pas le droit de vous adresser une pareille demande. Il attend, plein d'espoir, le nouveau jugement de ses pairs !

LE GÉNÉRAL MERCIER, RETRAITÉ, MENACE SON ANCIEN PRÉSIDENT DU CONSEIL,
M. CH. DUPUY.

Lui refuserez-vous ce concours suprême ? Nous estimons que cela n'est pas possible, en présence des documents si décisifs, à notre avis, qui éclairent ce grave procès.

Messieurs, ne nous y trompons pas. L'heure est solennelle. Vous allez rendre votre arrêt. Ne vous dissimulez pas que, par suite de circonstances inouïes, cet arrêt aura un retentissement qui franchira les murs de l'enceinte judiciaire.

Le pays l'entendra, le monde entier le recueillera, l'histoire l'enregistrera.

Ces trois juridictions, dont nous relevons tous, jugeront notre œuvre.

Leur sentence sera sans appel.

Quant à nous, Messieurs, après avoir pris devant vous la responsabilité de nos conclusions, nous la prenons devant elles comme magistrat et comme citoyen, avec la confiance que donne le sentiment du devoir accompli, et ces conclusions, les voici :

Nous affirmons qu'il y a dans ce procès plusieurs faits nouveaux qui sont de nature à établir l'innocence de Dreyfus ; à d'autres que vous le devoir de dire le dernier mot. Nous vous conjurons de laisser passer la justice en ordonnant la revision.

En conséquence,

Nous requérons qu'il plaise à la Cour prononcer cassation du jugement du 22 décembre 1894, le renvoi de Dreyfus devant tel conseil de guerre qu'il lui plaira désigner.

L'audience du 1ᵉʳ juin a été entièrement consacrée à la plaidoirie de Mᵉ Mornard, avocat de madame Lucie Dreyfus, qui a demandé réparation de l'injustice commise en 1894.

Sa plaidoirie a été terminée par cet éloquent appel :

Quelle que soit la preuve d'innocence que vous placiez à la base de votre arrêt, chacun s'écrie : Justice va être rendue, l'innocence va triompher, puisque la Cour suprême de France va prononcer.

Messieurs, la revision n'est donc plus en discussion aujourd'hui : elle est acquise.

Une seule question se pose : la Cour se prononcera-t-elle elle-même ou chargera-t-elle un nouveau conseil de guerre de prononcer la réhabilitation de Dreyfus ?

Sur l'ordre de ma cliente, Messieurs, j'ai dû prendre des conclusions aux fins de renvoi devant un conseil de guerre, et j'avoue que je ne l'ai pas fait sans un serrement de cœur, car je me demande si, véritablement, ce n'est pas trop sacrifier à certaines susceptibilités que d'imposer à ce martyr quelques sémaines de plus encore de ce bagne.

Je me demande si, véritablement, il n'eût pas été plus humain de conclure, comme j'en avais le droit, à la cassation sans renvoi, car je veux qu'il soit bien établi que si j'ai conclu à un renvoi devant le conseil de guerre, c'est parce que ma cliente l'a voulu, parce que Dreyfus veut comparaître devant ses pairs.

Du reste, mes raisons juridiques me permettaient assurément de réclamer une cassation sans renvoi. M. le président rapporteur faisait remarquer que j'avais reconnu dans mon mémoire que le bordereau, d'après les révélations qui vous avaient été faites, ne pouvait être vraisemblablement considéré comme un document fabriqué de toutes pièces à l'effet de faire condamner Dreyfus. Cela est bien certain, mais je suis aussi pleinement d'accord avec M. le président rapporteur comme avec M. le procureur général pour reconnaître que si quelque chose est bien établi aujourd'hui, c'est que ce bordereau est l'œuvre d'Esterhazy.

Or, nous sommes en présence d'un élément d'accusation qui ne peut plus servir à une poursuite criminelle, puisque le seul individu qui pouvait être poursuivi en l'état des faits révélés par votre instruction, n'est autre qu'Esterhazy, et Esterhazy est à l'abri de toutes poursuites judiciaires.

L'auteur de cette trahison, que l'on reproche à Dreyfus, l'auteur de cette trahison qu'il s'agit de poursuivre, n'est autre qu'Esterhazy, et Esterhazy est protégé par un arrêt d'acquittement absolument irréfutable, et dès lors en présence de la situation visée par le Code d'instruction criminelle, qui déclare que, lorsqu'il résulte de l'instruction qu'il n'y a plus ni crime ni délit, il soit possible de poursuivre.

La Cour de cassation doit statuer à nouveau, et d'autre part, Messieurs, M. le conseiller rapporteur réfutait l'autre jour une théorie qui tendait à vous faire prononcer une cassation sans renvoi. Il la réfutait en ces termes :

J'ai lu, dans une dissertation récente, émanant d'un savant jurisconsulte, une théorie sur laquelle je dois appeler votre attention.

On soutient qu'il peut y avoir cassation sans renvoi, mais qu'il ne peut y avoir de débat de contradiction.

Le vrai coupable possible ayant été acquitté ou le faux témoin possible étant mort sans avoir été jugé ; et on s'appuie sur la rédaction de l'article 446.

Lorsqu'il ne pourra être procédé de nouveau à des débats oraux entre toutes les parties, notamment en cas de prescription de l'action ou de celle de la peine.

On ne conçoit, dit-il, la prescription de l'action publique que pour une personne non condamnée. Pour celle qui a été condamnée, il ne s'agit que de prescription de la peine.

Donc, l'article 446 désigne même ceux qui, étant intéressés à l'instance en revision, ne peuvent, pour un motif quelconque, être déférés à un tribunal de répression : c'est ce qui se produit non seulement lorsque l'action publique, à leur égard, est prescrite, mais aussi lorsqu'ils ont été acquittés ou sont morts avant toutes poursuites.

Le point de départ de cette argumentation est inadmissible. Il est simple d'imaginer par hypothèse un condamné pouvant encore bénéficier de la prescription de l'action publique par l'effet de la cassation ; si la recevabilité est déclarée, ne redevient-il pas un simple prévenu ou accusé ? Eh bien, si vous considérez comme exacte la théorie réfutée par le président rapporteur, incontestablement il faudrait casser son renvoi. Si vous considérez au contraire avec le président rapporteur que la prescription peut courir, même au profit de l'individu condamné, est-ce que la prescription ne serait pas acquise en fait ?

Il s'agit d'un délit qui a été qualifié crime de haute trahison, mais vous savez que la qualification est certainement inégale et qu'il s'agit d'un délit d'espionnage ; et jamais, si on qualifie le fait dont il est question dans l'espèce actuelle de haute trahison, il ne pourra être question d'appliquer la loi de 1886. Car je défie alors qu'on trouve un acte d'espionnage qui ne soit pas un acte de haute trahison.

Donc, si nous nous trouvons en effet en présence d'un délit d'espionnage, l'action publique cesse au bout de trois ans, la prescription au bout de vingt ans et vous seriez amenés à appliquer dans l'espèce la jurisprudence que vous appliquiez il y a quelques semaines encore dans l'affaire Petit.

Ainsi, en se plaçant dans une hypothèse ou dans l'autre, on serait amené à une cassation sans renvoi. Mais je ne vous donne ces explications que pour bien montrer que si je n'ai pas conclu à une cassation sans renvoi, c'est que je ne l'ai pas voulu, parce que je l'aurais pu.

Je maintiens donc purement et simplement mes conclusions et la Cour appréciera.

Il y a sept mois, j'adjurais votre Chambre criminelle de poursuivre la conquête de la vérité, et pour ce fait, de gravir un calvaire dont il était trop facile de prévoir les nombreuses stations.

M'adressant au Tribunal suprême de France, je ne doutais pas qu'un pareil appel fût entendu, et je salue l'un des meilleurs et des plus généreux efforts qui aient été faits pour rapprocher la justice humaine de l'éternelle justice. La vérité est aujourd'hui reconnnue ; il ne reste plus qu'à la proclamer et, pour cet acte de justice final, c'est aux Chambres réunies que je m'adresse aujourd'hui.

Certes, si, comme juriste et citoyen, je puis souffrir de voir les passions déchaînées arriver à faire brèche dans les principes de notre droit public, du moins, comme avocat, et pour la cause que je défends, je saurai m'y résoudre. Plus solennelle est la juridiction, plus éclatante doit être la réhabilitation que vous allez prononcer. Ah ! Messieurs, elle pense comme moi, la pauvre et noble femme en habits de deuil, qui, pendant cinq années, a pu sonder toutes les profondeurs des douleurs humaines, et s'adresse, l'âme rassurée, à votre haute justice. Elle sait que l'outrage, la menace, l'injure, la calomnie, ne peuvent avoir d'influence dans votre prétoire, où on ne connaît que les satisfactions du devoir et de la conscience. Elle sait que cela ne peut ni vous atteindre, ni vous toucher.

Et quant à celui qui, placé moins haut que vous, Messieurs, vous parle en ce moment, s'il se voit parfois éclaboussé par toute cette boue qui monte d'en bas, alors, alors il relèvera sa robe pour fuir cette boue, et il déclarera une fois de plus à cette barre que les injures il les excuse et il les oublie.

Ah ! dans cette affaire on a vu tant de choses, où les plus nobles sentiments ont été hypnotisés par des mirages extraordinaires, par ce que l'on a appelé l'honneur de l'armée et la raison d'État.

Mᵉ Mornard,

Avocat de Madame Lucie DREYFUS, devant la Cour de Cassation.

Il n'est pas vrai que l'honneur de l'armée et la raison d'État aient été entamés. Non, certes, il n'est pas vrai que l'honneur de l'armée impose à la France le mot qu'un vainqueur impitoyable lui imposait à une heure sombre de l'histoire : la force prime le droit. Et ceux qui, je ne sais pour quelle raison d'État, semblent disposés à imprimer cette devise sur le drapeau de la patrie, ceux-là oublient que des plis de ce drapeau la France n'a jamais laissé tomber sur le monde que des idées de générosité, de tolérance et de justice.

Et l'armée, cette réunion d'hommes de

LES SAUVETEURS DU TRAITRE SONT EN DANGER.....

devoir et d'honneur à qui est confiée la garde de ce drapeau, qui chaque jour va le porter intrépidement chez les peuplades sauvages comme l'emblème de la civilisation et de l'humanité, l'armée aussi est assoiffée de vérité et de justice. Comme tous ces savants illustres et ces hommes éminents qui se sont levés pour dire bien haut les angoisses des Français, l'armée aussi entend maintenir et défendre un patrimoine d'idées généreuses qui font l'honneur et la gloire de notre pays, qui constituent l'honneur national et, pour ainsi dire, sont la raison d'être de la France elle-même.

Dieu merci, messieurs, je puis le dire, j'en ai reçu, avec une profonde émotion, maint témoignage au cours de cette longue campagne.

De nombreux officiers sont venus me faire entendre, en faveur de leur malheureux compagnon d'armes, cette voix dont parlait le poète, et que je voudrais, moi aussi, vous faire entendre, à mon tour, cette voix du cœur qui seule au cœur arrive.

Oui, je le sais, l'armée veut la lumière et la justice, et c'est là précisément qu'est l'honneur de l'armée.

Messieurs, la Cour sait bien que c'est une étrange erreur que d'attribuer à notre armée cette prétention à l'infaillibilité qu'on lui a attribuée si souvent. Elle sait bien que l'armée ne peut prétendre, hélas! à une infaillibilité chimérique; et qu'elle ne peut pas s'estimer déshonorée par la reconnaissance d'une erreur. Il est plus honorable, disait ici même naguère un de nos plus éminents avocats généraux, de reconnaître une erreur que de ne l'avoir pas commise.

L'armée connaît la grandeur d'une telle maxime et sait la pratiquer. La Cour ne l'ignore pas puisque il y a peu de jours elle entendait ici même un des juges de Dreyfus qui libérait sa conscience.

Mais je m'arrête.

L'heure de la justice a sonné, et, plein de confiance, j'attends votre arrêt. Je l'attends, ce nouvel et éclatant témoignage de votre haute et impartiale justice; je l'attends, votre arrêt, comme une parole de délivrance pour le loyal soldat qui, poursuivi jusque dans sa prison par des haines implacables, a subi sans faiblesse les pires tortures pour sauver l'honneur de son nom et pour laver

de la tache d'infamie ces malheureux enfants qu'à travers ses cris d'innocence il appelle des parias.

Je l'attends, votre arrêt, comme une parole de délivrance pour cette pauvre et noble femme aux vêtements de deuil, qui a épuisé toutes les douleurs et dont les yeux desséchés ne trouvent même plus de larmes à pleurer.

Je l'attends, votre arrêt, comme une parole de paix pour tous les citoyens, qui, sortis enfin de leurs angoissantes inimitiés d'hier, communieront demain dans l'amour de notre France généreuse; et pour tout dire enfin, Messieurs, je l'attends, votre arrêt, comme l'aurore du jour béni qui fera luire sur la patrie la grande lumière de la concorde et de la vérité!

Enfin, dans son audience du 3 juin, la Cour de cassation, toutes chambres réunies, a rendu l'arrêt suivant :

La Cour,

Ouï M. le président Ballot-Beaupré dans son rapport, M. le procureur général Manau dans ses réquisitions, et Me Mornard, avocat de madame Dreyfus, ès qualité, intervenant ses conclusions,

Vu l'article 445 modifié par la loi du 1er mars 1899,

Vu l'arrêt du 29 octobre 1898 par lequel la chambre criminelle a ordonné une enquête et a déclaré recevable en la forme la demande tendant à la revision proposée d'Alfred Dreyfus, condamné le 22 décembre 1894 à la peine de la déportation dans une enceinte fortifiée et à la dégradation militaire pour crime de haute trahison,

Vu les procès-verbaux de ladite enquête, lesquels sont joints au dossier,

DREYFUS QUITTE L'ÎLE DU DIABLE

Le Triomphe de la Vérité

Sur le moyen tiré de ce que la pièce secrète, « Ce canaille de D..., » aurait été communiquée au conseil de guerre :

Attendu que **cette communication est prouvée** à la fois par la déposition du président Casimir Perier et par celles des généraux Mercier et de Boisdeffre eux-mêmes ;

Que, d'une part, le président Casimir Perier a déclaré tenir du général Mercier qu'on avait mis sous les yeux du conseil de guerre la pièce contenant les mots : « Ce canaille de D... », regardée alors comme désignant Dreyfus ;

Que, d'autre part, les généraux Mercier et de Boisdeffre, invités à dire s'ils savaient que la communication avait eu lieu, ont refusé de répondre et qu'ils **l'ont ainsi reconnu implicitement** ;

Attendu que, par la révélation, postérieurement au jugement, de la communication aux juges d'un document qui a pu produire sur leurs esprits une impression décisive et qui est aujourd'hui considéré comme inapplicable au condamné, constitue un fait nouveau de nature à établir l'innocence de celui-ci ;

Sur le moyen concernant le bordereau :

Attendu que le crime reproché à Dreyfus consistait dans le fait d'avoir livré à une puissance étrangère, ou à ses agents, des documents intéressant la défense nationale, confidentiels ou secrets, dont l'envoi avait été accompagné d'une lettre-missive ou bordereau non datée, non signée et écrite sur un papier pelure filigrané au canevas après fabrication de rayures au quadrillage de quatre millimètres en chaque sens ;

Attendu que cette lettre, base de l'accusation dirigée contre lui, avait été successivement soumise à cinq experts chargés de comparer l'écriture avec la sienne et que trois d'entre eux, Charavay, Teyssonnières et Bertillon la lui avaient attribuée ;

Que l'on n'avait d'ailleurs ni découvert en sa possession, ni trouvé qu'il eût employé aucun papier de cette espèce et que les recherches faites pour en trouver du pareil chez un certain nombre de marchands en détail avaient été infructueuses ;

Cependant qu'un échantillon semblable, bien que de format différent, avait été fourni par la maison Marion, marchand en gros, cité Bergère, où l'on avait déclaré que le modèle n'était plus courant dans le commerce ;

Attendu qu'en novembre 1898 l'enquête a révélé l'existence et amené la saisie de deux lettres sur papier pelure quadrillé, **dont l'authenticité n'est pas douteuse**, datées l'une du 17 avril 1892, l'autre du 17 août 1894, celle-ci contemporaine de l'envoi du bordereau, **toutes deux émanant d'un autre officier qui, en décembre 1897, avait expressément nié s'être jamais servi de papier calque ;**

Attendu, d'autre part, que trois experts commis par la chambre criminelle, les professeurs de l'École des chartes, Meyer, Giry, Molinier, ont été d'accord pour affirmer que le bordereau était écrit de la même main que les deux lettres susvisées et qu'à leurs conclusions Charavay s'est rattaché, après examen de cette écriture qu'en 1894 il ne connaissait pas ;

Attendu, d'autre part, que trois experts

également commis, Putois, Choquet, président honoraire de la chambre syndicale du papier et des industries qui le transforment, et Marion, marchand en gros, ont constaté que comme mesures extérieures et mesures de quadrillage, comme nuance, épaisseur, transparence, poids et collage, comme matières premières employées à la fabrication, le papier du bordereau représentait les caractères de la plus grande similitude avec celui notamment de la lettre du 17 août 1894 ;

Attendu que ces faits, inconnus du conseil de guerre qui a prononcé la condamnation, tendent à démontrer que le bordereau n'aurait pas été écrit par Dreyfus ;

Qu'ils sont de nature par suite à établir l'innocence du condamné ;

Qu'ils rentrent, dès lors, dans les cas prévus dans le paragraphe 4 de l'article 443, et qu'on ne peut les écarter en invoquant des faits également postérieurs au jugement comme les propos tenus le 5 janvier 1895 par Dreyfus devant le capitaine Lebrun-Renaud ;

Qu'on ne saurait, en effet, voir dans ces propos un aveu de culpabilité, puisque, non seulement ils débutent par une protestation d'innocence, mais qu'il n'est pas possible d'en fixer le texte exact et complet par suite des différences existant entre les déclarations successives du capitaine Lebrun-Renaud et celles des autres témoins ; qu'il n'y a pas lieu de s'arrêter davantage à la déposition de Depert, contredite par celle du directeur du Dépôt qui, le 5 janvier 1895, était près de lui ;

Et attendu que, par application de l'article 445, il doit être procédé à de nouveaux débats oraux ;

Par ces motifs, et sans qu'il soit besoin de statuer sur les autres moyens,

Casse et annule le jugement de condamnation rendu le 22 décembre 1894 contre Alfred Dreyfus par le premier conseil de guerre du gouvernement militaire de Paris, et renvoie l'accusé devant le conseil de guerre de Rennes, à ce désigné par délibération spéciale prise en chambre du conseil, pour être jugé sur la question suivante :

« *Dreyfus est-il coupable d'avoir, en 1894, provoqué des machinations ou entretenu des intelligences avec une puissance étrangère ou un de ses agents, pour l'engager à commettre des hostilités ou entreprendre la guerre contre la France ou pour lui en procurer les moyens, en lui livrant les notes et documents renfermés dans le bordereau ? »*

Dit que le présent arrêt sera imprimé et transcrit sur les registres du premier conseil de guerre du gouvernement militaire de Paris, en marge de la décision annulée.

A la suite de cet arrêt, la Chambre des députés, dans sa séance du 5 juin 1899, a voté, à une grande majorité, l'affichage de la décision prise par la Cour de cassation.

JUSTICE est donc faite.

C'est au conseil de guerre de Rennes qu'il appartient de prononcer la RÉPARATION.

TABLE DES MATIÈRES

III

L'Illégalité. — Les Pièces secrètes

IV

La Légende des Aveux

V

Les Machinations contre Picquart et le Sauvetage du Traître

VI

Le Traître

ÉMILE COLIN, IMPRIMERIE DE LAGNY (S.-ET-M.)